ISBN 978-0-243-89516-8
PIBN 10746485

English
Français
Deutsche
Italiano
Español
Português

www.forgottenbooks.com

Mythology Photography **Fiction**
Fishing Christianity **Art** Cooking
Essays Buddhism Freemasonry
Medicine **Biology** Music **Ancient
Egypt** Evolution Carpentry Physics
Dance Geology **Mathematics** Fitness
Shakespeare **Folklore** Yoga Marketing
Confidence Immortality Biographies
Poetry **Psychology** Witchcraft
Electronics Chemistry History **Law**
Accounting **Philosophy** Anthropology
Alchemy Drama Quantum Mechanics
Atheism Sexual Health **Ancient History**
Entrepreneurship Languages Sport
Paleontology Needlework Islam
Metaphysics Investment Archaeology
Parenting Statistics Criminology
Motivational

LES GUERRES DE LA RÉVOLUTION

IV

.

JEMAPPES

ET LA CONQUÊTE DE LA BELGIQUE

(1792-1793)

La Guerre

1870-71

OUVRAGE ORNÉ DE NOMBREUSES ILLUSTRATIONS

1 volume in-18 jésus............ 3 fr. 50

Le général Chanzy.

(Couronné par l'Académie française. Prix Montyon.) 1 vol. in-18 jésus. 3 fr. 50

Paris en 1790.

Traduit de l'allemand de **Halen** avec une introduction et des notes. 1 vol. in-8 carré...... **7 fr. 50**

LES GUERRES DE LA RÉVOLUTION

(Couronnées par l'Académie française et par l'Académie des sciences morales et politiques. Prix Gobert et grand prix Audiffred.)

I.   La première Invasion prussienne.
II.   Valmy.
III. - La retraite de Brunswick.
IV. – Jemappes et la Conquête de la Belgique.
V. – La Trahison de Dumouriez.
VI. —'L'Expédition de Custine.
VII.   Mayence.
VIII. – Wissembourg.
IX. – Hoche.
X. – Valenciennes.
XI. – Hondschoote.

Chaque volume formant un tout complet. . . . . **3** fr. **50**

S'adresser pour traiter, à l'éditeur LÉON CHAILLEY, 41, rue de

ES GUERRES DE LA RÉVOLUTION

PAR

ARTHUR CHUQUET

IV

JEMAPPES

ET

A CONQUÈTE DE LA BELGIQUE

(1792-1793)

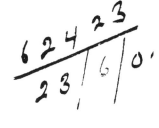

PARIS

LÉON CHAILLEY, ÉDITEUR

41, RUE DE RICHELIEU, 41

PRÉFACE

Ce quatrième volume de nos études sur l'histoire militaire de la Révolution française comprend six chapitres. Le premier est un court et indispensable récit de la Révolution belge en 1789 et en 1790. Le deuxième expose les événements qui précèdent l'invasion française de novembre 1792. La bataille de Jemappes et la conquête des Pays-Bas forment le sujet du troisième et du quatrième chapitre. Le cinquième montre Dumouriez arrêté dans sa marche victorieuse par le ministre Pache. Le sixième traite de la réunion de la Belgique.

PRÉFACE

Wissembourg retraçait la défaite des armées du Rhin et de la Moselle. On raconte dans les pages suivantes comment elles reconquirent la victoire sous les ordres de Hoche, comment elles débloquèrent Landau et délivrèrent l'Alsace.

CHAPITRE Iᴱᴿ

LES PAYS-BAS AUTRICHIENS

I. La Belgique ou, comme on disait au xvɪɪɪᵉ siècle,
les Pays-Bas autrichiens, cédés à l'empereur Charles VI
par les traités d'Utrecht, comptaient avant 1792 dix provinces : quatre duchés, Brabant, Limbourg, Luxembourg
et Gueldre — trois comtés, Flandre (divisé en deux
parties), Hainaut et Namur, — deux seigneuries, Malines et Tournai [1].

[1] Cf. Nény, *Mém. histor. et polit. des Pays-Bas autr.*, 1785, I,
p. 188 et suiv. ; Dewez, *Hist. gén. de la Belgique*, 1807, vol. VII;

Le duché de Brabant comprenait les *quartiers* de Louvain, de Bruxelles, d'Anvers et du wallon Brabant ;
le duché de Limbourg, outre Herve, Limbourg, Eupen et Hodimont, les pays dits d'*Outremeuse* (Daelhem, Fauquemont et Rolduc). — le duché de Luxembourg, la ville de Luxembourg qui passait alors pour la plus belle forteresse de l'Europe [1] et tout le duché de ce nom, à l'exception des places cédées à la France par le traité des Pyrénées [2] ; — le duché de Gueldre ou Gueldre autrichienne [3] Ruremonde, quatre villages et les terres franches de Weert, Nederweert et Wessem.

Le comté de Flandre se composait : 1° des villes et châtellenies d'Ypres et de Furnes et de la ville de Menin, qui formaient la *Westflandre* ou Flandre occidentale ou, comme on la nommait encore, Flandre rétrocédée, parce que Louis XIV l'avait rendue en 1713 [4] ; 2° de la Flandre proprement dite ou orientale : villes et châtellenies de Gand, de Courtrai, d'Audenarde, villes et pays d'Alost et de Termonde, ville et *franc* de Bruges, pays de Waes, district des Huit-Paroisses, ports d'Ostende et de Nieuport. — Le comté de Hainaut renfermait les villes et

Gachard, *Collect. de docum. inédits concernant l'hist. de la Belgique,* 1833, tome I, p. 47-92 ; Borgnet, *Hist. des Belges à la fin du* XVIIIe *siècle,* 1844, deux volumes ; Juste, *La Révolution brabançonne et La république belge,* 1884.

[1] Nény, I, 194, et Gœthe, *Camp. de France.*

[2] Thionville, Montmédy, Damvillers, Carignan, Chauvency-le-Château, Marville.

[3] Pour la distinguer de la Gueldre prussienne (ville et ammanie de Gueldre, ammanie de Kessel, de Krieckenbeeck et de Stralem. Nény, I, 190).

[4] Gachard, I, 50. Elle n'avait pas une représentation provinciale, et les impôts y étaient perçus sans le consentement des mandataires du peuple ; Charles VI avait maintenu le régime introduit par Louis XIV.

prévôtés de Mons et de Binche, les ville et châtellenie d'Ath, les terres de Chimay et de Beaumont. — Le comté de Namur avait perdu les places de Charlemont, de Philippeville et de Marienbourg devenues françaises, mais on y trouvait Namur, Charleroi et six bailliages (Bouvigne, Montaigle, Fleurus, Samson, Vieuville et Wasseige).

La seigneurie de Malines comprenait : Malines, son district (cinq villages à clocher et six hameaux) et son ressort (Heist et Ghestel). La seigneurie de Tournai était formée par la ville de Tournai et par le Tournésis.

Un *gouverneur et capitaine général*, lieutenant de l'empereur, presque toujours prince du sang , gouvernait les Pays-Bas autrichiens. Il avait au-dessous de lui un *ministre plénipotentiaire* ou vice-gouverneur, un *commandant général des troupes* et trois Conseils : le *Conseil d'État* qui ne jouait plus aucun rôle, le *Conseil privé* qui traitait les affaires autrefois soumises au Conseil d'État, le *Conseil des finances*.

A côté de cette administration générale existait l'administration provinciale. Les dix provinces formaient chacune un état indépendant ; chacune avait son système de douanes, sa constitution particulière, ses *États*. Les États, représentés dans l'intervalle des sessions par des députations permanentes, comprenaient les trois ordres : clergé, noblesse, tiers. Leur organisation différait selon les provinces. Les États de Brabant se composaient de seize abbés, parmi lesquels l'archevêque de Malines et l'évêque d'Anvers, des nobles qui avaient au moins le titre de baron et faisaient preuve de quatre quartiers, et de sept délégués des trois *chefs-villes* : Anvers, Lou-

---

[1] Nény, II, 111.

vain, Bruxelles. Le clergé ne siégeait pas dans les États
de Gueldre, de Tournai, de Malines, comme le tiers dans
les États de Tournésis. Les États de Flandre étaient fermés à la noblesse ; « la féodalité, dit un Francais, est
presque nulle en Flandre, et les prêtres y ont le plus
grand crédit [1] ». Seuls, les États de Hainaut s'ouvraient
aux mandataires du bas-clergé. Mais, quelle que fût‘
la composition des États, ils ne représentaient pas la
nation ; aucun de leurs membres n'était élu ; abbés,
nobles, bourgeois ne figuraient dans ces assemblées de
privilégiés, qu'en vertu d'un usage immémorial. Les
États avaient des attributions importantes : on ne pouvait lever l'impôt sans leur consentement, et l'empereur,
qui était, non pas roi de Belgique, mais duc de Brabant
et de Luxembourg, comte de Flandre, de Hainaut et de
Namur, devait leur demander annuellement, sous forme
de subsides, la somme nécessaire à l'exercice du gouvernement [2]

Les communes différaient entre elles comme les États
entre eux, par « leurs nuances particulières » [3]. L'empereur nommait à vie les magistrats municipaux et l'officier qui surveillait leurs actes : l'*amman* à Bruxelles,
le *chef mayeur* à Louvain, le *margrave* à Anvers, l'*écou-
tette* à Malines, le *grand bailli* dans d'autres villes. Mais,
outre ce justicier et les officiers municipaux, les corporations ou *collèges d'arts et métiers,* dont les privilèges
étaient considérables, prenaient part à l'administration
de la cité. La commune de Bruxelles, par exemple,
se composait de trois membres : le *magistrat,* le *large*

---

[1] Labourdonnaye à Pache, 14 déc. 1792 (A. G. ou archives de la
guerre).

[2] Hubert, *L'origine des libertés beljes,* 1884, p. 43-50.

[3] *Adresse des Belges à la nation française,* p. 4.

conseil et les *neuf nations*, qui comprenaient les doyens et jurés de quarante-neuf métiers.

L'organisation judiciaire offrait, comme la constitution politique, bien des disparates et des singularités. Que de cours et de tribunaux, d'esprit équitable, il est vrai, mais de formes lentes et gothiques : magistrats des villes, officiers des seigneurs, cours féodales, Université de Louvain ! Au-dessus de ces nombreuses juridictions particulières s'élevaient les Conseils provinciaux. Quatre d'entre eux (Brabant, Gueldre, Hainaut, Luxembourg) jugeaient souverainement et sans appel ; les autres ressortissaient au Grand Conseil de Malines. Le Conseil de Brabant était à la fois politique et judiciaire ; les lois et ordonnances ne s'exécutaient dans le duché qu'avec son assentiment et après l'apposition du sceau dont son chancelier avait la garde.

Nulle part en Europe le clergé — non pas le clergé séculier, mais le clergé régulier — n'était plus puissant, plus opulent que dans les Pays-Bas. Les moines pullulaient. Même en 1789, après la suppression des couvents dits inutiles, la Belgique comptait encore 108 monastères. Les chefs des grandes abbayes qui possédaient les deux tiers des biens ecclésiastiques, étaient les véritables maîtres du pays. « La noblesse et le tiers-état, disait un agent français en 1792, sont, non pas sous l'influence religieuse du clergé, mais sous l'influence pécuniaire des riches abbés. » Aussi la Révolution belge fut-elle entreprise sous les auspices et aux frais de l'archevêque de Malines, de l'évêque d'Anvers, des abbés de Tongerloo, de Saint-Bernard, de Gembloux, et le gouvernement qu'elle fonda recut, à juste titre, le nom de *théocratie*[1]

---

[1] *Opinion d'un député* (La Marck) *sur le décret du 2 nov. 1789,*

Mais, quel que fût le pouvoir de leur clergé régulier,
les Belges se regardaient comme un peuple libre. Leurs
magistrats et leurs officiers de justice n'étaient-ils pas
inamovibles? Leurs coutumes ne proclamaient-elles pas
la liberté individuelle et l'inviolabilité du domicile?
Les simples particuliers, comme les assemblées, n'a-
vaient-ils pas le droit de pétition et de remontrance?
Aucune nation n'était plus fière de sa constitution. Les
Brabancons surtout se glorifiaient de leur charte en
59 articles, la *Joyeuse Entrée*, et la tenaient pour la plus
parfaite qui fût au monde : les deux derniers articles
obligeaient le souverain à confirmer, dès son avènement,
tous les privilèges des Brabancons et autorisaient les
citoyens à lui refuser service et obéissance, s'il violait le
pacte constitutionnel [1]

Liège était une principauté ecclésiastique, rattachée à
l'empire d'Allemagne, où elle appartenait au cercle de
Westphalie. Elle comprenait la Hesbaye, le Condroz, la
Famène, l'Ardenne et la Campine, c'est-à-dire 23 bonnes
villes [2] et 586 communautés. Le prince-évêque la gouvernait de concert avec les trois états : *l'état primaire*
composé des chanoines du chapitre de Saint-Lambert,

p. 5 ; Gérard, *Notice sur les relat. polit. de la Belgique avec la Hollande*, 1875, p. 51 et 68 ; Juste, *Révol. brab.*, 51-52, et *Républ. belge*,
p. 7.

   1 Il faut lire sur l'enthousiasme des Belges pour leur constitution
le *Mémoire* de Raoux *sur le projet de réunion*, p. 12-13 : pas de noblesse insolente, pas de clergé « entaché de corruption ou de fatuité »,
la plupart des emplois entre les mains de la roture, le cultivateur
« fort a son aise », etc.

   2 Les *bonnes villes* étaient, outre Liège qui jouissait du titre et des
honneurs de *Cité*, Huy, Dinant, Ciney, Fosses, Thuin, Châtelet,
Couvin, Visé, Waremme, Verviers. Saint-Trond, Hasselt, Tongres,
Looz, Bilsen, Brée, Peer, Hamont, Beeringen, Stockhem, Maeseyck,
Herck.

l'*état noble* formé de ceux qui possédaient un « noble fief » et faisaient preuve de seize quartiers, l'*état tiers* ou les députés des bonnes villes. L'histoire de Liège ne se confond donc pas avec celle de la Belgique. Liège a d'autres aspirations que les dix provinces, et sa révolution, toute progressiste, ne ressemble nullement à la révolution brabançonne, toute rétrograde. Il y a, disait en 1790 le *Journal général de l'Europe*, « un mur de séparation impénétrable » entre les Belges et les Liégeois [1]. Après avoir langui pendant la première moitié du xviii° siècle dans la torpeur et l'apathie, Liège avait accueilli les idées de réforme politique et sociale que prêchaient les encyclopédistes français. On y réimprimait clandestinement les ouvrages hostiles au clergé. Pierre Rousseau y fondait le *Journal encyclopédique*, Coster, l'*Esprit des Journaux*, et Le Brun, ce *Journal général de l'Europe*, qu'il transportait à Herve et ensuite à Paris pour l'abandonner au lendemain du 10 août. La *Société d'émulation* était un centre de propagande philosophique et réunissait tout ce qu'il y avait à Liège d'hommes éclairés [2].

La Belgique, au contraire, n'avait pas secoué son inertie. La vieille et routinière Université de Louvain, fermée aux idées nouvelles, n'enseignait plus que des choses inutiles. Les classes supérieures méprisaient les œuvres de l'esprit. Le gouvernement autrichien, désireux de conserver sa tranquillité, éloignait les encyclopédistes et les philosophes, imposait aux journalistes les plus rigoureuses conditions, proscrivait impitoyablement

[1] Hénaux, *Hist. du pays de Liège*, 1874, 3° éd., vol. II, 593 ; cf. I, 42-49.

[2] Kuntziger, *Essai histor. sur la propagande des encyclopédistes français en Belgique au xviii° siècle*, 1879, p. 11-73.

tout ouvrage contraire à l'orthodoxie. Le peuple belge
était comme engourdi par l'ignorance, et l'on a pu dire
que la seconde moitié du XVIIIᵉ siècle fut pour les Pays
Bas une période de profonde décadence intellectuelle[1]

II. Les Belges, disait le duc Charles de Lorraine, « sont
très faciles à gouverner par la douceur ; seulement ils
sont très attachés à leurs privilèges, et même, j'ose dire
qu'*ils poussent cela jusqu'à la folie*; ils ont tous été élevés
dans ce préjugé ; ils envisagent leurs privilèges comme
lois fondamentales de l'État ». Charles VI (1715-1740) et
surtout sa fille Marie-Thérèse (1740-1780) avaient pratiqué la politique sage et facile que recommandait Charles
de Lorraine : ils gouvernèrent par la douceur et respec-
tèrent les privilèges des Belges[2]. Joseph II n'eut pas la
même modération. Bon, généreux, très actif, mais d'une
activité fébrile et inquiète, obstiné, mais finissant par
céder et ne cédant jamais à propos, commençant tout et
ne terminant rien, ébauchant les réformes sans jamais
les achever, esquissant avec audace de vastes plans qu'il
n'exécutait pas faute de ressources et de vigueur, voulant rendre les gens heureux, non à leur façon, mais
à la sienne, convaincu qu'il ne faisait que le bien,
et n'imaginant pas qu'on pût lui résister, prêchant l'in-
dulgence, mais employant surtout la violence et la
« crainte du militaire », Joseph II était un radical sur
le trône. Il innovait, innovait, impatiemment, à la hâte,
sans ménagement et sans adresse[3].

---

[1] Thonissen, *Bull. de l'Acad. royale*, 3ᵉ série, tome V, p. 656.
[2] La Belgique ne connut jamais une plus grande prospérité maté-
rielle que dans les trente années de 1750 à 1780 (Gachard, *Etudes
et notices histor. concernant l'hist. des Pays-Bas*, 1890, III, 170).
[3] Cp. *La vie de Joseph II*, par Caraccioli, 1790, p. 101 ; le portrait du

Il confirma d'abord sa sœur l'archiduchesse Marie-
Christine et le duc Albert de Saxe-Teschen, époux de
Marie-Christine, dans le gouvernement général des Pays-
Bas que Marie-Thérèse leur avait conféré après la mort
de Charles de Lorraine. Mais bientôt éclata sa noble et
imprudente passion des réformes. Déchirer le traité de
la Barrière, établir la tolérance religieuse, réorganiser la
justice et l'administration, tel fut le triple but que Joseph
poursuivit en Belgique [1].

L'Escaut était fermé depuis la paix de Munster au
profit de la Hollande [2], et le traité de la Barrière donnait
aux Provinces-Unies le droit : 1° de tenir garnison aux
frais des Pays-Bas autrichiens dans sept places de la
frontière, Namur, Tournai, Menin, Furnes, Warneton,
Ypres et le fort de Knocke ; 2° de partager avec les impériaux la garde de Termonde ; 3° d'exiger de la Flandre
et du Brabant, à titre de subside, une rente annuelle de
douze cent cinquante mille florins. Charles VI n'avait pas
tenté de s'affranchir de ce vasselage, et pour obtenir de
l'Angleterre et de la Hollande la garantie de la *pragma
tique sanction* qui assurait ses états à sa fille, il sus
pendit la compagnie d'Ostende et défendit dans les Pays-
Bas tout commerce et navigation aux Indes orientales.
Marie-Thérèse, plus hardie, avait refusé de payer la
solde des garnisons hollandaises sous prétexte que les
places étaient délabrées. Joseph, plus audacieux encore,
ordonna de démolir toutes les forteresses des Pays-Bas,
sans excepter les places de la Barrière, et les troupes

prince de Ligne, les *Mém. ou souv.*, de Ségur ; A. Sorel, *L'Europe et
la Rév.*, 1885, 1, p. 120-122, 137-141.
[1] Il avait parcouru le pays en juin et juillet 1781, Gachard, *Études
et notices*, III, 316-339.
[2] Art. xiv, Nény, I, 83.

hollandaises, désormais inutiles, quittèrent le sol belge.
La Barrière, comme disait Kaunitz, était dirigée contre
la France et devenait sans objet depuis l'alliance conclue
en 1756 entre les cours de Versailles et de Vienne. Enfin,
au mois d'octobre 1784, deux brigantins autrichiens,
l'*Attente* et le *Louis*, eurent ordre de croiser dans l'Escaut sans payer le péage aux Hollandais. *Ils ne tireront
pas*, avait écrit Joseph à Kaunitz. *Ils ont tiré*, lui répondit le chancelier quelques jours plus tard. L'*Attente*
avait été prise à l'abordage et le *Louis*, accueilli par des
coups de canon. On nomma cet épisode la *guerre de
la marmite*, parce qu'un boulet avait troué la marmite
du *Louis*.

Mais une véritable guerre était imminente. Elle s'annonçait par des pamphlets : Linguet affirmait que la
clôture de l'Escaut était contraire au droit naturel et au
droit des gens ; Mirabeau, qu'il fallait respecter les
traités et que l'ouverture du fleuve serait dangereuse,
tant que l'Autriche posséderait la Belgique. Joseph recula. La Hollande s'armait résolument, fortifiait ses
villes, inondait ses polders. La France déclarait qu'elle
n'abandonnerait pas les Provinces-Unies, et le comte de
Maillebois venait, avec l'assentiment de Louis XVI,
prendre le commandement de l'armée hollandaise et
former cette légion de Maillebois où servirent Deprez
Crassier, Scherer, Dupont, Crossard et tant d'autres.
Joseph changea de projet et voulut *troquer* les Pays-Bas
contre la Bavière ; le duc de Deux Ponts, héritier pré-
somptif de l'électeur, lui céderait la Bavière et obtiendrait en échange la Belgique avec le titre de *roi de
Bourgogne* ou d'*Austrasie*. Mais la France, la Prusse surtout s'opposèrent à ce beau dessein. Frédéric II criait *au
feu !* L'empereur traita. Il reçut de la Hollande, outre les

forts de Lillo et de Liefkenshoeck, une indemnité de dix
millions de florins; les Provinces-Unies en payèrent
5,500,000; la France donna le reste. L'Escaut restait
fermé aux Belges. Mais avaient-ils acclamé la délivrance
du fleuve? Les villes de Flandre accusèrent Joseph de
sacrifier leurs intérêts à l'intérêt d'Anvers [1]

III. Cette vilaine histoire, comme disait Joseph, s'était
honnêtement terminée. Les réformes religieuses et politiques qu'il entreprit en Belgique, n'eurent pas la même
fortune. Le 12 novembre 1781 paraissait le décret de
tolérance. L'empereur annonçait qu'il protégerait inva-
riablement la religion catholique; mais il ne voulait
« considérer dans l'homme que la qualité de citoyen »;
les protestants seraient admissibles à la bourgeoisie, aux
métiers, aux emplois civils, aux grades décernés par
l'Université de Louvain [2]. Etats, évêques, Université
protestèrent aussitôt. Mais Joseph II, tenace, proclama
la liberté des mariages mixtes (21 mai 1782) et la sup
pression des couvents dits inutiles (17 mars 1783). Il
abolit l'appel au pape. Il défendit aux évêques de publier
les bulles pontificales sans son *placet* et leurs mande-
ments sans autorisation de la censure civile. Il fondit
toutes les confréries religieuses en une seule, celle de
l'*Amour actif du prochain*, arrêta que toutes les ker-
messes auraient lieu le même jour, réglementa le costume des chanoinesses. Frédéric II n'avait-il pas raison
de le nommer « son frère le sacristain »? Enfin, le 16 oc-

---

[1] Gachard, *Hist. de la Belgique au commencement du* xviii* siècle*,
1880, p. 553-585 ; D'Arneth et Flammermont, *Corresp. secrète de
Mercy avec Joseph II et Kaunitz*, 1889, I.

[2] Hubert, *Étude sur la condition des protestants en Belgique*, 1882,
p. 111-160.

tobre 1786, il décréta la suppression des séminaires
épiscopaux et l'établissement d'un séminaire général à
Louvain et d'un séminaire filial à Luxembourg : les
écoliers en théologie seraient élevés dans ces deux sémi
naires en « une parfaite uniformité d'instruction et de
morale ». Les évêques et les Etats résistèrent encore.
Joseph s'obstina : « Vos remontrances, disait-il au Conseil de Flandre, sont l'effet d'un délire! ». Le séminaire
général de Louvain fut ouvert à la fin de l'année 1786.
Les étudiants se mutinèrent ; il fallut leur dépêcher un
régiment, les consigner, emprisonner les plus turbu-
lents. Mais Joseph s'était aliéné le clergé belge à jamais,
et le 25 janvier 1787, moins de deux mois après son
ouverture, le séminaire général n'avait qu'une vingtaine
d'élèves.

Joseph alla plus loin encore. Il introduisit dans les
Pays-Bas un nouveau règlement de procédure civile
(3 novembre 1786), et bouleversa l'ordre administratif et
judiciaire par les deux ordonnances ou diplômes du
1er janvier 1787. La première de ces ordonnances supprimait toutes les juridictions provinciale, seigneuriale, mu-
nicipale, ecclésiastique, et les remplaçait par soixante-
quatre tribunaux de première instance, par deux Conseils d'appel établis, l'un à Bruxelles et l'autre à Luxembourg, par un Conseil souverain. La seconde ordonnance
supprimait les trois Conseils (Conseil d'Etat, Conseil
privé, Conseil des finances), et les remplaçait par un
Conseil unique du gouvernement général des Pays-Bas
que présiderait le ministre plénipotentiaire; les provinces prenaient le nom de *cercles* et seraient adminis-
trées par des *intendants*; les députations provinciales
n'existaient plus ; mais tous les trois ans les Etats
nommaient cinq députés qui siégeaient dans le Conseil

du gouvernement, à condition que le ministre les reconnaîtrait « capables ».

L'empereur attaqua même les corps de métiers. Un édit du 17 mars 1787 leur défendit d'aliéner, d'acquérir, de faire aucune dette, d'engager aucun procès sans l'autorisation du gouvernement, et, au mépris de la *Joyeuse entrée*, le boulanger bruxellois Dehondt, qu'on accusait de malversations, fut nuitamment enlevé de son domicile, mis aux fers et transféré à Vienne, pour y être jugé.

La Belgique accueillit avec colère les réformes de Joseph. Les Etats de Brabant refusèrent les subsides. Le Conseil de Brabant annula les actes des nouveaux tribunaux et les ordonnances des intendants. Les *nations* de Bruxelles, les *métiers* d'Anvers, les corporations de Louvain prirent une attitude menaçante. De toutes parts on demandait l'abolition des diplômes de janvier. L'abbé de Feller, polémiste violent, grand admirateur de Philippe II et du duc d'Albe, ne cessait d'insulter Joseph et de le représenter comme un tyran contre lequel on devait s'insurger. Les gouverneurs généraux, effrayés, déclarèrent solennellement le 30 mai 1787 qu'ils tenaient en surséance toutes les dispositions contraires à la Joyeuse Entrée et aux chartes des provinces. Il fallait, assuraient-ils, « céder aux désirs d'une nation prête à rompre le fil qui la tenait encore ». Ils voyaient le pays entier, jusqu'au moindre canton, « infecté du même mal », et ils pronostiquaient un désastre : « tout le peuple est en armes, et nous ne sommes en forces nulle part[1] ».

---

[1] Beer, *Joseph II, Leopold II und Kaunitz, ihr Briefwechsel*, 1873, p. 463-487.

Les *patriotes*, comme se nommaient les adversaires des
réformes et partisans des vieilles coutumes, s'étaient en
effet organisés. Ils avaient un chef, Henri Vander Noot,
avocat au Conseil de Brabant. Ses talents n'égalaient pas
sa renommée. Il n'avait d'autre éloquence que celle de
l'avocat exercé qui plaide indifféremment le pour et le
contre, et son style ne se distinguait pas du style des
autres Belges de son temps : même lourdeur, même
incorrection, même barbarie. Il n'était pas homme d'E-
tat; présomptueux, étourdi, brouillon, il jugeait légèrement les choses et manquait de discernement. Mais
il avait de l'audace, de la témérité ; il ne craignait pas
d'employer la violence lorsqu'elle assurait le succès : il
se montrait volontiers à la foule et savait lui parler de
toutes choses, même de celles qu'il ignorait, avec cette
chaleur et cet aplomb qui plaisent au vulgaire. Sa fa-
conde et sa turbulente activité lui donnèrent le premier
rôle dans la révolution de Brabant, et cet homme médiocre, fait pour être subalterne. fut l'agitateur, puis le
dictateur de la Belgique [1].

Vander Noot avait présenté aux Etats de Brabant un
long mémoire sur les droits du peuple brabançon, et les
Etats l'avaient félicité de son savoir et de son zèle patriotique. Il se mit à la tète d'un comité, et, sous prétexte
de renforcer la garde bourgeoise de Bruxelles, il leva
deux bataillons de volontaires qui portaient la cocarde
brabançonne rouge, noire et jaune [2]. Affairé, loquace,
bruyant, impérieux, il allait et venait dans l'antichambre
des Etats et dictait leurs résolutions : il avait acquis un

---

[1] Gérard l'a bien jugé dans son *Rapedius de Berg*, 1842, tome I,
pp. 267–268.

[2] Gérard, *Rapedius de Berg.*, t. I, pp. 255 et 269-270.

tel empire sur les *capons du rivage* qu'il les apaisait ou les soulevait d'une parole, d'un geste [1].

IV. Cependant Joseph II, outré de l'opposition des Belges et des concessions des gouverneurs généraux, appelait à Vienne Albert de Saxe-Teschen et Marie Christine, le ministre plénipotentiaire Belgiojoso et des députés des Etats. Il exigea d'abord la prompte et entière exécution de ses ordres; ensuite, se radoucissant, il remplaça Belgiojoso par le comte Trauttmausdorff, rapporta les deux diplômes du 1er janvier et posa ses conditions, les *préalables indispensables* : rétablissement du séminaire général de Louvain, suppression des couvents inutiles, réintégration des fonctionnaires, licenciement des volontaires.

Mais, si les provinces acceptèrent la réinstallation des fonctionnaires et le licenciement des volontaires, les Etats de Brabant réclamèrent le rétablissement de tous les couvents, le maintien des confréries religieuses, la réintégration de l'Université de Louvain dans tous ses privilèges, et la suppression du séminaire général. Le cardinal de Franckenberg, archevêque de Malines, et les évêques belges persévéraient dans leur opposition. Le peuple s'agitait Des libelles, des pasquinades en grand nombre attaquaient Joseph et les joséphistes.

Le comte de Murray exerçait alors par intérim le gouvernement du pays, et ce loyal soldat s'acquittait de sa tâche avec une grande modération. Joseph lui reprocha de manquer d'énergie [2] et envoya en Belgique le général

[1] Acte d'accusation du 17 avril 1789.
[2] O. Lorenz, *Joseph II u. die belgische Revolution nach den Papieren des Gen. Gouv. Grafen Murray*, 1862, p. 57. Joseph ordonna vai-

d'Alton, homme rude et inflexible, qui reçut le titre de
commandant général des troupes et qui fut indépendant
du ministre plénipotentiaire Trauttmansdorff.

D'Alton ferma les séminaires épiscopaux de Malines
et d'Anvers ; il réprima brutalement les moindres *tu-
multes* ; il fit tirer sur la foule ; il arrêta les meneurs,
et Joseph approuva d'Alton qui savait, disait-il, « par
ses actes de vigueur, rétablir l'ordre et prévenir les
bagarres [1] ».

Mais la Belgique n'était pas domptée, et Trauttmansdorff écrivait qu'il voyait une sombre tristesse succéder
à la folle résistance. Le séminaire général de Louvain ne
reçut que seize élèves, et son enseignement fut condamné
par le cardinal-archevêque de Malines. Les États de Hai
naut refusèrent les subsides et ne cachèrent pas qu'ils
voulaient *couper les vivres* au gouvernement. Les États de
Brabant les imitèrent : la noblesse et le clergé avaient
voté les subsides, mais deux fois ils furent refusés par
les neuf *nations* de Bruxelles qui formaient dans l'assemblée le troisième membre du tiers-état, et cette
protestation suffisait pour annuler le vote des deux
premiers ordres [2].

Joseph, de plus en plus résolu à « couper en plein
drap », cassa la charte du Hainaut. Puis il changea la
« ténébreuse » et « incompréhensible » constitution du
Brabant : le tiers-état aurait cinquante-cinq députés au
lieu de sept et serait désormais représenté par quinze
villes du duché, et non plus par les trois cités de

---

nement à Murray de donner « un grand exemple de sévérité » et d'exécuter ses ordres « coûte que coûte » (*id.*, p. 22 et 30).

[1] *Lettres de Joseph II au général d'Alton*, 1790, p. 32–33.

[2] Les décisions du clergé et de la noblesse étaient toujours prises
avec la clause *pourvu que le tiers-état suive, et autrement pas.*

Bruxelles, d'Anvers et de Louvain[1]. Mais, le 18 juin 1789, les États de Brabant refusèrent d'introduire aucun changement dans la constitution. « *Vous pouvez nous casser*, disaient-ils à Trauttmansdorff, *mais nous forcer, non.* » Trauttmansdorff les cassa, et le soir même une ordonnance impériale annulait la Joyeuse-Entrée et tous les privilèges du Brabant, abolissait la députation permanente des États, supprimait le Conseil du duché.

Le coup d'état du 18 juin rendit la lutte inévitable. Plus que jamais les esprits s'enflammèrent. Les affaires de France augmentaient encore l'exaltation[2]. « Quel exemple pour nous, s'écriait Trauttmansdorff, et que peut-il en résulter »? Bruxelles applaudissait à la chute de la Bastille, et au Parc, dans les églises, dans les rues, on trouvait des billets qui portaient ces mots : *Ici comme à Paris*[3]. Tout le mois de juillet fut marqué par des émeutes. Les paysans délivraient à main armée un brasseur emprisonné à Tirlemont. Les habitants de Louvain élevaient des barricades. Il fallut mettre sur le pied de guerre l'armée des Pays-Bas.

V. Vander Noot, le principal boute-feu[4], avait échappé aux poursuites du général d'Alton et gagné Bréda, sur le territoire hollandais. Il y fut rejoint par quelques membres du clergé et du tiers-état de Brabant. Ces

---

[1] La plupart des députés, bourgmestres, pensionnaires, chefs officiers, étaient dévoués au gouvernement (Juste, *Révol. brab.*, 219, note).

[2] *La valise décousue*, 1790, I, 6, et II, 72. (« Les Français sont devenus le peuple à la mode » ... « les affaires de France ont exalté les têtes brabançonnes ».)

[3] Trauttmansdorff, *Fragments pour servir à l'hist. des événements qui se sont passés aux Pays-Bas*, 1792, p. 31.

Ainsi le nommait Joseph II.

réfugiés formèrent le comité de Bréda et entreprirent de
révolutionner la Belgique. Ils donnerent à Vander Noot
le titre d'agent plénipotentiaire du peuple brabançon, et
le tribun, ainsi qualifié, alla demander l'appui de la
Triple-Alliance, que l'Angleterre, la Hollande et la Prusse
avaient conclue l'année précédente. Pitt refusa de l'écouter. Mais Vander Noot eut des conférences avec le grand
pensionnaire de Hollande Van de Spiegel; il proposait
d'unir les Pays-Bas aux Provinces-Unies ou de les former
en une république dont le stathouder serait le second
fils du prince d'Orange [1]. Il fit un voyage à Berlin, et le
ministre Hertzberg l'assura que Frédéric Guillaume II
reconnaîtrait l'indépendance des Pays-Bas. « Ma nation,
disait le général Schlieffen à Lafayette, désire la redoutable Autriche moins puissante en Belgique [2]. »

Tandis que Vander Noot disait partout que la Prusse
et la Hollande prendraient la défense des Belges, un autre
avocat au Conseil de Brabant, Francois Vonck, tentait de
soulever la nation. Probe et modeste, Vonck avait en
outre le jugement, la froide raison, le bon sens politique
qui manquaient à Vander Noot; il comprenait qu'on
devait non seulement chasser l'Autrichien, mais détruire
les abus et réformer la constitution; par malheur, il
était homme de cabinet, et non homme d'action [3]

Vonck et ses amis, les avocats Lehardi, Torfs, T'Kint
et Verlooy, l'ingénieur Fisco, les négociants d'Aubremez
et Weemaels, fondèrent l'association *pro aris et focis*. Ils
recrutèrent chacun six à sept « enrôlés » qui, à leur tour,
enrôlèrent leurs amis. Les enrôlés ne se connaissaient

Van de Spiegel, *Résumé des négociations qui accompagnèrent la
Révol. des Pays-Bas autr.*, 1841, p. 51.
[2] *Mém.* de Lafayette, 1837, V, p. 42.
[3] Gérard, *Rapedius de Berg.*, II, 203.

pas et prenaient un nom de guerre qu'ils inscrivaient sur une carte. Cette carte allait de main en main, des enrôlés et des enrôleurs jusqu'au comité directeur. Bientôt, l'association s'étendit sur toute la Belgique ; elle osa publier son plan ; elle excita les soldats à la désertion et rassembla des troupes dans le pays de Liège, à Hasselt. Le gouvernement autrichien exigea la dispersion de ces *insurgents* et, sur le refus de l'administration liégeoise, mit en marche deux bataillons. Les volontaires belges, avertis, quittèrent aussitôt Hasselt et se réunirent le 10 octobre aux émigrés de Bréda. Vonck ne tarda pas à les suivre. Il avait les noms de 70.000 complices dans son portefeuille, et il préparait un soulèvement général lorsqu'un traître livra son secret.

L'armée des patriotes existait désormais. Son général fut Vander Mersch, vieux soldat, devenu à force de bravoure lieutenant-colonel en France et colonel en Autriche. Il vivait dans la retraite à Dadizeele, près de Menin, lorsque Vonck lui offrit le commandement des bandes patriotiques. Van der Mersch répondit qu'il était prêt. Un matin, il siffle son chien et, le fusil sur l'épaule, comme s'il allait à la chasse, il gagne Anvers à travers champs, et d'Anvers se rend à Bréda. Le comité lui conféra le titre de général-major, et les abbés de Tongerloo et de Saint-Bernard lui garantirent, en cas de défaite, une somme de cent mille florins [1].

La guerre s'ouvrit. Le gouvernement autrichien avait pris de nouvelles mesures de rigueur, enlevant aux abbés rebelles l'administration de leurs biens, désarmant les Belges, et leur défendant de rejoindre l'armée

---

[1] Dinne, *Mémoire historique pour Vander Mersch*, 1791, I, 6-7 ; II, 1-3.

des patriotes, ordonnant aux émigrés de rentrer sous
quinze jours. Il ne fit qu'exaspérer les esprits ; les
offices religieux, les processions se multiplièrent, et les
fidèles, agenouillés au pied des autels, demandèrent à
Dieu par de ferventes prières la fin de l'oppression autrichienne.

VI. Dans la nuit du 23 au 24 octobre 1789, l'armée
belge s'ébranla. Elle formait deux corps : la *petite armée*
qui comptait 600 hommes et marchait sur Lillo, la *grande*
armée, forte de 2,800 hommes, que Vander Mersch menait par Hoogstraeten dans le Brabant. Elle se fit précéder d'un très long *manifeste du peuple brabançon*, rédigé
par Vander Noot et composé de lambeaux mal cousus
de la *Politique naturelle* de Holbach et des remontrances
des États. Le tribun rappelait les griefs des Belges contre
l'empereur et déclarait Joseph II déchu de la souveraineté : Joseph avait violé le pacte inaugural ; la nation,
elle aussi, renonçait à ce pacte et rentrait dans l'exercice de ses droits primitifs et inaliénables, comme les
cantons suisses lorsqu'ils s'érigeaient en république,
comme la Hollande en 1581 [1].

Ransonnet et Devaux commandaient la *petite armée*.
Ils s'emparèrent sans peine du fort Lillo, qui n'était
gardé que par quelques douaniers, et du fort Liefkenshoeck. Les habitants du pays de Waes les suivirent en
arborant un drapeau blanc marqué d'une croix rouge.
Mais au milieu de ces succès, la petite troupe fut prise
d'une terreur panique et regagna précipitamment la
Hollande.

La *grande armée* répara cet échec. Elle manquait de

---

[1] *Manifeste du peuple brabançon*, p. 35.

cavalerie et de canons [1] ; elle n'avait que de vieux fusils
de calibres divers ; deux cents volontaires étaient sans
armes, et une colonne, que commandait Lorangeois,
saisie de frayeur dès ses premiers pas, rebroussa chemin. Mais Vander Mersch rallia la colonne de Lorangeois
et entra dans Turnhout. Il marchait sur Diest et s'efforçait de contenir son armée qui menaçait à tout instant de se disperser comme une volée de pigeons [2], lorsqu'il apprit que le général Schrœder se portait à sa
rencontre avec les bataillons de Bender et de Clerfayt,
deux compagnies de grenadiers et deux escadrons de
dragons. Vander Mersch rentra dans Turnhout, barricada
les rues, posta son avant-garde dans un moulin, son
corps de bataille dans les maisons, sa réserve sur la
place. Schrœder arrive ; il chasse l'avant-garde du moulin et s'engage à coups de canon dans la grande rue de
l'Hôpital. Mais il est accueilli par une grêle de balles;
les patriotes tirent de toutes parts, des maisons, des barricades, de la tour de l'église, et bientôt, s'enhardissant,
ils osent, la baïonnette au bout du fusil, attaquer l'artillerie. Après cinq heures de combat, les Autrichiens se
retirèrent ; ils avaient perdu trois canons [3]

« *Vive Vander Mersch! Vive le héros!* » s'écria Vander
Noot, et le comité de Bréda nomma le vainqueur de
Turnhout lieutenant-général [4]. Mais Vander Mersch ne
profita pas de son avantage. Ses volontaires, déjà fati-
gués de la guerre, reculèrent devant le général d'Arberg,

[1] Vonck avait acheté huit canons à Liège, mais Vander Noot assurait qu'il avait accès dans les arsenaux de Hollande (Dinne, *Mém.
pour Vander Mersch*, I, 7).

[2] Gérard, *Rapedius de Berg*, II, 347.

[3] Dinne, I, 14-17.

[4] *Id.*, II, 11-13.

successeur de Schrœder, et rentrèrent dans leurs quartiers de Bréda.

Heureusement la *petite armée* avait repris courage.
Elle marcha sur Gand, elle entra dans la ville par deux
portes, elle bloqua le colonel Lunden dans les casernes
du quartier Saint-Pierre et refoula dans la citadelle le
général d'Arberg : au bout de trois jours, Lunden rendait
son épée à un moine, et d'Arberg abandonnait la citadelle. Toute la Flandre fut en feu : Bruges et Ostende se
soulevèrent; les Impériaux ne gardèrent dans le comté
que Termonde et Alost.

Trouttmansdorff essaya de traiter ; il supprima le séminaire général, révoqua l'ordonnance du 18 juin, proclama l'amnistie. Mais le comité de Bréda repoussa ses
avances ; « tout cela, disait Vander Noot, n'est qu'un
vain étalage de mots » ; il préférait la perte entière du
pays à un accommodement avec l'empereur[1].

Le 30 novembre, Van Eupen, grand pénitentiaire de
l'église d'Anvers, le conseiller et le bras droit de Vander
Noot, signait un traité d'alliance entre les États de
Flandre et ceux de Brabant. Vander Mersch rentrait en
campagne et s'emparait de Diest, puis de Tirlemont. Un
instant, il courut des risques. Deux officiers français,
Arnoldi et Dolomieu, se faisaient écraser à Ciney, et
Vander Mersch, manquant de tout, craignant d'être en-
veloppé et accablé par le nombre, s'estimait heureux de
signer, le 2 décembre, à Orsmael, un armistice de dix
jours. Mais cet armistice, que blâma Vander Noot, fut à
l'avantage des patriotes : ils avaient le temps de se renforcer, et traiter avec eux, c'était les reconnaître[2]. « Je

---

[1] Dinne, I, 59.
[2] Forster, *Ansichten vom Niederrhein, Brabant*, etc., p. p. Buch-
ner, 1868, I, p. 182 ; cf. Dinne, II, 102.

viens de gagner deux batailles ! », s'écriait Vander
Mersch.

L'armistice n'était pas expiré que Bruxelles chassait
sa garnison autrichienne. Le vicomte Edouard de Walckiers, banquier de la cour et chef de la célèbre maison
connue sous la raison sociale *Veuve de Nettine et fils*, fut
le chef de l'insurrection bruxelloise [1]. Le 10 décembre, à
Sainte-Gudule, pendant la grand'messe, Walckiers et les
membres de l'association *pro aris et focis* montent sur
des chaises et jettent dans la foule des cocardes brabançonnes. Du haut de la chaire, un prêtre exhorte les
fidèles à combattre pour la religion et leur donne l'abso-
lution générale. Le clergé entonne le psaume *Deus noster
refugium et virtus*. On distribue des armes à la porte de
la sacristie. La foule se répand dans la ville basse, attaque plusieurs postes, refoule les Impériaux vers la
Grande-Place et la place Royale. Comme toujours, d'Alton
et Trauttmansdorff différaient d'opinion, au lieu de « s'é-
pauler », et Joseph II reconnut trop tard le mal que
causait cette dissension entre le ministre et le commandant des troupes [2]. Lorsque le général d'Arberg défendait
Gand, d'Alton lui commandait de faire une résistance
désespérée, et Trauttmansdorff, de ménager la ville. Pareillement, à Bruxelles, d'Alton ne parlait que de bom-
bardement, et Trauttmansdorff jurait qu'il aimerait
mieux partir que de brûler une maison. Mais déjà les
soldats faisaient défection, et les capucins, la cocarde au
capuchon, le sabre au poing, le baudrier par dessus la
robe, conduisaient dans leurs couvents des troupes de
déserteurs. L'amie de Vander Noot, Mme de Bellem ou

---

[1] Il y dépensa 500,000 livres (Forster, *Ansichten*. I, 208).
[2] Beer, Joseph à Kaunitz, 354.

la *Pinaut*, et sa fille Marianne, parcouraient les postes
des insurgés et reveillaient leur ardeur [1]. Le 12 décem
bre les Impériaux abandonnaient la ville. Ferraris, qui
remplaçait d'Alton, les mena tristement dans le Luxembourg, tandis que derrière lui, Vander Mersch venait,
par Louvain, faire sa jonction à Namur avec un corps de
2,000 Flamands, commandé par le baron de Kleinenberg
et le comte de Rosières [2].

Les patriotes l'emportaient. Le 18 décembre 1789, le
comité de Bréda faisait son entrée à Bruxelles. Vander
Noot et Van Eupen, assis dans un phaéton, ouvraient
la marche. Puis venait la duchesse d'Ursel, conduisant
elle-même un cabriolet. Derrière elle étaient les émigrés,
les abbés de Tongerloo et de Saint-Bernard, les membres
des États. Mais Vander Noot attirait tous les regards.
Il descendit au portail de Sainte-Gudule et, reçu en
grande pompe par le clergé, mené au chœur par la garde
noble, entouré des hallebardiers de la cour, il entendit,
à la place d'honneur, comme un véritable souverain, le
Te Deum qui célébrait sa facile victoire. Le soir, il as-
sista, dans la loge du gouverneur-général, à la représentation de la *Mort de César*, et une actrice lui posa sur
le front la couronne civique.

VII. Unis durant la lutte, les patriotes se divisèrent
après le triomphe et formèrent deux partis : les *vandernootistes* ou *aristocrates* ou *statistes*, et les *vonckistes* ou
démocrates.

[1] Gérard, *Rapedius de Berg*, II, 434.
[2] On retrouvera Rosières au cours de ce récit. Quant à Kleinenberg,
Dumouriez dans un mémoire inédit de 1790 le caractérise ainsi :
« Allemand, ayant servi en France, grand ivrogne qu'on emploie aux
recrues et qu'on tient éloigné de l'armée. »

Déjà, pendant la guerre, Vander Noot et Vonck s'é-
taient trouvés en désaccord. Vonck faisait appel à la nation ; Vander Noot à l'étranger. Vonck avait mieux servi
que Vander Noot la cause de la liberté belge ; il trouva
Vander Mersch et conseilla l'attaque de la Flandre ; ce
fut sur ses instances que le comité de Bréda mit l'armée
en mouvement ; il est, disait l'agent Ruel, « le véritable
auteur de la Révolution ».

Vander Noot, appuyé sur la majorité du pays, ne désirait que le maintien des privilèges, et, suivant lui, la
Révolution ne changeait rien en Belgique, sinon que les
États succédaient a Joseph II déchu. Vonck soutenait
que la Constitution devait être modifiée, et qu'investir
les États de toute l'autorité, c'était remplacer la *monar-
chie limitée* par l'*oligarchie*.

Toutefois, les vonckistes se divisaient. Les uns, et
Vonck avec eux, voulaient conserver les trois ordres en
donnant aux petites villes et aux villages les mêmes
droits qu'aux grandes cités et en doublant le nombre
des députés du tiers ; on les nomma *intérimistes*, parce
qu'ils acceptaient l'intérim des États. Les autres demandaient la suppression des ordres et l'organisation d'une
Convention nationale : on les appela les *organisateurs*. Un
d'eux, l'avocat d'Outrepont, défendit le programme du
parti dans la brochure *Qu'allons-nous devenir?* La liberté,
disait-il, ne pouvait être protégée que par « l'union de
toutes les provinces fondées sur l'unité de leur constitution ». Mais tous, intérimistes et organisateurs, proclamaient la nécessité d'une réforme ; tous prétendaient
que la révolution s'était faite dans l'intérêt, non de
quelques privilégiés, mais de la nation entière ; tous se
ralliaient autour de Vonck. L'ancienne société *pro aris et
focis* était devenue, après l'expulsion des Autrichiens,

2

une *Assemblée patriotique* qui comptait parmi ses membres beaucoup d'hommes éclairés et, disait Ruel, les meilleures têtes du tiers-état et de la noblesse, les *magnats*, le duc Louis d'Arenberg, le comte de la Marck, son frère, le duc d'Ursel, son beau-frère, qui présidait le département de la guerre [1]

Mais en vain l' « Assemblée patriotique » proclamait par la voix de d'Outrepont, la souveraineté de la nation; en vain elle affirmait qu'il était imprudent de « rassembler trop de pouvoir dans un seul corps »; en vain elle protestait que la future Convention respecterait les propriétés du clergé et les regarderait comme sacrées. « Des vues particulières d'ambition et de cupidité, disait le duc d'Ursel, succèdent au patriotisme [2]. » Les États de chaque province s'attribuèrent le pouvoir souverain, et le 11 janvier 1790 leurs mandataires, réunis en États-Généraux, à Bruxelles, au nombre de cinquante-quatre, signèrent l'acte d'union des *Etats Belgiques Unis*. Le pouvoir législatif appartint aux Etats-Généraux, le pouvoir exécutif ou pouvoir de faire la paix ou la guerre, de contracter des alliances, de recevoir ou d'envoyer des ambassadeurs, de battre monnaie, à un Congrès qui se recrutait parmi les députés des États. Mais, jusqu'au mois d'août, ce Congrès ne se composa que de membres des États-Généraux, et les mêmes hommes exercèrent le pouvoir législatif et le pouvoir exécutif. Vander Noot était *ministre* de la République et Van Eupen *secrétaire d'État*; tous deux sié-

---

[1] Cf. sur les d'Arenberg et leur rôle De Pradt, *De la Belgique depuis 1789 jusqu'à 1794*. 1820, p. 44-45 ; Gachard, *Études et notices historiques*, II, 206-209 ; Juste, *République belge*, 46-49 ; Borgnet, I, 132-133.

[2] Lettre aux États de Flandre, *Moniteur* d 1 2 sept. 1790.

geaient à côté du président, et les actes de l'Assemblée devaient être revêtus de la signature de l'un ou
de l'autre.

Les *statistes* triomphaient. Ils essayèrent de gagner
les *démocrates* et offrirent à Vonck la présidence du Conseil des finances ou de la Cour des comptes. Vonck répondit qu'il ne travaillait que pour le peuple. Les statistes prononcèrent la dissolution de l'*Assemblée patriotique*. Le clergé se déchaîna contre les vonckistes. Le
mandement, rédigé par l'archevêque de Malines pour
le carême de 1790, représenta les membres des États
comme les « pères de la patrie » et les démocrates
comme les ennemis de la religion. Un comité ecclésiastique où siégeaient quatre abbés, le retors Duvivier, le
fougueux Feller, Brosius et Dudoyart, fit colporter une
adresse en faveur des États : « nous ne voulons d'autres
représentants de la nation que les trois ordres. » Cette
adresse, couverte de quatre cent mille signatures, fut
remise solennellement le 17 février aux États de Brabant. Vonck, sans se déconcerter, fonda une nouvelle
association qu'il nomma la *Société patriotique* et publia
ses *Considérations impartiales sur la position actuelle du
Brabant*. Il reconnaissait l'autorité souveraine du Congrès et le pouvoir législatif des États. Mais il proposait
1º d'adjoindre aux chefs des grandes abbayes des membres du clergé séculier et aux seigneurs de haut pa-
rage des députés de toute la noblesse ; 2º de créer un
quatrième ordre ou une seconde chambre du tiers composée des délégués des petites villes et du plat pays ;
3º d'ouvrir la première chambre du tiers, formée des
députés des chefs-villes, à ceux qui paieraient un cens
de cent cinquante florins. Enfin, il voulait confier le
pouvoir exécutif à un *Conseil d'État* de cinq membres.

dont quatre choisis par chaque ordre, et le cinquième, par le Conseil de Brabant.

Les adversaires de Vonck accueillirent les *Considérations impartiales* par des cris de fureur. L'abbé de Tongerloo répondit que les abbés représentaient le clergé tout entier ainsi que le plat pays. Vander Noot et Van Eupen nommèrent Vonck un « inventeur d'odieuses nouveautés ». L'abbé de Feller s'écria qu'il aimait mieux rappeler les Autrichiens que de vivre sous le règne de le *cohue nationale française*.

Pourtant, Vonck avait encore des partisans dans Bruxelles, et sur les six compagnies de la garde bourgeoise, quatre étaient favorables à ses idées. Les statistes ordonnèrent aux six compagnies de jurer fidélité aux Etats comme souverains. Walckiers qui commandait une des compagnies, déclara qu'il ne prêterait serment qu'à la nation. Vander Noot eut peur, et les volontaires prêtèrent serment au peuple [1].

Les statistes reprirent bientôt l'avantage. Ils excitèrent la populace de Bruxelles contre les démocrates qu'ils traitaient de disciples de Voltaire et d'agents de l'Autriche. Le 14 mars, Vonck, sortant de l'église de Finistère, fut entouré par la foule qui menaça de le pendre. Il osa, le lendemain, présenter une adresse aux États de Brabant ; il leur proposait d'adopter son plan de constitution ou de « former eux-mêmes un plan quelconque » ; la nation, disait-il, doit être légalement consultée, légalement entendue. Cette adresse mit le comble à l'exaspération des statistes. Une proclamation affichée à la porte des églises invita les vrais patriotes à se réunir le 16 mars sur la Grande-Place, pour défendre

[1] Van de Spiegel, 3

la religion, la constitution et la liberté contre les intrigants du « Club patriotique ». On attacha pendant la nuit sur les maisons des vandernootistes l'image de la Vierge et sur celles des vonckistes les inscriptions suivantes : *maison à piller, maison à brûler, tous ses habitants à massacrer.* Le 16 mars, la multitude, conduite par des moines, dominicains, récollets, capucins, s'assembla sur la Grande-Place, devant l'Hôtel-de-Ville, sous les yeux des doyens des métiers et des membres des Etats, puis se répandit dans les rues en criant *à la charrette,* comme on criait à Paris *à la lanterne* [1]. Elle mit à sac la maison de Chapel et des Vanschelle. Presque tous les signataires de l'adresse du 15 mars, Vonck, le duc d'Arenberg, le duc d'Ursel, le comte de La Marck, quittèrent Bruxelles. « On dresse des listes de proscription, écrivait La Marck, et on répand de l'argent pour exciter à l'assassinat et au pillage une populace aveugle. » Walckiers restait encore à Bruxelles. Il fit prendre les armes à sa compagnie, et quoi qu'il eût ordre de ne pas tirer, il tira. Mais les États le sommèrent de licencier sa compagnie ; il obéit et partit pour la France. « Quelques-uns des principaux novateurs, disait l'abbé de Feller dans son *Journal historique,* eurent le désagrément de voir leurs maisons pillées. Il y eut quelques personnes tuées. Le peuple fit malheureusement usage de la souveraineté individuelle que lui attribuaient les démocrates, et exprima un peu trop fortement le refus qu'il en faisait [2]. »

Les démocrates, vaincus à Bruxelles, plaçaient leur dernier espoir dans l'armée que Vander Mersch organi-

---

[1] On attachait les victimes aux brancards d'une charrette renversée.
[2] Borgnet, I, 123-127 ; Juste, *Républ. belge,* 109-120 ; *Monit.* des 24 et 27 mars 1790.

sait à Namur. Le général leur était dévoué. Il refusait
de signer l'adresse du Comité ecclésiastique ; il déclarait nettement à Vander Noot qu'on ne chassait pas un
souverain pour se soumettre à soixante tyrans[1] ; il
jetait à la face du tribun qui parlait toujours de l'assistance des puissances étrangères, cette sanglante injure :
« tu n'es qu'un imposteur qui trompes et trahis la
nation ! » Aussi les statistes l'avaient-ils abreuvé de
dégoûts. Vander Noot lui envoya des ordres ridicules
Van Eupen lui commanda de « tenir Luxembourg blo-
qué dans le lointain ». Les États-Généraux lui donnèrent le grade de feldzeugmestre, un traitement annuel
de 15,000 florins et 10,000 florins pour sa table pendant
la durée de la guerre[2] ; mais ils admirent à leur service
avec le titre de lieutenant-général, le Prussien et pro-
testant Schœnfeld, et ce Schœnfeld, recommandé par la
Hollande et la Prusse, obtint tout ce qu'on refusait à
Vander Mersch, une armée de quatre mille hommes qui
bloquait la citadelle d'Anvers, des canons, de l'argent.

Enfin, le vainqueur de Turnhout perdit patience ; ses
troupes manquaient de tout, se débandaient, fondaient
à vue d'œil ; il donna sa démission. Mais ses officiers
l'aimaient et voulaient garder à leur tête celui qu'ils
nommaient leur père, le génie libérateur et l'ange tutélaire de la Belgique. Ils s'assemblent le 30 mars, au
nombre de plus de cent soixante, à Namur, à l'hôtel
d'Harscamp ; ils adhèrent à l'adresse du 15 mars ;
ils rédigent une déclaration au Congrès et aux Etats
de toutes les provinces ; ils demandent que Vander
Mersch reste généralissime de l'armée belge et le duc

---

[1] Dinne, I, 137.
[2] Dinne, Il, 133.

d'Ursel, président du département de la guerre, que le comte de La Marck soit nommé commandant en second que les États réforment les abus. Vander Mersch les approuve et jure ne de pas les quitter. Vonck, Verlooy, Weemaels, d'Aubremez, le duc d'Ursel, le comte de La Marck se rendent à Namur au milieu de l'armée qui les appelle : « Venez, avait écrit le comité des officiers à Vonck, venez encore aider ceux que vous avez rassemblés le premier, et mettre vos jours en sûreté [1] ».

C'était une insurrection militaire. Les statistes surent la réprimer avec une prompte énergie. Les États-Généraux promirent d'établir une représentation plus étendue du tiers-état « dès que les circonstances le permettraient ». Ils envoyèrent à Namur d'audacieux émissaires, entre autres les deux frères de Vander Noot. Les commandants de troupes eurent ordre de n'obéir qu'au département de la guerre. Vander Mersch dut rendre compte de sa conduite au Congrès. Enfin, Schœnfeld qui venait de prendre la citadelle d'Anvers, marcha sur Namur.

Le 6 avril, Schœnfeld occupait la hauteur de Flawinne· Vander Mersch sortit à sa rencontre avec 2,000 hommes et six pièces de canon. Mais ce brave soldat manquait de caractère. Une fois acclamé par ses troupes, il aurait dû courir hardiment à Bruxelles et disperser le Congrès ; il eut la faiblesse de répondre à l'assemblée que le comité des officiers avait agi sans le consulter. De même, il devait attaquer vigoureusement et sans retard les recrues de Schœnfeld. Il hésita, il craignit d'allumer la guerre civile, il consentit à s'aboucher avec les députés du Congrès, et, suivi d'un seul aide de camp, se

---

[1] Dinne, III, 21-31 ; Dewez, VII, 86-88.

rendit au château de Flawinne. Après de longs pourparlers, on finit par convenir verbalement qu'il n'y aurait pas effusion de sang et qu'aucun officier ne serait dégradé, ni arrêté, à moins d'examen et de conviction préalable. Puis les deux armées se mêlèrent et se dirigèrent ensemble vers Namur.

« Général, dit à Vander Mersch un de ses officiers, vous n'avez pas voulu nous trahir ; mais nous sommes trahis, et vous serez la première victime. » La prophétie se vérifia sur le champ. Pendant la conférence de Fla winne, les statistes s'étaient emparés de Namur. Trois cents hommes, conduits par des frères mendiants et par Nicolas Vander Noot, avaient soulevé la populace et entraîné les dragons de Tongerloo. Ils désarmèrent les postes et chassèrent la petite garnison que commandait Rosières. Quelques-uns envahirent l'hôtel de Vander Mersch, insultèrent sa femme et maltraitèrent son secrétaire, le chanoine de Broux. Lorsque le général rentra dans la ville, il fut gardé à vue, puis mandé devant le Congrès qui le fit transférer à la citadelle d'Anvers. Ses officiers les plus fidèles furent emprisonnés et les régiments qu'on soupçonnait d'attachement à sa personne, renvoyés de Namur. Vonck et ses amis, décrétés de prise de corps, avaient eu le temps de se réfugier en France [1]

Les deux journées du 16 mars et du 6 avril 1790 avaient décidé la victoire des statistes. Vander Noot était désormais le véritable maître du pays. Les uns le surnommaient l'Aristide, les autres — quoiqu'il n'eût, selon le mot d'un pamphlétaire, ni maîtrisé la foudre,

---

[1] Dinne, I, 295-309 et Discailles, *Un chanoine démocrate* (de Broux). 1887, p. 10.

ni inventé la poudre — le Franklin de la Belgique.
La rue Neuve qu'il habitait recevait le nom de rue Van
der Noot. On promenait son buste à travers Bruxelles ;
on le plaçait, entouré de cierges, dans les estaminets ;
tout étranger devait s'agenouiller devant l'image sacrée
du *Père Henri* et la baiser.

Mais le vonckisme restait debout dans les Flandres,
qui s'indignaient de l'arrestation de leur compatriote
Vander Mersch. Gand avait abrogé la Caroline et rétabli
son assemblée populaire, la *Collace,* supprimée par
Charles-Quint. Presque tous les membres de la Collace
étaient démocrates et qualifiaient les États de Flandre
de « représentants provisionnels ». Vonck, qui s'était
empressé de fonder à Lille une société *pro patria*, entreprit de soulever les Flandres, et de marcher sur Anvers
pour délivrer Vander Mersch. Il fut trahi par un aventu-
rier français, qui s'appelait Robineau et prenait le nom
de Beaunoir[1]. Le 28 mai, 300 vonckistes, conduits par
le baron de Haack et accompagnés de Weemaels, Verlooy
et Sandelin[2], entrèrent à Tournai, battirent la caisse,
sonnèrent le tocsin, offrirent quatorze sols par jour
à ceux qui les suivraient pour tirer Vander Mersch de sa
prison ; ils durent regagner le territoire français.

Néanmoins, Van Eupen, plus avisé que Vander Noot,
jugea bon de négocier avec l'adversaire. Le 31 mai,
il avait à Douai une entrevue avec les amis de Vonck,
d'Aubremez, Sandelin, Verlooy et Weemaels. On décida
que Vonck ferait les premiers pas, et, dès le lendemain,

---

[1] Cf. sur ce Robineau, dit Beaunoir, la note v de Borgnet, I, 278-
281.

[2] Sandelin venait de publier un mémoire en faveur de Vander
Mersch (Dinne, III, 140-151) et avait été décrété de prise de corps
comme « criminel de lèse nation au premier chef ».

le chef des démocrates envoyait à Van Eupen une lettre
touchante qui ne parlait que de réconciliation, d'union,
de concorde, du « sacrifice de tout ressentiment ». Mais,
sur la dénonciation de Beaunoir, le parti statiste avait
accusé les démocrates des crimes les plus horribles.
Ils devaient, disait-on, massacrer, au milieu d'une pro-
cession solennelle, l'archevêque de Malines, Vander Noot,
Van Eupen et les membres du Congrès. Le tocsin sonna.
Moines et capucins coururent le pays et appelèrent
les habitants aux armes. 20,000 paysans, armés de bâ-
tons et de faux, arrivèrent à Bruxelles, se rangèrent en
bataille sur la Grande-Place, levant le bras droit et mon-
trant leur cœur aux membres des États. Ils portaient une
bannière ornée du portrait de Vander Noot. Leurs curés
les précédaient à cheval, l'épée au poing, et l'un d'eux
s'étant présenté avec une bonne grosse fille qui trottait à
ses côtés, Vander Noot s'avança vers la rustique ama-
zone et s'écria, bouffissant ses joues et comme dans une
espèce de transport : « *Ma Judith !* » Les mêmes scènes
se produisirent à Gand, où des troupes innombrables de
villageois venaient rendre hommage aux *seigneurs États*
de Flandre et les acclamer comme les vrais repré
sentants du comté. Mais Bruxelles ne se contenta pas
de ces « patriotiques dévotions ». Tous les signataires
de l'adresse du 15 mars furent arrêtés. Le Brabant
compta 2,000 proscrits. Les moines, le pistolet ou le
sabre en main, dirigeaient la chasse aux démocrates.
« Tuer un vonckiste, disait un capucin en chaire, c'est
faire une œuvre agréable à Dieu », et l'énergumène
Feller criait qu'il ne fallait plus de *formes :* « Les formes
sont respectables quand elles assurent la vie du citoyen;
mais quand elles compromettent la vie de tous, qu'elles
encouragent la scélératesse et la félonie, qu'elles rassu-

rent les meurtriers et les brigands, elles sont détesta
bles; *salus populi suprema lex esto.* » La terreur régna
dans Bruxelles ; « la ville, écrivait un agent français, est
livrée à l'inquisition, toutes les missives sont décache-
tées, les imprimés interceptés. » La lettre de Vonck
arrivait donc en pleine réaction. Elle fut rejetée, et les
journaux la publièrent avec de haineux commentaires [1].

VIII. L'Autriche profita des fautes du parti statiste.
Joseph II était mort le 20 février : « Votre pays m'a tué
disait-il au prince de Ligne, Gand pris a été mon agonie,
et Bruxelles abandonné, ma mort. Quelle avanie pour
moi l J'en meurs. » Son frère et successeur, Léopold II,
le *Florentin*, était un politique adroit et subtil. Il offrit
aux Belges une amnistie entière et la confirmation de la
Joyeuse Entrée et de tous les privilèges du pays.

Les statistes ne discutèrent même pas les propositions
de Léopold. Mais bientôt sa diplomatie leur ôtait tout
espoir d'intervention étrangère. Un Congrès s'ouvrait le
17 juin à Reichenbach ; l'Angleterre, la Hollande, la
Prusse donnaient acte à Léopold des promesses qu'il
faisait à ses sujets belgiques : amnistie générale et
quelques concessions s'ils rentraient de bon gré sous sa
domination ; mais, si les dispositions favorables de Sa
Majesté Apostolique demeuraient sans effet, elle pourrait
employer la force et « se bornerait uniquement à conserver la constitution des provinces respectives ».

La convention de Reichenbach portait un coup mortel
à la Révolution belge [2]. Les statistes ne comptaient plus

---

[1] Borgnet, I, 143-150 ; Juste, *Républ. belge*, 167-176 ; *Monit.* du
4 juillet 1790 ; mémoire de Dumouriez (A. N. ou Archives nationales,
F⁷ 4598).
[2] Van de Spiegel, 39.

que sur eux-mêmes. « Que devenir ? écrivait-on de
Bruxelles au *Moniteur*. Notre heure est arrivée. » Le
Congrès résolut de lutter encore. « Défendons les autels
de Dieu, disait-il, et Dieu protégera notre foyer. » Il
s'adjoignit des députés extraordinaires tirés des assemblées provinciales ; de là son nom de *Congrès renforcé*.
Une souscription, ouverte entre ses soixante-treize
membres, produisit 300,000 florins. Les volontaires des
villes et des villages furent requis de se rendre le 4 sep
tembre, qui à Louvain et à Tirlemont, qui à Gembloux,
qui à Fleurus, qui à Bonesse. Pendant la campagne
qui ne durerait que trois semaines, ils recevraient tous,
sans distinction de grades. le pain et une solde de huit
sous par jour. Ils n'avaient pas d'uniforme et ne devaient se munir que d'une bonne paire de souliers à
clous et d'une chemise. On les répartit en compagnies
de 125 hommes ; deux compagnies formèrent une division, et deux divisions, un bataillon ; chaque compagnie était accompagnée d'un curé ou vicaire qui servait
d'aumônier [1].

Les prédications, les prières publiques, les processions
échauffèrent le patriotisme belge. Tous les matins, à
Bruxelles, des moines parcouraient les rues en chantant
des cantiques. Vander Noot était le Saint Bernard de
cette *croisade de septembre* [2] ; il prenait le titre de général
des volontaires et, en beau costume, de même que « Gé-
déon, marchant contre les Madianites », il allait demander la victoire à la Vierge miraculeuse de Hal. « Il a
paru plus grand au pied des autels, disait le *Vrai Brabançon*, qu'il ne le sera dans l'entrée triomphale qu'on

---

[1] *Mon.* du 2 septembre 1790.
[2] *Mon.* du 18 septembre 1790.

lui décernera à son retour »[1]. Plus de 20,000 volontaires répondirent à l'appel du Congrès ; ils furent exercés aux manœuvres durant quinze jours, puis envoyés à l'armée.

Cette armée comprenait alors onze régiments d'infanterie, neuf régiments de cavalerie, un régiment d'artillerie. Ces vingt et un régiments avaient reçu des numéros d'ordre, mais ils portaient encore les noms de leurs provinces : Hainaut, Namur, Bruges, Anvers, Westflandre. Le régiment des *dragons de Tongerloo* avait pour colonel le fougueux abbé de Tongerloo, Godefroy Hermans, qui s'était fait nommer aumônier général de l'armée, bénissait tous les drapeaux et souscrivait à l'emprunt du Congrès pour une somme de 100,000 florins. L'infanterie légère se composait des *chasseurs de Tongerloo, de Lorangeois, de Marneffe*, de la *Légion britannique*, des volontaires de Power, de la compagnie des *Canaris*. La légion britannique, commandée par le colonel Bath, comptait, outre quelques Anglais, des Belges vêtus de l'habit rouge. Les Canaris ou, comme on les nommait à cause de leur réelle vaillance, *les braves Canaris*, portaient un uniforme de drap jaune et avaient pour capitaine un futur général de l'Empire, Dumouceau. L'Anglais Kœhler, aide-de-camp d'Elliot au siège de Gibraltar, « jeune homme très ardent, bon canonnier, mais purement soldat[2] » avait organisé le corps de l'artillerie, qui se composait de 600 hommes.

Schœnfeld commandait en chef. De même que Vander Mersch, il avait tenté d'envahir le Luxembourg. De même que Vander Mersch, il avait vu ses troupes indis-

---

[1] Everaert et Bouchery, *Hist. de la ville de Hal*, 1879, p. 307 ; Dewez, VII, 120-121.
[2] Mémoire de Dumouriez (A. N. F⁷ 4598).

ciplinées s'enfuir devant les vieux bataillons autrichiens.
Battu le 23 mai à Assesses, il recula sur Andoy. Mais,
lorsqu'il eût rassemblé 20,000 hommes dans ce camp
d'Andoy, que le journal de Feller nommait *le camp des
saints*, il reprit l'offensive. Vander Noot conseillait d'attaquer les Autrichiens avant l'arrivée de leurs renforts.
Le 22 septembre, deux colonnes se formèrent pour tourner l'ennemi, l'une par la droite, l'autre par la gauche.
La colonne de gauche, aux ordres de Schœnfeld, se dirigeait sur Marche ; celle de droite, qui se portait sur
Rochefort, avait à sa tète Kœhler, nommé général-major
par le Congrès. Kœhler emporta la forte position d'An-
seremme et marcha sur Falmagne. Mais l'explosion d'un
caisson de poudre jeta la panique dans ses troupes.
Il fallut se replier de toutes parts sur Andoy et licencier
aussitôt cette fameuse levée de paysans, que les curés
« comme autrefois les missionnaires du Paraguay, devaient conduire à la victoire plutôt qu'au combat » [1].

IX. L'affaire de Falmagne décida du sort de la Belgique. Mais vainement les ministres d'Angleterre, de
Hollande et de Prusse, lord Auckland, le grand pensionnaire Van de Spiegel et le comte Keller, réunis à
la Haye, engagèrent le Congrès, par *l'insinuation ver-
bale* du 17 septembre, à négocier un armistice pour
arrêter les progrès des Impériaux. Le Congrès, de nouveau renforcé par des députés extraordinaires, fit une
réponse dilatoire. Les médiateurs insistèrent : il fallait,
disaient-ils sans détour le 5 octobre, accepter la suspen-

---

[1] Un mois auparavant, le capitaine d'Aspre avait, à la tête des
Laudons verts et des volontaires limbourgeois, repris Herve et reconquis le Limbourg (G. Cumont, *Les volontaires limbourgeois et leur
médaille*, 1886).

sion d'armes, puis se soumettre volontairement à l'Autriche, qui maintiendrait la constitution ancienne et légale des provinces. Pour toute réponse, le Congrès demanda de nouveaux délais. Mais cette fois, la « troisième et dernière », les médiateurs déclarèrent qu'ils laissaient aux Belges vingt et un jours pour accepter les propositions de l'Autriche. Léopold se joignait aux trois puissances : de Francfort, après la cérémonie de son couronnement, il envoyait un suprême manifeste à ses sujets belgiques ; il promettait l'amnistie à ceux qui poseraient les armes avant le 21 novembre, et jurait de rendre aux dix provinces les privilèges dont elles jouissaient sous Marie-Thérèse [1].

Quelle résolution allait prendre le Congrès ? Vander Noot s'écriait qu'il fallait vaincre ou mourir, et lorsque Schœnfeld et Kœhler lui conseillaient l'armistice, il répliquait que la Belgique saurait lever assez de monde pour chasser les Autrichiens et que, seraient-ils 80,000, elle les exterminerait comme 80,000 mouches. Sur sa proposition, le Congrès appela le peuple aux armes, décréta la levée en masse de tous les citoyens valides, promit vingt florins de rente viagère à quiconque s'engagerait pour quatre ans. Mais, dit un contemporain, les villes et les campagnes restèrent sourdes à la voix de Vander Noot [2]. L'armée se décourageait. Les colonels donnaient leur démission. Schœnfeld refusait de mener la « barque davantage ». La populace de Bruxelles, plus exaltée que jamais, brûlait le manifeste de Léopold et menaçait de mort quiconque parlerait d'accommodement [3]. Un jour

---

[1] *Monit.* 29 oct., 8, 10, 11 nov. et 1er déc. 1790.
[2] Mémoires de Walter (Juste, *Républ. belge*, 275).
[3] « Les États craignent la fureur de cette multitude qu'ils ont eu l'art d'aveugler, et qu'ils n'ont pas eu l'art de conduire (*Mon.* du

elle se porte aux Madelonnettes, où est enfermé un
jeune homme, Van Krieken, que le capucin Hugues
accuse d'impiété. On force la prison, on entraîne Van
Krieken sur la Grande-Place, on le pend à un réverbère.
La corde casse ; on décapite le malheureux, et sa tête,
sciée plutôt que coupée, est plantée au bout d'une pique,
promenée par la ville et, jusqu'au lendemain, exposée
dans le jardin des capucins [1].

Le Congrès éperdu ne savait que faire ni que devenir.
Mais le temps pressait ; le jour fixé par les médiateurs
approchait ; enfin, dans la nuit du 21 novembre, une
heure avant l'expiration du dernier délai, l'assemblée,
une troisième fois renforcée, proclama grand-duc héré
ditaire de la Belgique l'archiduc Charles, troisième fils
de Léopold [2].

Ce compromis n'arrêta pas le maréchal Bender et la
marche de ses 30,000 soldats qui, selon le mot du prince
de Ligne, venaient triompher des infidèles de l'Occident,
après avoir triomphé des infidèles de l'Orient [3]. Le 22 novembre, les Impériaux passaient la Meuse. Schœnfeld
se retira paisiblement devant eux, évacua Namur, et,
sans même défendre la forêt de Soignes ni couvrir
Bruxelles, alla camper, le 26 novembre, à Anderlecht.
Le Congrès lui demanda sa démission et confia le commandement des troupes à Kœhler. Mais déjà Bender
était aux portes de Bruxelles, et « son armée conqué-
rante s'avançait avec sécurité, avec bonté, comme on

---

29 nov. 1790). « Le Congrès était terrorisé » (Wolf, *Marie Christine*,
1863, II, 94).

[1] Dewez, VII, 122-123 ; *Mon.* du 15 oct. 1790 ; Feller nomma cet
horrible assassinat une *irrégularité.*

[2] *Mon.* du 30 nov. 1790.

Gachard, *Not. hist. et polit.*, III, 387.

revient chez soi [1] ». Les soldats de l'armée patriotique
désertaient en foule. La populace bruxelloise pillait les
magasins. Le Congrès se dispersa. Vander Noot, Van
Eupen, l'évêque d'Anvers, l'abbé de Tongerloo, Feller
prirent le chemin de la Hollande. « Les Belges, avait dit
La Marck, sont en délire ; mais ceux qui les dirigent, ne
s'exposeront pas ». Seul, Vander Noot se montrait encore dans les derniers jours, et faisait tête à l'orage.
Mais, une nuit, on mit une potence et une roue à la
porte de Mme de Bellem avec cette inscription *pour tous
et pour elle*, et, lorsqu'il partit, les capons du rivage
déchirèrent son portrait et brisèrent ses médailles. « Je
suis, disait-il, abandonné par la coquette de fortune et
n'ai plus que des quenouilles au lieu de lauriers [2]. »

Toute la Belgique se soumit. Les États de Flandre
licencièrent les troupes qui restaient au fidèle Kœhler.
Vonckistes et joséphistes sortirent des prisons et des
couvents où les statistes les avaient enfermés. Le 2 dé
cembre 1790, Léopold régnait sur les Pays-Bas antrichiens, et huit jours plus tard, le traité de La Haye
mettait fin à la médiation des alliés.

X. La révolution liégeoise expirait presque en même
temps que la république belge [3]. Elle datait du mois
d'août 1789. Le prince-évêque Hoensbroech refusait au
bourgeois Levoz la permission d'établir à Spa une maison de jeu. Levoz invoqua les coutumes qui défendaient

---

[1] *Mon.* des 3 et 7 déc. 1790. Cf. sur Bender dont les émigrés
firent un « colosse », De Pradt, p. 52-53.

[2] *Mon.* des 3, 5 et 12 déc. 1790 ; Bacourt, *Corresp. entre Mirabeau
et La Marck,* II, 349 ; Vander Noot à Dumouriez, 26 nov. 1792 (A. N.
F⁷ 4598).

[3] Hénaux, *Hist. du pays de Liège*, II, 552-657.

au prince-évêque de porter un édit sans le concours des États, et « l'intérêt qu'on prit à cette cause, s'étendit à tout le pays [1] ». Une querelle particulière se transformait en un débat politique. Jacques Fabry, Bassenge, Donceel, Reynier, Henkart, Defrance fondèrent la *Société patriotique* et défendirent les franchises publiques dans des brochures. « La souveraineté, disait Bassenge, réside dans la nation entière, et le prince est, non pas le maître, mais le premier commis de la nation, non pas l'interprète, mais l'organe de la souveraineté. » Peu à peu la lutte entre les partisans de l'évêque et les patriotes s'envenima. Le 17 août, Bassenge demandait l'annulation du règlement de 1684 : « Que notre fantôme de tiers-état fasse place à une représentation nationale ! » Le lendemain matin, les bourgeois entraient à l'hôtel de ville et, joyeusement, sans lutte aucune, pendant que les femmes, aux fenêtres, applaudissaient ou agitaient leurs mouchoirs, ils acclamaient de nouveaux conseillers et nommaient Fabry et Chestret chefs du magistrat. Puis, dans l'après-midi, ils allaient chercher Hoensbroech à son château de Seraing et le menaient à l'hôtel de ville. Le prince-évêque ratifia par sa signature l'élection de l'administration nouvelle. Mais dans la nuit du 26 août il s'enfuyait à Trêves. Il se plaignit à la Chambre impériale de Wetzlar qui enjoignit aux directeurs du Cercle de Wesphalie dont Liège dépendait, de rendre au prince-évêque son autorité. Le roi de Prusse était en même temps duc de Clèves et directeur du Cercle de Westphalie. Il offrit sa médiation que Liège accepta, et 6,000 Prussiens et Palatins vinrent occuper le territoire,

---

[1] Dohm, *Exposé de la révolution de Liège en 1789*, traduit par Reynier, 1790, p. 15.

pour « maintenir le calme ». Mais, malgré les instances
du roi de Prusse, Hoensbroech exigea l'exécution plé-
nière et littérale du décret de Wetzlar : toutes choses
devaient être remises telles qu'elles étaient avant le
18 août 1789. Les troupes d'occupation se retirèrent et le
roi de Prusse demeura neutre. Une armée dite d'exécution, formée de Palatins, de Munstériens, de Mayençais,
de Trévirois, passa la Meuse. Liège se défendit avec
vigueur ; ses volontaires, commandés par Donceel, Chestret, Fabry, Fyon, Ransonnet, battirent les envahis
seurs [1]. Mais la Chambre impériale requit Léopold de
prêter main-forte à l'armée d'exécution. 8,000 Autri
chiens s'emparèrent de Liège le 12 janvier 1791 et réta-
blirent Hoensbroech. Les Liégeois ne firent aucune résistance ; Léopold avait une « puissance prépondérante
qui les écraserait infailliblement [2] ».

Le prince-évêque n'usa pas de sa victoire avec man-
suétude. « Il publie des jubilés, disait Mercy, mais il ne
publie pas d'amnistie ; les prisons regorgent, et la haine
augmente [3] ».

Les colères. n'étaient pas moins vives en Belgique.
Léopold avait tenu parole. Il révoqua les édits de Joseph II et organisa le gouvernement comme sous le
règne de Marie-Thérèse. Mercy, nommé ministre plénipotentiaire et gouverneur général par intérim, s'ap-
puya sur les vonckistes pour tenir les statistes en
échec : il leur permit de fonder à Bruxelles la société
des *Amis du bien public* que Walckiers présida, il ob

---

[1] Cf. sur cette campagne les *Denkwürdigkeiten* d'Eickemeyer, 1845,
p. 87-101 et les lettres de G. Leonhart (*Briefe von und an Bürger*,
p. p. Strodtmann, IV).

[2] *Mon.* du 30 déc. 1790.

[3] Burgnet, I. 202.

tint la soumission de Vander Mersch et fit une ova-
tion à l'ancien général des patriotes, il pria Vonck de
rentrer dans sa patrie et de lui donner des conseils.
Mais Kaunitz prescrivit un système de bascule, et bientôt tout le monde fut mécontent Le comte de Metternich-
Winnebourg remplaça Mercy. Lui aussi ne fit qu'irriter
statistes et démocrates. La société des *Amis du bien
public* qui demandait des réformes et ne recevait que des
promesses, cessa de se réunir. Walckiers alla s'établir à
Paris. Les Etats de Brabant refusèrent les subsides. Les
deux partis tournaient leurs regards vers la France [1]

[1] Voir dans Ernouf, *Maret, duc de Bassano*, 1884, p. 63, le me-
moire remarquable de Maret sur cette disposition des esprits en Belgique.

CHAPITRE II

L'INVASION FRANÇAISE

I. La Révolution belge avait suivi de très près la Révolution française. Des deux côtés de la frontière retentirent les mêmes mots : *patriotes, démocrates, assemblée nationale.* Il semblait que la Belgique voulût essayer les ressorts que la France allait mouvoir. Le Congrès devance et rappelle à quelques égards notre Convention · il s'attribue toute l'autorité, envoie des commissaires aux armées, décrète la levée en masse, et s'imagine que les volontaires forceront la victoire. Le peuple défile devant lui et lui apporte processionnellement des dons patriotiques. La populace de Bruxelles lui fait la loi. Vander Mersch tente en 1790 ce que tenteront en 1792 et 1793 Lafayette et Dumouriez. Les statistes emploient résolument contre les démocrates les mêmes moyens que la Montagne contre la Gironde, et l'abbé de Feller,

3.

poussant le peuple au meurtre et au pillage, a mérité le surnom d' « un Marat ecclésiastique [1] ».

Toutefois les rôles étaient renversés. La Belgique défendait les abus, la France les combattait ; l'une voulait restaurer les privilèges, l'autre, les détruire, et la révolution brabançonne passait à Paris pour une contre-révolution [2]

Mais la France détestait l'Autriche qu'elle regardait comme son adversaire naturel et son ennemie héréditaire [3]. Elle suivit attentivement les progrès de l'insurrection belge, et le journal de Camille Desmoulins porta le nom de *Révolutions de France et de Brabant*. Montmorin dirigeait alors les affaires étrangères : circonspect, timide, partisan de l'alliance autrichienne et de la paix à tout prix, il n'avait aucune influence. Le véritable maître du gouvernement était Lafayette, celui que Mirabeau nommait amèrement l'idole du jour, le général de la constitution, le maire du palais et le rival du monarque [4]. « Il n'est, disait Lafayette, aucun Français qui ne doive au peuple de Belgique des applaudissements et des vœux. » Etablir dans les Pays-Bas la vraie liberté, y proclamer le principe de la souveraineté du peuple, y faire élire une Convention nationale qui donnerait aux Belges une constitution à la française, tel était son but. Il patronnait toutes les révolutions [5].

Il envoya La Sonde et Sémonville à Bruxelles. La

---

[1] Dewez, VII, 105.

[2] « La France, disait Kaunitz le 31 octobre 1790 (Vivenot, *Quellen.*, I, 38), se trouve avoir actuellement une soi-disante constitution démocratique ; le système de la constitution des Belges est aristocratique ».

[3] *Invasion prussienne*, p. 8 ; Sorel, *L'Europe et la Rév.*, I, 293-297.

[4] Bacourt, II, 26, 94.

[5] *Mémoires*, V, 24-25 ; Sorel, *L'Europe et la Rév.*, 1887, II, 53-60.

Sonde, dit Mirabeau, était son jockey politique et Sémonville, son « bout d'oreille ». Tous deux devaient encourager secrètement les vonckistes. Le 25 février 1790, Sémonville provoquait une émeute devant Sainte-Gudule ; au sortir de la grand'messe, quelques démocrates arborèrent les couleurs françaises et crièrent « *Vive le peuple ! plus d'États souverains !* [1] »

L'avocat Torfs, intime ami de Vonck, représentait à Paris le parti démocratique. Lafayette eut avec lui de fréquentes entrevues, et, dans le dessein de terminer la Révolution belge par un accommodement équitable, il rédigea les propositions suivantes qu'il comptait faire agréer au gouvernement autrichien : 1° Les Pays-Bas se choisiraient un chef constitutionnel dans la maison d'Autriche. 2° Ils auraient une représentation libre et élective, choisie dans les trois ordres. 3° Leur armée serait nationale et prêterait serment, non seulement au chef, mais aux représentants de la nation. 4° Les représentants dispenseraient les revenus de l'état. Torfs porta ces propositions à Bruxelles. Vander Mersch conseillait de les accepter, « c'est de l'or, disait-il, plus tard vous n'aurez que du cuivre. » Mais Vander Noot les rejeta dédaigneusement et Van Eupen menaça Torfs de la bastonnade s'il les publiait [2].

---

[1] Bacourt, II, 94, 172, 189 ; Borgnet, I, 169 ; Juste, *Républ. belge*, 104. Sémonville est assez connu. Tort de La Sonde, né à Peyriac dans l'Aude, avait été secrétaire de l'ambassadeur de France en Angleterre, le comte de Guines, qui le fit mettre à la Bastille (1770-1771). C'était, dit Merlin de Douai (*Le Rédacteur*, 7 déc. 1796), un des hommes les plus déliés de l'Europe. Il se retira dès 1778 à Bruxelles et devint l'intime confident de Dumouriez qui logea chez lui en 1792 après Jemappes et en 1793 après sa défection, avec sa maîtresse Mᵐᵉ de Beauvert. Cf. sur lui sa propre brochure *Tort de la Sonde peint par lui-même ou suite aux Mémoires de Dumouriez*, an IV.

[2] Juste, *Républ. belge*, 90-91.

Après le triomphe des statistes, Lafayette résolut **un**
instant de « ne se mêler en aucune manière des affaires
intérieures de la Belgique ». Le 17 mars, le comte de
Thiennes et l'avocat Latteur apportaient une lettre du
Congrès au président de l'Assemblée constituante. Lafayette observa que le Congrès belge n'avait pas « les
caractères qui émanent de la puissance souveraine du
peuple » et la lettre ne fut pas ouverte [1].

Mais bientôt les défiances contre l'Autriche se ré-
veillèrent. On craignait que Léopold, une fois la Belgique soumise, n'intervînt en France et ne secourût
Louis XVI. Lafayette fit des avances à M. de Thiennes,
à l'avocat Latteur et à un troisième personnage, le
comte Cornet de Grez, ancien membre du Conseil privé,
homme austère, plein de franchise et d'honneur, très
pénétrant, qui connaissait à fond la Belgique et que
tous les partis consultaient [2]. Il exigeait, en échange de
son appui, la réconciliation des statistes et des vonckistes.

Ce fut alors que Van Eupen, accompagné de M. de
Thiennes, vint trouver à Douai les amis de Vonck.
« C'est vous, disait Dumouriez à Lafayette, qui avez
attiré, par l'entremise de La Sonde, le comte de Thiennes
et Van Eupen à Douai, comme vous avez attiré M. Cornet de Grez à Paris [5]. » On décida de se mettre sous la

---

[1] *Mon.* du 18 mars 1790, et *Adresse des Belges à la nation française,* 27.

[2] Cf. sur Cornet de Grez ; Dewez, VII, 125, et Juste, *Républ. belge,*
94-95. Cornet de Grez avait déplu à Joseph II et s'était retiré à
Douai. Lafayette (*Mém.*, V, 47-51) attachait un prix infini à sa correspondance, promettait de le consulter sur toutes les démarches qu'il
pourrait faire ou proposer, louait à l'extrême ses « sages conseils » et
ses « grandes lumières en politique et en administration ».

[3] Dumouriez à Lafayette, 30 juin 1790 (A. N. F⁷ 4598).

protection de la France, et le 3 juin 1790, à l'instigation de Van Eupen, le Congrès demandait à Lafayette un officier de distinction auquel il pût se fier entièrement « tant par rapport aux relations politiques que relativement à l'état et aux opérations de l'armée ». Il désirait le colonel de Royal Liégeois, le chevalier de Ternant, habile diplomate et vaillant soldat, qui servait en 1787 la cause des patriotes hollandais. Mais Ternant avait une mission en Allemagne. Lafayette envoya le maréchal de camp Dumouriez.

Dumouriez appartient à la Flandre par sa naissance, car cet homme, d'une vivacité toute méridionale, naquit à Cambrai [1]. Il avait de grandes intelligences dans cette Belgique qui fut toujours son point de mire. Dès 1763, il séjournait à Mons et il y « connaissait beaucoup de monde ». Il s'offrit à Lafayette : « Je vous prie, lui écrivait-il, de déterminer M. de Montmorin à me laisser partir. C'est avec vous que je conviendrai de tout ce que je traiterai ; je me placerai sous votre direction et je vous prouverai mon tendre attachement. Vous êtes persuadé, comme moi, que les deux révolutions, quoique marchant en sens inverse, ont trop d'analogie pour que le sort, bon ou mauvais, des Flamands n'influe pas sur le nôtre. » Lafayette hésitait ; Montmorin se taisait ; Dumouriez partit. « M. de Montmorin, mandait-il à Lafayette, fait son métier ; mais votre position est entièrement différente, vous êtes l'homme de la nation, vous devez et pouvez seul veiller à ses dangers extérieurs [2]. »

Le nouvel agent de Lafayette apportait au Congrès

[1] Cf. *Valmy*, p. 8-23.
[2] Lafayette, *Mém.*, V, 53-56.

une lettre de recommandation ainsi concue : « M. Du
mouriez, qui se rend aux eaux de Spa, doit s'arrêter
quelques jours à Bruxelles ; je vous exhorte à montrer
une entière confiance à cet officier général, dont les
talents et l'expérience sont connus [1]. » Trois semaines
suffirent à Dumouriez pour juger la situation. A son
avis, les Belges devaient se donner une véritable représentation nationale et un pouvoir exécutif vigoureux. Provisoirement, le Congrès ferait bien de quitter
Bruxelles, où il était *esclave*, et de se réunir dans une
ville dont il aurait la haute police. Vander Noot était un
Masaniello et Van Eupen un fourbe hypocrite ; le premier, « abhorré des honnêtes gens et fort aimé de la ca-
naille », n'entendait rien aux affaires et cachait sa timi-
dité sous les dehors d'une brutale audace ; le second
menait le Congrès à sa guise, disposait de tous les emplois et de tous les fonds, tronquait, falsifiait, supprimait les dépêches : tous deux, d'ailleurs, instrument et
jouet de la Hollande et de la Prusse.

Il visita l'armée belge, ce « simulacre d'armée ». Elle
lui parut faible, mal administrée, énormément coûteuse.
Si les chasseurs avaient de bonnes carabines, la cavalerie ne valait rien, l'infanterie manquait absolument
d'instruction et les volontaires étaient plus dangereux
qu'utiles. Schœnfeld avait de l'esprit, de la finesse, mais
ne cachait pas qu'il fallait « tenir les Belges dans un
état passif, vu qu'ils dépendaient du congrès de Reichenbach ».

Dumouriez essaya de supplanter Schœnfeld. Ii demanda le commandement de l'armée belge : il voulait
être Belge, disait-il, et il l'était par naissance ; il promet-

---

[1] Passage supprimé dans les *Mémoires* de Lafayette.

tait d'amalgamer les troupes soldées et la garde nationale et, de l'aveu du Congrès, ses plans augmentaient
considérablement les forces de la République et dimi
nuaient ses dépenses. Mais on n'osait remercier Schœn
feld. « M. de Schœnfeld, répondit le président du Congrès
à Dumouriez, a formé notre armée et lui a donné la con
sistance ; mais vous voulez vous dévouer aux Belges.
Or, ce n'est pas toujours l'épée à la main qu'on sert le
mieux sa patrie. Franklin a partagé les lauriers de Was-
hington. Soyez, vous, Monsieur, notre Franklin, soyez-le
en France même ; plaidez notre cause, envoyez-nous des
conseils ; faites-nous reconnaître [libres et indépendants
par la nation française. » Dumouriez regagna Paris en
prophétisant la victoire des Autrichiens, et bientôt un
membre du Congrès, le greffier]de Mons, Gendebien, lui
mandait tristement que s'il était resté dans les Pays-Bas,
les choses eussent autrement tourné : « On voit maintenant ce que vous avez prédit que les puissances nous
retenaient dans leurs mains pour faire les conditions de
la paix de Reichenbach à Léopold [1]. »

Lafayette abandonna les Pays-Bas à leur sort. Il avait
prié le Congrès de mettre Vander Mersch en liberté ;
c'était « le premier et indispensable moyen de remplir
les vues qui devaient animer tous les cœurs patriotes »,
et le Congrès avait répondu que Vander Mersch devait
être jugé parce que l'opinion publique se prononçait
contre lui [2]. Lafayette fut désormais convaincu que
la révolution belge n'était qu'une *intrigue* de l'aristocra-

---

[1] Mémoire de Dumouriez sur la situation politique et militaire de la
Belgique ; lettre du président du Congrès à Dumouriez, 7 août 1790 ;
lettre de Gendebien (A. N. F⁷ 4398) ; cf. les *Mémoires* de Dumouriez, 1822, tome II, p. 84-91 et Vande Spiegel, 34.

[2] Le président du Congrès à Dumouriez, 7 août 1790.

tie et du clergé. Vainement, dans une lettre du 6 août, le Congrès fit appel à sa générosité : « Plusieurs traités ont lié les deux nations ; puissions-nous en ajouter un qui, fixant le sort de notre liberté, ruinerait à jamais lé despotisme oppresseur de nos vastes et riches contrées ! » Le général ne répondit pas, et la défaite de Falmagne, la chute des « roitelets enfroqués » du Congrès [1], le rétablissement de la domination autrichienne en Belgique n'émut que des journalistes, Desmoulins, Carra, Prudhomme. Le sort des Liégeois inspirait plus d'intérêt et de sympathie. « Les Belges, disait la *Gazette de France*, ont des reposoirs à construire, des Vierges à orner de fleurs, des moines à affubler de leurs riches chapes et cent mille cierges à brûler au pied de leurs images ; que nous importe quel sera le pâtre de ce grossier troupeau ? Il n'en est pas de même des braves Liégeois ; ils réunissent les vœux de tous les gens de bien [2]. »

II. Un an s'écoula. La lutte entre la Révolution et les vieux gouvernements, entre la France et l'Autriche, devint inévitable. Mercy assurait que l'influence d'un *voisinage empesté* était la seule cause des obstacles que rencontraient les gouverneurs généraux des Pays-Bas, et Marie-Antoinette écrivait à son frère qu'il n'aurait pas de tranquillité au Brabant tant qu'il n'arrêterait pas les troubles de la France [3]. L'Assemblée législative était à peine élue que La Marck annonçait à Mercy la guerre prochaine : « On fera décider une invasion dans les Pays-Bas en représentant les menaces des puissances comme

---

[1] Mot du pamphlet *La République belgique* (Borgnet, I, 296).
[2] Lafayette, *Mém.*, V, 52-62 ; *Gazette de France*, 3 juin 1790.
[3] Vivenot, *Quellen.*, I, 333-334.

des hostilités ; de là à l'insurrection du pays de Liège et de la Hollande, il n'y aura qu'un pas [1]. »

Déjà les Belges réfugiés sur la frontière de France se disposaient à prendre leur revanche. Ils formaient encore deux partis : les démocrates que Vonck rassemblait à Lille et que Walckiers représentait à Paris ; les aristocrates ou *confédérés* dont le comité directeur siégeait à Douai. Les aristocrates, plus impatients, refusaient d'attendre l'invasion française. Leurs chefs n'étalent plus Vander Noot et Van Eupen qu'ils traitaient d'imposteurs. Ils avaient à leur tête un jeune homme de vingt et un ans, le comte Armand-Louis de Béthune-Charost, ambitieux, remuant, irréfléchi, qui prétendait descendre des comtes de Flandre et comptait devenir souverain des Pays-Bas. Béthune, disait Walckiers, « ne veut la Révolution que pour lui, pour le clergé et pour les nobles. » Il prodigua l'argent et réunit un grand nombre d'aventuriers et d'anciens soldats de l'armée patriotique « *coureurs de révolutions*, comme disait Bonnecarrère, qui appartiennent au dernier qui les paye et les nourrit [2]. »

Les vonckistes, qui voyaient Béthune faire des recrues jusque dans leurs rangs, se plaignirent au Directoire du département du Nord, puis à la Législative. De vifs débats s'engagèrent dans l'Assemblée. Fallait-il disperser les *béthunistes*? Duhem, Chabot, Hérault de Séchelles criaient à la persécution. Mais la France n'exigeait-elle pas de l'Empereur, dans le même instant, la dispersion des émigrés? Béthune et ses amis

---

[1] Bacourt, III, 234.

[2] Borgnet, I, 251-254. Cf. sur Béthune-Charost (outre Lemas, *Études sur le Cher pendant la Révol.*, 1887, p. 59-80) : Ernouf, *Maret*, 55 et une lettre de Walckiers à Biron, 21 déc. 1791 (A. G.).

n'appartenaient-ils pas à l'aristocratie nobiliaire et sa
cerdotale? La Législative décréta que les rassemble-
ments seraient dissipés et que ceux qui les composaient choisiraient provisoirement leur demeure hors
des villes de guerre. Walckiers avait déterminé cette
résolution et « démasqué » les aristocrates et leur chef
Béthune au Comité diplomatique [1].

Béthune-Charost disparut bientôt de la scène poli
tique. Les vonckistes seuls préparèrent l'insurrection.
Ils s'unirent aux réfugiés liégeois. « Cette réunion, écri-
valt Walckiers, a un double but, celui d'augmenter nos
forces, car c'est une nation bien valeureuse, et celui
d'empêcher les nobles et les prêtres de nous jouer, car
ils seront notre soutien vis-à-vis d'eux [2] ». Un *Comité
révolutionnaire des Belges et Liégeois unis* organisa une
légion de quinze cents hommes, commandés par le
général Rosières et le colonel Fyon. Cette légion servait
à la frontière, dans l'armée du Nord, aux dépens de la
France ; mais, dès qu'elle entrerait sur le territoire des
Pays-Bas, elle serait soldée et entretenue par ses compatriotes [3]. Un manifeste régla l'organisation du futur
gouvernement. Les Liégeois se séparaient à jamais de
l'Empire pour former avec les Belges un seul et même
peuple. Un comité central de cinquante personnes, in
vesti du pouvoir révolutionnaire, exercerait provisoirement la souveraineté. Il ferait élire des représentants,
un par dix mille âmes, à mesure que la Révolution s'é-
tendrait en Belgique. Ses fonctions cesseraient dès que
les députés auraient atteint le nombre de cent- cinquante. Il soumettrait à la délibération du peuple un

---

[1] Séances des 19, 20 et 21 déc. 1791.
[2] Borgnet, I, 261 ; Walckiers à Biron, 21 déc. 1791 (A. G.).
[3] Convention entre le Comité et le ministère.

projet d'organisation sociale : un seul État, la *République belgique* ; deux corps renouvelés tous les deux ans par élection directe, une assemblée de représentants et un Sénat de quinze membres, chargé du pouvoir exécutif, et sanctionnant les décrets de l'assemblée ; le peuple acceptant ou rejetant par *oui* ou *non* les décrets contestés ; l'élection des juges.

III. Le 20 avril 1792, l'Assemblée législative déclarait la guerre au roi de Hongrie, et huit jours plus tard, l'armée du Nord, commandée par le maréchal Rocham beau, entrait en campagne. Dumouriez, devenu lieutenant-général, ministre des affaires étrangères et le véritable président du Conseil, avait ordonné quatre attaques : Carle marcherait sur Furnes, Théobald Dillon sur Tournai, Biron sur Mons et Lafayette sur Namur. On voulait, disait le ministre de la guerre, favoriser l'insurrection des Belges qui n'attendaient que l'entrée des Français pour lever l'étendard ; le gouvernement autrichien sommait les États de Brabant de voter les subsides ; il fallait envahir la Belgique sans retard, ravir à l'Autriche l'or des Brabançons, donner à la France « la ressource d'un grand numéraire qui lui manquait ». Mais l'armée était méfiante et indisciplinée. Les troupes de Théobald Dillon et de Biron s'enfuirent à la vue des Impériaux en criant que leurs généraux les trahissaient et les menaient à la boucherie. Biron rallia son armée. Dillon et le colonel du génie Berthois furent massacrés à Lille par leurs propres soldats. « Désolante déroute, écrivait d'Aumont, qui a peu ou point d'exemples [1] ! »

---

[1] De Grave, d'Aumont, d'Elbhecq à Rochambeau, 22, 29, 30 avril

Le plan d'attaque échouait : Lafayette avait pris position à Bouvigne, il recula sur Givet. Carle avait paru
devant Furnes, sans entrer dans la ville « de crainte que
sa troupe ne se disperse et s'enivre » ; il regagna Dunkerque. Rochambeau s'efforçait de « remettre toutes les
têtes », mais se dégoûta bientôt du commandement et
quitta l'armée.

Luckner remplaça Rochambeau. Le vieux soudard[1]
avait ordre d'envahir de nouveau la Belgique. Il entra
dans Menin le 17 juin. Une troupe de quarante Autrichiens fit semblant de défendre la place et rompit un
pont ; mais les chasseurs belges qui servaient à l'avant-
garde, franchirent bravement le fossé. Les habitants de
Menin recurent les envahisseurs avec de bruyantes dé-
monstrations de joie ; ils arborèrent la cocarde tricolore
et crièrent : *vive la nation ! vivent les Français !* Le lendemain, l'armée entrait à Courtrai. L'allégresse de la population était inexprimable ; toute la ville retentissait
du cri *vive la nation française* ! ; nos soldats semblaient
des amis qu'on attend avec impatience, et on leur disait : « Nous mourrons plutôt qu'on vous chasse d'ici. »
Ypres leur fit le même accueil. Déjà le Comité révolutionnaire des Belges et Liégeois autorisait Rosières, au
nom du peuple souverain, à prendre possession des
villes et des villages, à maintenir les magistrats dans
leurs fonctions, à ôter partout les armoiries du ci-devant
comte de Flandre.

Mais Luckner ne voulait pas s'aventurer dans l'intérieur de la Belgique. Il sommait le Comité révolution-

1792 ; d'Aumont à de Grave, 1ᵉʳ mai ; Extrait du reg. des délib. de
Lille, 29 avril (A. G.) ; Rochambeau, *Mém.*, 1829, I, 407-408 ; *Invasion prussienne*, 46-48.

[1] Cf. sur Luckner, *Invasion prussienne*, 192-194.

naire de tenir ses promesses. Où était le secours de
40,000 hommes qu'il avait assuré ? Voyait-on le moindre
mouvement dans le pays ? « Les Belges, écrivait le maréchal, ne se montrent pas d'une manière suffisante,
et je ne dois pas marcher en avant à moins que le parti
révolutionnaire ne me garantisse à force armée le libre
passage de la Lys. » Le ministre Lajard lui laissa carte
blanche. Luckner recula ; il craignait, disait-il, d'être
attaqué sur son front par trois mille Autrichiens qui se
trouvaient à Gand et sur ses derrières par la garnison
de Tournai[1] l

La retraite fut marquée par un douloureux épisode.
Le maréchal de camp Jarry qui commandait l'avant-
garde, fit brûler, dans la journée du 29 juin, les faubourgs
de Courtrai. Depuis une semaine, les chasseurs tyroliens
s'embusquaient dans ces faubourgs et leur feu plongeant
était très meurtrier ; il fallait les refouler dans la ville.
« Je n'entends rien, disait Jarry, en politique ni en
philosophie ; les chasseurs, enhardis par la bonhomie
qui nous faisait épargner les faubourgs, nous tuent du
monde tous les jours ; la vie des Français et l'honneur
de nos armées ne seront pas mis en balance avec cinquante ou soixante maisons exposées au sort de la
guerre sur le territoire ennemi[2] ! »

---

[1] « Ordre positif d'exécuter le plan de guerre offensive », 8 juin
1792 ; Luckner au ministre, 17, 18, 20, 24, 26 juin ; Lajard à Luck
ner, 27 juin ; lettres de Menin et de Courtrai, 18 juin ; arrêté du
Comité, signé Rens, président, et Vanden Steene, Smits, de Raet,
18 juin (A. G.).

[2] Jarry avait servi vingt ans en Prusse : « J'aurais été rudement
tancé par Frédéric II, écrivait-il à Lajard, si je me fusse soumis à
perdre inutilement du monde pendant huit jours pour épargner les
maisons de l'ennemi ». Agent des démocrates à Berlin dans la révolution belge, il proposait de donner le ministère de la guerre au duc
d'Ursel, le titre de généralissime à Vander Mersch, le commandement

Cet incendie excita l'indignation du parti populaire. Il
fut flétri comme une action infâme par les députés, par
les journalistes, par les Jacobins. Ce n'était donc pas
assez d'abandonner les patriotes brabançons qui se joi-
gnaient à nos drapeaux! On brûlait les toits de leurs
pères! On voulait inspirer aux Belges la haine de notre
Révolution! On leur donnait comme gage de notre attachement les flammes de Courtrai! L'Assemblée législative décréta que les victimes de l'incendie seraient
indemnisées par la nation française[1].

IV. Dumouriez arrivait à l'armée du Nord au milieu
de la honteuse retraite de Menin et de Courtrai. Il avait
quitté le ministère et venait prendre le commandement
du camp de Maulde. L'invasion des Pays-Bas était son
projet favori, son idée fixe. La déroute de Biron, la

de la cavalerie à Schoenfeld, de l'infanterie au baron de Haack, de
l'artillerie, du génie, de l'état-major à lui, Jarry. Adjudant général à
l'armée du Nord, il fut recommandé par Biron à Talleyrand et au ministère. Jarry, disait La Marck, « a de l'esprit, des talents et une
grande connaissance de la cour de Berlin ». Il reçut une mission secrète à Berlin avec « une énorme latitude de moyens de corruption »,
échoua et revint en France. Rochambeau le prit pour aide de camp
général. Luckner le mit à la tête de l'avant-garde et, en cette qualité,
Jarry fit partie de l'armée du centre ou de Metz et commanda le camp
de Fontoy. Mais on lui reprochait sans cesse l'incendie de Courtrai et,
le 3 août, devant la Législative, Petion s'écriait : « l'incendiaire est
encore au milieu du camp des Français! » Jarry émigra le 21 août
1792. L'année suivante le *brûleur de Courtrai* envoyait à Mercy par
La Marck qui fut toujours son protecteur et son patron, une lettre
pleine d' « idées lumineuses » qui fut communiquée à Cobourg.
Mercy lui fit donner un subside. (Jarry à Lajard, 9 juillet (A. G.);
Dinne, II, 345-350 ; Bacourt, III, 291, 294 ; de Pradt, 60 ; Flammermont, *Négoc. secr. de Louis XVI*, 1885, p. 23 ; Pallain, *La mission de
Talleyrand*, 1889, p. 22, 30, 32, 34 ; *Mon.* du 5 août; *Invasion prussienne*, 198 ; Thürheim, *Briefe des Grafen Mercy an Starhemberg*,
1884, p. 56, 57, 61.)

[1] Borgnet, II, 34-36.

reculade de Luckner, les objections de Lafayette qui représentait l'expédition comme très hasardée, rien ne l'avait détourné de son dessein, et il se flattait de réussir où les autres avaient échoué. Les Pays-Bas ne devaient-ils pas se soulever au premier bruit d'une victoire française? Quoi de plus aisé que de conquérir cette grande plaine de la Belgique ouverte depuis Joseph II? Plus d'autres forteresses que Luxembourg, la citadelle d'Anvers et le château de Namur. Gand ne pouvait tenir. Les fortifications de Mons n'étaient pas réparées à cause de « la sécurité que donnait l'alliance avec la France [1] ». Déjà, pendant son ministère, Dumouriez avait envoyé dans le pays et sur les frontières divers agents, Sainte Huruge, Deshacquets, La Sonde, Maret, chargés de « travailler l'esprit public » et d' « opérer une fusion entre les mécontents [2] ».

A peine au camp de Maulde, il se plaignit de sa position subalterne. Lui, ancien ministre, se trouvait en troisième ou en quatrième dans l'armée de Luckner, au lieu d'être en chef! Il demandait le commandement de toutes les troupes du Nord pour mieux servir et la nation et le roi qu'il « identifiait dans son cœur et dans ses principes constitutionnels [3] ».

On ne lui répondit pas, mais Lajard ordonnait alors

---

[2] Nény, I, 194, et II, 3 (il avoue que, sans cette alliance, les Pays-Bas eussent été infailliblement en 1756 la première victime de la guerre). Cf. Wolf, *Leopold II und Marie-Christine*, 1867, p. 310, et Dumouriez, *Mém.*, II, 222-223.

[2] Cf. sur Sainte-Huruge une lettre de Dumouriez à Le Brun, 10 déc. 1792 (A. G.) et sur Maret Ernouf, *Maret*, 53-71. Le futur duc de Bassano eut un instant le titre d'agent général du gouvernement pour les affaires de Belgique et s'efforça sérieusement de rallier les partis et d'organiser les réfugiés. Voir aussi Sorel, *L'Europe et la Rév.*, II, 481-483.

[3] Dumouriez au roi, 18 juillet 1792 (A. G.).

le mouvement que les contemporains nommèrent le
retirement ou le *chassé-croisé* des armées. Lafayette et
Luckner échangeaient leur commandement : Luckner
allait s'établir à Metz pour protéger la frontière de Montmédy à Besançon ; Lafayette se rendait à Sedan pour
défendre la frontière de Dunkerque à Montmédy, et en
réalité pour se rapprocher de Paris et de ces Jacobins
qu'il jurait d'anéantir ; tous deux étaient autorisés
à garder les corps, les officiers-généraux et les états-
majors qu'ils désiraient avoir avec eux. Dumouriez
devait rejoindre Luckner à Metz et lui mener les troupes
du camp de Maulde. Mais il objecta que les Impériaux
avaient attaqué Orchies et pris Bavay ; sa présence était
nécessaire dans le département du Nord ; « elle y a fait
du bien, parce que j'y suis né et que mes compatriotes
m'ont témoigné de la confiance ». Il resta donc à Maulde,
aux ordres d'Arthur Dillon, son ancien, et par contre-
coup de Lafayette, son mortel ennemi qui l'avait publiquement accusé de folie et de trahison. Mais, disait-il
hautement, « cette mesure serait détruite par les circonstances ». Bientôt le trône s'écroulait, Lafayette émi-
grait, et le 18 août Dumouriez recevait le commandement
de l'armée du Nord.

Il écrivit aussitôt à Paris qu'il allait « porter la liberté
dans les provinces qui frémissaient sous le despotisme »
et opérer « une diversion terrible contre la maison d'Autriche ». Vainement le ministre Servan le prie de courir
à Sedan et de se mettre à la tête de l'armée abandonnée
par Lafayette. Que d'autres arrêtent les Prussiens et
fassent la guerre défensive. Dumouriez veut prendre
l'offensive et entrer dans le Brabant. Il nomme des
maréchaux de camp, Dampierre, Duval, La Marlière,
Ruault, de Flers, et des lieutenants-généraux, Moreton

qui sera son chef d'état-major, Beurnonville, son lieute-
nant du camp de Maulde, et les trois commandants de
Lille, de Douai et de Condé, Labourdonnaye, Marassé,
O'Moran.

Mais Longwy capitulait, et les Austro-Prussiens marchaient sur Verdun. Dumouriez partit pour Sedan. Il ne
renonçait pas néanmoins au dessein d'envahir les Pays-
Bas. Il faisait venir de Lille à Valenciennes Labourdonnaye qui commanderait en son absence toutes les
troupes du Nord; il nommait Ruault gouverneur de
Lille; il chargeait Moreton et le commissaire-ordonnateur Malus de préparer l'invasion du Brabant, et il jurait
qu'on le reverrait sous peu. Dès son arrivée à Sedan, le
28 août, il réunissait un conseil de guerre, et tous ses
officiers, se rendant à ses raisons, affirmaient avec lui
que l'invasion de la Belgique était le salut de la France.
« Il s'agit de changer la nature de la guerre et de la
rendre offensive avec ce que nous pourrons rassembler
de troupes dans l'armée du Nord. Nous avons ici 6,000
hommes de bonne cavalerie qui nous donnent la facilité
de faire une invasion prompte et subite dans les Pays-
Bas qui sont dégarnis, et de nous porter sur Bruxelles,
pendant que le camp de Maulde, renforcé de quelques
escadrons, des garnisons de Lille, de Douai, de Valenciennes et de tous les volontaires de l'armée du Nord, se
portera sur la gauche de Tournai. Nous rassemblerons
plus de 40,000 hommes dans les Pays-Bas. La nation
belgique nous en fournira au moins autant[1] ».

Mais les Prussiens investissaient Verdun et l'Autrichien Clerfayt menaçait Stenay. Le 1er septembre, Dumouriez se jeta dans l'Argonne, tout en gémissant,

---

[1] Procès-verbal du conseil de guerre, Sedan, 29 août 1792 (A. G.).

disait-il, sur la nécessité de rejeter un grand plan et en priant le ministre de « le mettre bientôt en état de changer cette triste défensive contre une offensive vigoureuse ».

Sa *triste défensive* sauva la France. Il vit, dès le 30 septembre, les Prussiens commencer leur retraite, et, au lieu de les poursuivre et de les refouler, de leur enlever artillerie et bagages, de leur infliger un épouvantable désastre, il leur fit un pont d'or. Selon le mot de Servan, il reprenait ses projets chéris sur la Belgique, car il la convoitait sans cesse, il lui avait tout sacrifié, et, pour voler à sa conquête, il quittait tout[1]. Même en septembre, de Grandpré, de Sainte-Menehould, il portait ses regards vers le Brabant. Il écrivait à Malus que le plan offensif n'était que différé; à Labourdonnaye, qu'il lui mènerait 40,000 hommes avant le 10 octobre; aux ministres, qu'un accord entre la Prusse et la France donnerait aux Pays-Bas autrichiens la liberté; à Maret, qu'il ne fallait pas abandonner « les projets révolutionnaires pour la Belgique et le pays de Liège ». On l'entendit déclarer qu'il prendrait son quartier d'hiver en Brabant et passerait son carnaval à Bruxelles[2]

Il chargea donc Kellermann et Valence de pousser lentement, hors du territoire, les débris de l'armée prussienne. Lui-même se rendit à Paris pour « arranger, avec le pouvoir exécutif, tous ses moyens d'attaque du Brabant[3] ». Le 12 octobre, il présentait ses hommages à la Convention et annonçait, au milieu des

---

[1] (Servan), *Notes sur les mém. de Dumouriez*, p. vi, xiv, 20, 31.

[2] Cf. *Valmy*, 24-40 ; *Retraite de Brunswick*, 157-158 ; La Sonde, *Suite aux Mém. de Dumouriez*, 12.

[3] Lettre à Couthon, *Corresp. de Couthon*, p. p. Mège, 1872, p. 199.

applaudissements unanimes de l'Assemblée, qu'il marchait au secours des malheureux Belges.

V. Ses Mémoires assurent, non sans raison, qu'on le soupçonnait déjà, que Roland lui reprocha ses dangereux talents, que les Girondins l'accusèrent sourdement d'aspirer à la dictature et de rêver le rôle de César ou de Cromwell, que les jacobins publièrent qu'il venait se faire encenser comme un général d'ancien régime. Cependant, malgré ces défiances naturelles à toute jeune République, il reçut l'accueil que méritait le vainqueur de l'Argonne. On lui donna des fêtes ; on le félicita ; on le couvrit de compliments et de flatteries. Delacroix, qui présidait la Convention, le pria de mener encore les Français à la victoire et d'acquérir de nouveaux droits à la reconnaissance de la République. Deux arrêtés du Conseil exécutif provisoire lui donnèrent le commandement illimité, absolu de l'armée des Pays-Bas : le premier le chargeait de diriger en chef l'expédition qui devait « affranchir des peuples opprimés et poursuivre, jusque sur son territoire, le plus mortel ennemi de la République », c'est-à-dire les Autrichiens ; le second le nommait de nouveau et pour « établir les rapports de subordination » *lieutenant-général des armées de la République, commandant en chef l'expédition de la Belgique,* et mettait sous ses ordres tous les lieutenants-généraux qui seraient employés dans la campagne. Le ministre des affaires étrangères, Le Brun, lui mandait confidentiellement que les ministres lui laissaient tous les soins de la *guerre belgique :* « La France entière vous regarde comme son héros. Vous avez l'estime, la confiance du Conseil. Il n'entend pas que vous puissiez être gêné par aucune prétention, par aucun obstacle étranger ; vous aurez la suprématie, le commandement général, la prééminence sur tous les généraux, carte blanche enfin [1] ».

Comme Kellermann, comme Beurnonville, comme Valence, qui « courait à la République avec transport », Dumouriez était alors très sincèrement républicain. Il disait qu'on avait eu raison de « sauter enfin le pas de la République » et il engageait Biron à lire Plutarque pour apprendre à devenir républicain et à « changer de peau comme le serpent ». Les jacobins de Paris et de Valenciennes recevaient sa visite ; à Valenciennes, il se coiffait du bonnet rouge ; à Paris, il félicitait ses frères et amis d'avoir « commencé une grande époque » et « déchiré l'ancienne histoire de France, qui n'offrait que le tableau du despotisme ». Il se proclamait le général des sans-culottes et assurait que la liberté allait s'asseoir sur tous les trônes, qu'on arriverait bientôt à la République universelle [2].

Il ménagea les partis, les montagnards, comme les girondins. Il dîna chez le ministre de l'intérieur, Roland, qu'il avait naguère renversé. « Quand il entra, raconte Mme Roland, il avait l'air un peu embarrassé et vint m'offrir, assez gauchement pour un homme aussi dégagé, un charmant bouquet. » Elle lui dit en souriant que la fortune faisait de plaisants tours : « Vous n'auriez jamais cru que je vous recevrais de nouveau dans ce

---

[1] *Recueil des actes du Comité de salut public avec la corresp. des représentants en mission et le registre du Conseil exécutif* ou *Recueil Aulard*, 1889, tome I, p. 100 et 207 (6 et 29 oct. 1792) ; Nauroy, *Le Curieux*, II, 69 ; Le Brun à Dumouriez, 8 novembre (Archives étrangères ou A. E.).

[2] Valence à Dumouriez, 9 sept. 1792 (A. G.) ; Louvet, *Mém.*, p. p. Aulard, 1889, I, 67 ; Mme Roland, *Mém.*, p. p. Faugère, 1864, I, 265 ; Meillan, *Mém.*, 1823, p. 31 ; Nauroy, *Le Curieux*, II, 66 ; *Retraite de Brunswick*, 88 ; *Mon.*, 13, 17, 19 oct. et 20 déc. 1792.

même hôtel ; mais les fleurs n'en siéent pas moins au vainqueur des Prussiens, et je les reçois de votre main avec plaisir. » Il avait écrit régulièrement, pendant la campagne, à Gensonné et correspondit avec lui jusqu'au 17 décembre. Il se réconcilia avec Brissot, qui le félicita d'affermir la République par ses victoires et promit de le seconder. Il témoigna son estime à Vergniaud et voulut attacher à son état-major un frère de Guadet [1]

Mais il embrassait Robespierre à la séance des jacobins et causait longuement avec Couthon. Il avait des entrevues avec Danton et, lorsqu'il se présentait au club, le tribun félicitait le général d'avoir si glorieusement servi la République : « Vous avez bien mérité de votre patrie. Une carrière encore plus belle vous est ouverte : que la pique du peuple brise le sceptre des rois, et que les couronnes tombent devant le bonnet rouge dont la Société vous a honoré ! » Grâce à Danton et à Westermann, il s'abouchait avec Santerre, qui commandait, sous le titre de maréchal de camp, la garde nationale parisienne. Il se rendait à la section jacobine des Lombards et lui annonçait que son bataillon aurait l'honneur d'entrer un des premiers dans le Brabant. Les volontaires de la section s'étaient enfuis devant les hussards prussiens, et vingt-cinq d'entre eux avaient été chassés de l'armée. Dumouriez affirma que le bataillon, purgé de quelques mauvais sujets qui s'étaient glissés parmi les braves gens, avait l'air imposant et la bonne tenue d'un régiment de ligne [2]

Seul, Marat se proclamait hautement l'ennemi de Du-

[1] Mme Roland, *Mem.*, I, 263 ; Meillan, *Mém.*, 31 et 61 ; Nauroy, *Le Curieux*, II, 70-71 ; *Retr. de Brunswick*, 10.

[2] Corr. de Couthon, 202 (cf. sur les rapports de Couthon avec Dumouriez, *Valmy*, 16) ; *Mon.* 16 et 17 oct. 1792.

4.

mouriez. Il lui reprochait d'avoir sévi contre les volontaires des bataillons parisiens Républicain et Mauconseil qui massacraient lâchement, dans les rues de Rethel, quatre déserteurs de l'armée des émigrés. Un soir, à la fin d'un repas que Julie Talma donnait à Dumouriez, dans sa maison de la rue Chantereine, l'Ami du peuple, suivi de Bentabole et de Montaut, osa demander compte au général de sa conduite. Celui-ci toisa le journaliste d'un regard méprisant et lui tourna le dos. Marat le dénonça le lendemain à la Convention ; Rouyer répondit que Marat ne pourrait jamais ternir la gloire et le civisme de Dumouriez [1].

VI. Au milieu de ces hommages, Dumouriez ne négligeait pas son plan de campagne. Après avoir obtenu de Santerre une partie de l'artillerie parisienne, il demandait au ministère des munitions de guerre, des souliers, des capotes, cinq cents milliers de poudre et deux millions en espèces pour assurer la solde de ses troupes. Mais il déclarait qu'une fois en Belgique, il n'épuiserait plus le trésor national ; il saurait y trouver le numéraire et le faire refluer en France ; il établirait le cours des assignats. Roland et le ministre des finances Clavière l'entretinrent des marchés et des subsistances de l'armée : Dumouriez promit de vivre sur la Belgique même et de ne rien tirer du territoire français ; tout marché, disait-il, qui nous donne les grains de l'étranger, même à un prix élevé, est avantageux : il arrête les accaparements que peut faire la compagnie des vivres ; il laisse en France les grains nécessaires à la nourriture des habitants ; il diminue les inquiétudes des municipalités et

_____
[1] *Mon.*, 19 oct. 1792 (séance du 18).

des directoires et les empêche, comme naguère à Rouen,
à Perpignan, d'intercepter de département à département et de ville à ville l'envoi des blés et des farines.
N'est-ce pas attacher les gens du pays à la Révolution
par leurs propres profits [1] ?

Il fallait concerter, outre l'invasion des Pays-Bas, un
plan d'opérations générales. Dumouriez restait fidèle au
programme qu'il exposait à Delessart au mois de février : se tenir sur une défensive exacte partout où des
montagnes, comme les Pyrénées, la mer ou une rivière,
comme le Rhin, offraient un obstacle naturel, et prendre
l'offensive ailleurs ; au Midi, s'avancer jusqu'aux Alpes ;
au Nord, envahir, après la Belgique, les états de la rive
gauche du Rhin, et, comme il disait, donner à la France
contre le despotisme la barrière du grand fleuve [2]. Il
pria donc Kellermann et Valence qui suivaient les Prussiens, de mettre plus de vigueur et d'activité dans leur
marche ; Kellermann devait porter son armée à 25,000
hommes en remplaçant les vieilles troupes de la garni
son de Metz par des bataillons de nouvelle levée, puis
se jeter sur le pays de Trèves pour « appuyer les succès
de Custine ». Quant à Valence, il se dirigerait sur Namur :
« J'ai arrangé votre affaire, lui mandait Dumouriez,
votre grosse seigneurie va recevoir le brevet de général
en chef de l'armée des Ardennes, mais à condition que
vous remplissiez mieux que Lafayette la tâche de prendre Namur [3]. »

---

[1] *Corresp. de Dumouriez avec Pache* (ou *Corresp.*), 1793, p. 4, 9-10,
21-22, 210 ; Dumouriez, *Mém.*, 1823, tome III, 136 ; cf. sur l'intercep-
tion des grains, *Retr. de Brunswick*, 66.

[2] *Corresp.*, 171.

[3] Dumouriez à Kellermann et à Valence, 17 octobre 1792 (A. N.
F⁷ 4598).

Le Conseil exécutif provisoire approuva le plan de Dumouriez. Exalté par la bonne fortune, il n'avait plus d'autre politique qu'une politique d'envahissement et de conquête. Trois mois auparavant, Luckner et Lafayette, effrayés de la désorganisation de l'armée, écrivaient de concert qu'une paix prompte et honorable était le plus important service qu'on pût rendre à la nation [1]. Mais Valmy, la pointe heureuse de Custine, la conquête de la Savoie et de Nice avaient tourné toutes les têtes. La Révolution devait poursuivre sa course victorieuse, affranchir les peuples, prendre pour devise le mot de Merlin de Thionville « guerre aux rois et paix aux nations! » Carra proposait de ne pas traiter avant que la Belgique, le pays de Liège et la rive gauche du Rhin n'eussent « planté avec des racines l'arbre de la liberté ». Dès le 3 septembre, en pleine invasion prussienne, la *Chronique de Paris* déclarait que les armées françaises grossiraient assez pour entrer bientôt dans le Brabant, culbuter les Autrichiens à la frontière et se porter sur Trêves, Coblenz, Mayence, et le surlendemain Duhem s'écriait dans l'Assemblée législative qu'on devait suspendre les remerciements et les lettres de félicitation jusqu'à l'invasion du Brabant et des électorats [2].

Enfin, la guerre devenait une nécessité. On manquait d'argent pour payer et nourrir l'armée. Il faut, disait crûment Dumouriez, « faire subsister nos 50,000 hommes aux dépens des pays qui nous avoisinent ; nous finirions par épuiser la France si nous restions chez nous ». Clavière pensait de même ; ce ministre des finances avait peur de la paix, et, selon lui, la République ne

---

[1] Cette lettre à Lajard (6 juillet 1792, A. G.) est peu connue.
[2] *Rapport* de Carra, 1792, p. 14 ; *Chronique de Paris,* 9 sept. ; *Mon.,* 5 sept. 1792.

pouvait s'organiser et la constitution s'achever que pendant la guerre, tandis que les troupes seraient occupées
au dehors ; on doit, écrivait-il, « se maintenir dans l'état
guerrier ; le retour des soldats augmenterait partout le
trouble et nous perdrait ». C'était aussi l'opinion de Ro
land : « Il faut, avouait-il un jour, faire marcher les
milliers d'hommes que nous avons sous les armes, aussi
loin que les porteront leurs jambes, ou bien ils revien
dront nous couper la gorge ! » Le 24 octobre, le Conseil
exécutif ordonna que les armées françaises ne prendraient leurs quartiers d'hiver qu'après avoir repoussé
l'ennemi jusqu'au Rhin. Ce que Louis XIV n'avait pu
faire en cinquante ans de règne, la République le ferait
en un mois [1].

Dumouriez applaudit à l'arrêté. Lui aussi pensait qu'il
fallait *border le Rhin*. Il manda sur-le-champ à Kellermann qui se reposait de la poursuite des Prussiens aux
environs de Longwy : « Nous avons sauvé la patrie, il
s'agit à présent de la faire triompher au dehors. Le désir
de toute la nation et le véritable intérêt de la République
est que nous hivernions hors de nos frontières. » Keller
mann devait donc aider ses frères d'armes et secourir
Custine en se portant sur Trèves, puis sur Coblenz et
de là sur Cologne. « Vous avez, ajoutait Dumouriez, une
fort belle mission à remplir, c'est de municipaliser la
rue aux Prêtres (la « Pfaffenstrasse » ou les trois électorats ecclésiastiques). J'espère qu'au printemps vous
viendrez me donner la main par Cologne. Le Rhin doit
être la seule borne de notre campagne depuis Genève
jusqu'à la Hollande et peut-être jusqu'à la mer. Arrive

---

[1] Dumouriez à Kellermann, 26 oct. 1792 (et *Mém.*, III, 284), Clavière à Custine, 5 déc. 1792 (A. G.) ; Miles, *Authentic correspondence
with Le Brun*, 1796, 3e édition, p. 144 ; Rec. Aulard, I, 188-189.

ensuite ce qui pourra. Mais, lorsque nous aurons rempli notre tâche, la révolution de l'Europe sera bien avancée l » Kellermann objectait que son armée était accablée de fatigue et désolée par les maladies. « Nous en sommes tous réduits là, lui répondait Dumouriez. Encore un coup de collier, et *ça ira* l Les troupes, animées par l'exemple de l'armée de Custine, sont prêtes à tout braver pour étendre la gloire des armées de la République et pour finir la guerre tout d'un coup. » Il faisait les mêmes exhortations à Valence qui marchait à la gauche de Kellermann : on tenait l'ennemi, on ne devait pas lui permettre de reprendre haleine; « il faut anéantir par notre rapidité les armées des despotes [1] ! »

---

[1] Dumouriez à Valence, 28 oct., et à Kellermann, 30 oct. 1792 (A. G.).

CHAPITRE III

JEMAPPES

I. Pendant que Dumouriez refoulait l'invasion prussienne, les Autrichiens avaient envahi la Flandre et fait de petites conquêtes. Roubaix, Saint-Amand, Orchies tombèrent successivement en leur pouvoir. Labourdonnaye était alors à Châlons où il organisait une armée de l'intérieur ; il revint en toute hâte, mais ne put rien entreprendre. Beurnonville qui commandait le camp de Maulde, et Duval qui commandait le camp de Pont-sur-Sambre, avaient rejoint Dumouriez dans l'Argonne avec 13,000 hommes. Moreton, resté seul, ne disposait plus que de 11 bataillons et de 2 escadrons. Il n'était pas grand militaire. A la vue des forces autrichiennes qui le menaçaient, il perdit la tête : il abandonna le camp de

Maulde et se réfugia sous les murs de Valenciennes. Le
duc de Saxe-Teschen mit le siège devant Lille. Heureusement, lui aussi, n'avait pas assez de troupes; il ne put
investir complètement la ville, et dès qu'il apprit la
retraite des Prussiens, il leva le siège et recula derrière
la Marque [1].

Les troupes chargées de l'invasion des Pays-Bas comprenaient quatre armées : celle du Nord ou de Labourdonnaye, celle de Belgique ou de Dumouriez, celle
d'Harville, celle des Ardennes ou de Valence.

L'armée du Nord dont Labourdonnaye avait repris le
commandement, était formée de quelques bataillons de-
meurés en Flandre et à Lille et surtout de fédérés et de
volontaires de la nouvelle levée.

L'armée de la Belgique était l'armée de l'Argonne que
Dumouriez dirigeait en personne et qu'il nommait parfois la *grande armée*. Elle se composait de 40,000 hommes.
Ce fut Beurnonville qui la mena de Vouziers à Valenciennes, et, mandait-il au ministre avec sa jactance habi-
tuelle, « elle n'a pas marché, elle a nagé ou volé » [2].

---

[1] *Retr. de Brunswick*, 242-250.
[2] Cette armée qui fut l'armée de Jemappes, était ainsi composée au
24 octobre. *Avant-garde :* comp. des Quatre Nations et des Cambrelots ; 1er et 3e corps francs ; légion belgique ; 19e rég. ; 1er et 6e grenadiers ; 10e et 14e chasseurs à pied ; 1er et 2e bat. de Paris ; 1er, 2e
et 6e hussards ; 3e, 6e et 12e chasseurs à cheval. — *Flanqueurs de
gauche* (Miaczynski) : 99e rég. ; 5e chasseurs à pied ; 5e et 13e dragons. *Flanqueurs de droite* (Stengel) : 11e chasseurs à pied ; 3e
des Ardennes ; comp. des Clémendos ; 3e et 7e dragons. — *Première
ligne :* 1re *brigade :* 17e fédérés, 5e bat. de la Seine-Inférieure et 1er
bat. de la Charente ; 2e *brigade :* 1er bat. de l'Aisne, 1er rég. et le bat.
de Sainte-Marguerite ; 3e *brigade :* 1er bat. de la Vendée, 1er bat. de
la Meurthe, 1er bat. des Deux-Sèvres ; 4e *brigade :* 3e bat. de l'Yonne,
1er bat. de la Côte-d'Or, 2e bat. de la Vienne ; 5e *brigade :* bat. des
Gravilliers, 29e rég., 1er bat. des Côtes-du-Nord ; 6e *brigade :* 1er bat.
d'Eure-et-Loir, 49e rég., 9e fédérés ; 7e *brigade :* bat. des Lombards,

Le corps d'armée, aux ordres du lieutenant-général
Auguste d'Harville, comptait 10,000 hommes et avait
pris la route de Maubeuge. Il se composait des troupes
qui, pendant la dernière semaine de septembre, étaient
venues de Châlons camper à Auberives et à Fresnes [1]

L'armée des Ardennes, forte de 20,000 hommes, avait,
de concert avec celle de Kellermann, suivi la retraite des
Prussiens. Valence qui la commandait, avait, après la
capitulation de Longwy, assailli le corps autrichien de
Clerfayt et s'était emparé de Virton. Il marchait alors
par Mézières et Rocroi sur Givet où il devait trouver des
munitions de guerre et un équipage d'artillerie.

Dumouriez disposait en maître de ces quatre armées
qu'il allait jeter sur la Belgique. Le 19 octobre, il arrivait
à Cambrai, au bruit des salves d'artillerie, et entrait à
l'Hôtel-de-Ville où un superbe trophée d'armes portait
cette inscription : *la commune de Cambrai s'applaudit
d'avoir vu naître Dumouriez le* 25 *janvier* 1739. Le lendemain il était à Valenciennes. Il y rencontra Labourdonnaye et l'adjudant-général Vergnes qui se rendait à

54° rég., 2° bat. de la Marne; 8° *brigade :* 3° bat. de la Marne, 71° rég.,
bat. de Saint-Denis (Drouet commande la 1° brigade ; Desforest, la
2° ; Ihler, les 4°, 6° et 8° ; Ferrand, les 3°, 5° et 7°). — *Seconde ligne :*
9° *brigade :* le bat. Républicain et les deux bat. du 83° rég. ; 10° *brigade :* le bat. de la Butte des Moulins et les deux bat. du 72° rég. ;
11° *brigade :* 5° bat. de la Meurthe, 78° rég., 4° bat. de la Meuse ; 12°
brigade : 1° bat. du Pas-de-Calais, 94° rég., 9° bat. de Paris ; 13°
brigade : 1° bat. de la Marne, 1° bat. de Mayenne-et-Loire, 2° bat.
de l'Eure ; 14° *brigade :* 1° bat. de la Nièvre, 1° bat. de l'Allier, 1°
bat. de Seine-et-Marne ; 15° *brigade :* 1° bat. de Seine-et-Oise, 98°
rég., 1° bat. de la Seine-Inférieure ; 16° *brigade :* 3° bat. de Seine-et-
Oise, 104° rég., 1° bat. des grenadiers de Paris (Stettenhoffen commande les 10°, 12°, 14° et 16° brigades ; Blottefière, les 9°, 11°, 13° et
15° brigades). — *Réserve* (De Flers) : deux escadrons de la gendarmerie nationale ; grenadiers.

[1] *Retr. de Brunswick,* 123-124.

Paris pour diriger un des bureaux de la guerre. Il exposa son plan de campagne : forcer la frontière belge en quatre endroits différents et contraindre les Autrichiens à diviser leurs forces. Labourdonnaye ne fit aucune objection. Mais Vergnes observa que Valence était trop loin, qu'il aurait de bien mauvais pays à traverser et n'arriverait pas à temps pour opérer une diversion puissante. Les deux armées de Dumouriez et de Labourdonnaye devaient, pensait Vergnes, « entrer ensemble par un seul endroit ». Il citait Turenne et le maréchal de Saxe. En 1672, Turenne commandait une armée d'observation, et Louis XIV assiégeait et prenait les villes tranquillement et à coup sûr. En 1744 et dans les années suivantes, le maréchal de Saxe commandait l'armée d'observation et Lowendal s'emparait des places de guerre. Pourquoi ne pratiquerait-on pas la même méthode ? Elle convenait parfaitement aux deux armées ; celle de Labourdonnaye qui était toute neuve, assiége rait les villes, Tournai, Mons, qu'il fallait prendre pour avancer avec sûreté, et, ajoutait Vergnes, rien n'aguerrit plus vite les troupes que les sièges ; celle de Dumouriez, leste et qui venait de faire campagne, pousserait les ennemis. Mais Dumouriez répondit à Vergnes que les temps étaient changés : « Nous ne faisons plus, dit-il, la guerre comme autrefois ; la Belgique m'attend ; je suis sûr de six provinces sur dix, et les habitants s'armeront à mon approche ; il n'y a rien à craindre en entrant par quatre endroits à la fois ; plus les Autrichiens occupent de points et plus leur défensive devient impossible [1]. »

Il régla les détails de son plan d'offensive. Valence entrerait dans les Pays-Bas par Givet ; il empêcherait la

[1] Récit de Vergnes, 20 oct. et Dumouriez à Valence, 26 oct. 1792 (A. G.).

jonction de Clerfayt avec le duc de Saxe-Teschen et prendrait aisément le château de Namur qui n'était qu' « un vieux recrépissage fort mal torché [1] ».

Harville marcherait sur Binche et de là, par la rive gauche de la Sambre, sur Namur, puis sur Liège, pour seconder Valence et « cerner entièrement Bruxelles. »

Labourdonnaye envahirait la Flandre maritime. Dumouriez lui proposait d'abord de porter le gros de ses troupes sur Menin, Courtrai et Gand ainsi qu'un corps de 3,000 hommes sur Furnes et Bruges. Mais Labourdonnaye désirait faire une conquête plus facile et plus brillante, entrer en Belgique par le bord de la mer, s'emparer de Nieuport et d'Ostende. Le général en chef avait cédé aux vives instances de son lieutenant.

Quant à Dumouriez, il se proposait de marcher sur Leuze et Ath ; il était, disait-il, assez fort pour ne pas craindre les garnisons de Mons et de Tournai, et il pourrait aisément choisir l'une de ces deux places pour son attaque [2].

II. Mais il dut bientôt cnanger ce pian de campagne. Les prévisions de l'adjudant-général Vergnes s'étaient réalisées. Clerfayt avait profité des lenteurs de Valence pour se mettre hors d'atteinte.

Il est vrai que Valence avait trouvé de très mauvaises routes. Une pluie incessante, un vent furieux qui fouettait les visages, des boues tenaces retardèrent les mouvements de son armée. Les chaussures livrées par les fournisseurs avaient des semelles si minces qu'elles étaient hors d'usage au bout de vingt-quatre heures. Les

[1] *Corresp.*, 37.
[2] Voir sur ce premier plan de Dumouriez sa lettre à Labourdonnaye, 24 oct. 1792 (A. G.).

soldats marchaient les pieds nus et ensanglantés par les
pierres du chemin. On dut s'arrêter trois jours à Sedan
et six jours à Givet pour donner aux troupes un repos
indispensable. Clerfayt eut donc le temps d'échapper. Il
fit d'ailleurs une extrême diligence et marcha tout d'une
traite, sans faire de séjour. Le 31 octobre, au soir, son
avant-garde, accablée de fatigue, arrivait sous les murs
de Mons [1].

Dès que Dumouriez sut que Clerfayt avait pris l'a-
vance, il essaya de le retenir ou de le rappeler dans le
Luxembourg. Il pria Kellermann de marcher par Thionville sur Remich et Grevenmaker : « Vous aurez l'air, lui
disait-il, de menacer Luxembourg, la terreur se mettra
dans le pays, on rappellera les troupes autrichiennes. »
Il proposait encore à Kellermann de tirer des garnisons
de Mézières et de Sedan les meilleurs bataillons et de les
rassembler à Montmédy, sous les ordres de Ligniville ;
ce corps entrerait dans le Luxembourg par Virton,
comme pour menacer les communications d'Arlon à
Namur, et ferait ainsi une seconde et utile diversion [2]

En tout cas, Dumouriez voulait agir avant la jonction
de Clerfayt et de Saxe-Teschen. Il envoya donc de nouvelles instructions à ses lieutenants. Valence dut gagner
Givet à la date du 6 novembre pour se porter sur la
Meuse et assiéger Namur.

Harville s'avancerait sur Binche, mais de là, au lieu
de marcher par sa droite, il devait se rabattre par sa
gauche sur l'armée de Dumouriez et l'aider à s'emparer

[1] Money, *The history of the campaign of 1792*, 1794, II, p. 172-175 ;
Vivenot, *Quellen*, II, 296 ; *Retr. de Brunswick*, 210 ; Schels, *Oesterr.
milit. Zeitschrift*, 1811, p. 308-309 ; Renouard, *Geschichte des franz·
Revolutionskrieges im Jahre 1792*, 1865, p. 340-341.
[2] Dumouriez à Kellermann, 26 oct. 1792 (A. G.).

de Mons ; la ville prise, il se dirigerait sur Namur par Nivelles et Gembloux.

Labourdonnaye abandonnerait l'expédition de la Flandre maritime pour entamer une campagne entre la Lys et l'Escaut. Il se tiendrait à petite distance de Dumouriez et prendrait Tournai, Courtrai, Gand. « Je comptais, lui mandait le généralissime, sur 20,000 hommes de plus de l'armée de Valence et sur l'attaque de Namur. Mais j'ai les 20,000 hommes et cette attaque de moins. Ne regrettez point pour le moment Ostende et Nieuport. Vous serez chargé de les prendre, ainsi que la citadelle d'Anvers, dès que je serai à Bruxelles. Faisons de la besogne sûre et méthodique, ne nous éloignons pas trop et ne faisons pas de petits paquets. Nous présentons un front de plus de 70,000 hommes dans un court espace de terrain [1]. »

Pendant que Labourdonnaye menacerait Tournai, Dumouriez marcherait sur Mons. Il comptait avec raison que les ennemis, ignorant le véritable point d'attaque, partageraient entre Mons et Tournai leurs forces qu'il estimait à moins de 25,000 hommes. Ce lui serait donc chose facile de tourner Mons ou de s'en rendre maître. Qui sait même si les Autrichiens défendraient la place ou si les habitants ne forceraient pas la garnison à se retirer? Une fois Mons en son pouvoir, il envahissait le Brabant; il croyait que les Impériaux commettraient la sottise de se rassembler dans un camp retranché en avant de Bruxelles; tous les rapports disaient que Bruxelles serait le point central de la défense des Autrichiens. Mais il ferait sa jonction avec Labourdonnaye et, à la tête de 60,000 hommes, il espérait, en deux marches, arriver devant Bruxelles, remporter une victoire déci-

---

[1] Dumouriez à Labourdonnaye, 24 oct. 1792 (A. G.).

sive, et refoulant les Impériaux, soulevant à droite et à gauche les populations de la Belgique, laissant Valence et Harville s'emparer de Namur et couper à Clerfayt la route du Brabant, achever en six semaines la conquête des Pays-Bas [1]

Ce second plan arrêté — et les circonstances, comme il arrive, devaient le modifier une fois encore — Dumouriez, flanqué de Labourdonnaye à gauche et d'Harville à droite, s'avança de Valenciennes sur Mons, par Quarouble et Quiévrain. Il se fit précéder par deux proclamations. L'une, signée des membres du Comité belge [2], appelait les habitants des Pays-Bas à la révolte : « Concitoyens belges, vos frères, armés pour vous délivrer d'un joug infâme, vous invitent à vous ranger sous d'aussi beaux drapeaux. Et vous, soldats wallons, aussi nos frères, nés au milieu de nous, rejoignez-nous, concourez avec nous à sauver notre patrie [3] ! » L'autre proclamation était un manifeste de Dumouriez, habilement rédigé et très propre à faire impression, car, dit un contemporain, il avait la prétention du style, et célébrait plus ses proclamations que ses victoires [4]. Ce manifeste rappelait à la brave nation belge, qu'après avoir levé, en 1789, l'étendard de la liberté, elle s'était vue abandonnée et trahie par l'Europe et par la France même ; mais la

[1] Dumouriez à Pache, 25 oct. 1792. *Corresp.*, 25-27.

[2] Proclamation signée Malou-Riga, F.-J. Dieudonné et A. Vanovaestraeten, 27 oct. 1792.

[3] L'Autriche avait à son service des régiments wallons, cinq régiments d'infanterie, Clerfayt, Ligne, Wurtemberg, Murray, Vierset ; un régiment de dragons, le célèbre régiment de Latour ; le bataillon dit de garnison et le corps des chasseurs de Le Loup (Guillaume, *Hist. des régiments nationaux belges pendant les guerres de la Révol. franç.*, 1855, p. 1-15).

[4] Sayous, *Mém. et corresp.* de Mallet du Pan, 1851, t. II, 490.

France avait abattu la royauté et fondé la République ;
cette République venait au secours des Belges ; elle
venait les délivrer de leurs despotes, elle venait établir
la souveraineté du peuple : Dumouriez comptait que les
Belges se joindraient aux républicains français, leurs
frères, leurs amis et leurs soutiens.

III. Le dénuement de ses troupes était extrême. Il
n'avait pas assez de chevaux pour traîner l'artillerie
de siège. La poudre manquait. « Durant ma campagne
contre les Prussiens, écrivait-il, je n'ai pas eu de quoi
me battre pendant deux heures en munitions de guerre.
Je les ai prodigieusement épargnées, mais j'étais alors
sur la défensive. Actuellement, je vais entamer l'offensive ; il faut donc que j'en aie en quantité, ayant à prendre plusieurs places qui m'en feront une consomma-
tion. » Il attendait un envoi de dix mille capotes. Bref,
tout faisait défaut à son armée, excepte le courage et le
patriotisme [1].

Il y avait, en effet, beaucoup de courage et de patriotisme dans cette armée. Les généraux devaient aider
efficacement Dumouriez. Sans doute, Labourdonnaye
était « d'une médiocrité qui le mettait à cent piques
au-dessous de Kellermann », et Moreton, qui fut chef de
l'état-major jusqu'au 19 novembre, ne se recommandait
que par son jacobinisme exalté, et, comme disait ironi-
quement Dumouriez, par une profonde théorie révolu
tionnaire. Mais le gros Valence, quoiqu'il n'eût pas
assez de décision et de présence d'esprit, était un homme
de cœur ; s'il craignait de trop prendre sur lui et s'ef-
frayait de sa responsabilité, il savait se battre en dragon

[1] *Corresp.*, 5, 11, 29-31.

et faire bon marché de sa personne; il avait, dans la
matinée du 20 septembre, contenu l'avant-garde prussienne sur la hauteur de la Lune; les soldats l'aimaient
et se fiaient entièrement à lui.

Le jeune duc de Chartres ou, comme on le nommait,
Égalité fils aîné, n'avait que dix-neuf ans, et les vieux
officiers le traitaient d'enfant; toutefois, il était brave, et
brave avec discernement; on vantait son patriotisme,
sa précoce sagesse, son sang-froid : « Je l'ai vu, disait
Biron, donner les meilleurs exemples en tout genre ».

Miranda, né à Caracas, dans le Venezuela, était froid,
hautain, obstiné, jaloux de ses collègues et surtout
de Valence, peu sympathique aux troupes qui lui repro-
chaient sa morgue et se voyaient avec peine commandées
par un étranger. Après avoir servi dans l'armée espa-
gnole, au Maroc et durant la guerre d'Amérique, il avait
parcouru l'Europe, assisté aux revues de Frédéric, et
accompagné Potemkin en Tauride. Lié avec les orateurs
de l'opposition anglaise, présenté à Petion par Garran-
Coulon, agréé de Brissot et de la Gironde, il fut nommé,
le 25 août, maréchal-de-camp et, le 3 octobre, lieutenant-
général. Il avait assidûment étudié les ouvrages de tactique, parlait toujours des règles de l'art, et, pédantes-
quement, ne voulait se battre que d'après les principes
et selon la méthode. *Arte, non casu,* telle était sa devise
à la guerre, et il ne comprenait pas qu'on pût emporter
une place ou gagner une victoire cavalièrement et sans
observer toutes les formes. Cependant il était actif, et,
s'il n'avait pas cet esprit alerte et dispos, cette vivacité,
cette belle humeur, cette gaieté nécessaire à tout général qui menait alors des Français, il ne manquait pas
d'expérience et de fermeté. Il commandait les troupes à
Briquenay dans l'heureux engagement du 12 septembre,

et trois jours plus tard, ralliait à Wargemoulin l'infan
terie prise de panique.

Le Veneur était très lent et il manquait de tête ; mais
il avait l'intrépidité d'un vieux soldat, et Hoche l'a
nommé son second père.

La Noue, lui aussi, avait blanchi sous le harnais ; il
comptait quarante-neuf ans de services, dont douze de
campagnes. C'était, disait Dumouriez, « un officier respectable, que son courage et la pratique du métier ren-
daient fort utile à la République ». Harville demandait à
servir sous ce général expérimenté, soit comme son
second, soit comme son aide-de-camp.

De tous les généraux qui prirent part à l'expédition de
Belgique, les plus remarquables étaient les maréchaux
de camp : Stengel, Dampierre et Jacques Thouvenot. Mais
Stengel ne vit ni Jemappes ni Neerwinden. Dampierre ne
fut jamais, comme le nomme Dumouriez, qu'un général
de main. Jacques Thouvenot mérite une place à part. Il
était, au 10 août, capitaine au 44ᵉ régiment d'infanterie et
adjoint aux adjudants-généraux de Lafayette. Dumouriez
le connut à Sedan, l'apprécia du premier coup d'œil, et le
nomma lieutenant-colonel et adjudant-général. On n'aimait pas Thouvenot ; Miranda l'accusait d'être dur et
jaloux ; Dumouriez avoue qu'il avait parfois le caractère
un peu impératif. Mais il était l'officier le plus instruit
qu'on pût trouver. Nul ne savait mieux ordonner une
armée, tracer les mouvements, choisir les positions ;
nul n'entendait comme lui la partie des campements
et des reconnaissances. Aussi devait-il bientôt obtenir
le grade de maréchal-de-camp, et succéder à Moreton
comme chef de l'état-major ; deux mois lui suffirent pour
s'élever à la seconde place de l'armée. Dumouriez déclarait qu'il n'avait personne pour le remplacer. « Il réunit

au suprême degré, disait Cochelet, l'intelligence des détails militaires, la facilité du travail, l'ordre, la sévérité,
la justice, et jouerait partout le premier rôle au deuxième
rang. » Dampierre le proclame une des têtes les plus
militaires du siècle. Mack vante son sang-froid et la pro-
fondeur de son esprit [1].

Il fallait des généraux comme Thouvenot, Stengel,
Dampierre, Valence, pour diriger, tout en l'entraînant,
la tumultueuse armée qui s'acheminait vers les Pays
Bas. La cavalerie, disait pompeusement Dumouriez aux
commissaires, était la meilleure de l'Europe [2]. Mais elle
valait surtout par ses colonels : Fournier, Le Fort, les
deux frères Frégeville, Nordmann, Kilmaine [3]. Aucun

---

[1] Cp. sur Labourdonnaye, *Valmy*, 3-4, et *Retr. de Brunswick*, 40-44;
sur Moreton, *Corresp.*, 89 ; — sur Valence, *Invas. pruss.*, 208, et
Valmy, 190; — sur le duc de Chartres, *Inv. pruss.*, 210, et *Valmy*,
211 ; Biron à Servan, 29 août (A. G.'; Brissot, *Mém.*, p. p. Lescure,
1877, p. 352 ; Stettenhoffen le nomme un enfant dans une lettre du
7 avril 1793 ; — sur Miranda, *Inv. pruss.*, 115 ; *Valmy*, 62, 111, 139;
Cochelet, *Rapport* du 6 mars 1793, 4-5 ; Ségur, *Mém. ou Souv.*, 1843,
11, 149 et 251 ; Dumouriez, *Mém.*, IV, 17-18, et le recueil de pièces et
de documents publiés par A. Rojas, *Miranda dans la Révol. franç.*,
1889 ; — sur Le Veneur, *Valmy*, 50-51, et une lettre de Miranda à
Dumouriez, 9 février 1793 (A. N. F⁷ 4598 « sa lenteur ordinaire »);
sur La Noue, *Corresp.*, 87, Harville à Dumouriez, 18 nov. (A. G.),
et Dumouriez, *Mém.*, III, 100 ; — sur Stengel, *Valmy*, 63, 139, 217-
218 ; — sur Dampierre. *Valmy*, 154-155 ; — sur Thouvenot, *id.*,
139 ; *Retr. de Brunswick*, 91-94 ; *Corresp.*, 86, 127-128 ; Rojas, *Miranda*, 55-57 ; Cochelet, *Rapport*, 5 ; mémoire de Dampierre (A. G.);
mémoire de Mack (*Oesterr. milit. Zeitschrift*, 1865, p. 5, note « kalt-
blütig und tiefdenkend »). Il était né à Toul le 20 janvier 1753, et on
le trouve successivement soldat au régiment de Picardie (1769-1770),
ingénieur-géographe du roi (1er janvier 1771), ingénieur-géographe
militaire (10 déc. 1780), lieutenant (9 janv. 1787), capitaine au 44e
(15 sept. 1791), adjoint (16 juin 1792), lieutenant-colonel (29 août),
adjudant-général et colonel (15 oct.), maréchal de camp (19 nov.).

[2] Recueil Aulard, I, 191.

[3] Fournier, Le Fort et Frégeville le cadet commandaient le 3e, le
6e et le 11e chasseurs ; Nordmann était à la tête de Berchiny ; Frége-

régiment, pas même Berchiny ou Chamborant, ne pouvait rivaliser de bravoure et de sang-froid avec le régiment autrichien des dragons de Latour. Aucun n'avait le talent particulier que Dumouriez attribue aux Impériaux : de « se mouvoir et de se multiplier à l'œil ». Les officiers ne savaient pas encore « attaquer à propos des vedettes, prendre un air menaçant, faire une retraite hardie [1]. »

L'infanterie, composée de troupes régulières et de volontaires, avait plus de zèle et d'enthousiasme que d'expérience. Les commandants écrivaient à leurs départements que les bataillons chantaient sous la pluie, dans les chemins les plus affreux [2], et les commissaires de la Convention attestaient que les soldats brûlaient du désir de venger la Flandre des cruautés autrichiennes [3]. Mais, en dépit de ces belles assurances, l'armée était encore *neuve* [4]; elle s'essayait à peine et n'avait pas assez de force et de solidité pour se mesurer, à nombre égal, avec l'armée des Impériaux. « Ne la comptez que ce qu'elle vaut, écrivait Beurnonville à Dumouriez un mois auparavant, et temporisez si vous pouvez. » Elle n'avait pas triomphé des fameux Prussiens. Les lenteurs de Brunswick, l'imprudence de Frédéric-Guillaume, la faiblesse numérique des alliés et la contagion qui les désolait, les pluies violentes et continuelles, les boues épaisses de l'Argonne, les trompeuses négociations du *petit*

---

ville l'aîné, de Chamborant ; Kilmaine, de Lauzun (1er, 2e et 6e hussards).

[1] Dumouriez, *Mém.*, III, 242, et IV, 131 ; lettre de Pierre Thouvenot, 26 mars 1793 (A. G.).

[2] *Revue critique*, 1875, I, p. 54 (Lacoste à Hoguer), et *Monit.* du 7 nov. 1792 (lettre du lieutenant colonel du 2e d'Indre-et-Loire).

[3] *Rec. Aulard*, I, 191, 205-206, 209.

[4] *Corresp.*, 86.

ligre[1] avaient plus fait que la bravoure des troupes et que leur fière contenance. « Les républicains, disait Dumouriez, doivent avoir une discipline plus austère que les satellites des despotes. » Cette austère discipline manquait à nos soldats; ils se méfiaient de leurs officiers; ils étaient prompts au découragement et sujets aux paniques. Kellermann n'assurait-il pas, à la veille de Valmy, qu'ils avaient, avec la meilleure volonté du monde, la maüvaise habitude de croire qu'on les trahissait? Dumouriez ne redoutait-il pas, même après le 30 septembre, une défaillance, « une crise fâcheuse » dans ses bataillons? L'armée était encore telle qu'il la jugeait six mois auparavant, lorsqu'il était ministre des affaires étrangères et confessait au Comité diplomatique l'insubordination des soldats et l'inexpérience des officiers et d'une partie des généraux. Ardente et pleine du courage français, mais impropre à la défensive, elle « ne supporterait pas, disait-il, une guerre de siège trop savante et trop méthodique pour un début militaire »; il fallait la pousser en avant, l'entraîner par la rapidité de la guerre offensive, l'animer de cette vigueur entreprenante qu'a toujours l'assaillant; une fois qu'elle serait victorieuse et comme emportée par le succès, son élan, sa fougue désordonnée, son impétuosité violente sur-monteraient les obstacles[2].

IV. Le duc de Saxe-Teschen avait regagné le territoire belge et fixé, le 30 octobre, son quartier-général à Mons. Mais il avait à défendre une ligne trop considérable. Il

---

[1] Les émigrés nommaient ainsi Dumouriez.
[2] *Valmy*, 166 ; *Retr. de Brunswick*, 156-157 ; Dumouriez à Servan (26 sept. et 5 oct. 1792), et au président du Comité diplomatique; procès-verbal du Conseil de guerre de Sedan (A. G.).

dut, comme l'avait prévu Dumouriez, éparpiller ses
forces, mettre des détachements de tous côtés, à Bury,
à Binche, à Charleroi, à Baudour, poster à Menin le feld-
maréchal Latour et à Tournai le duc de Wurtemberg.
Lorsqu'il reçut les renforts de Clerfayt et engagea le
combat, il n'avait sous ses ordres immédiats que 11 bataillons d'infanterie, 12 compagnies de corps francs,
5 compagnies de chasseurs et 16 escadrons de dragons,
chevau-légers et hussards, c'est-à-dire 13,200 hommes [1].
C'était peu, et Dumouriez avait trois fois plus de monde.
Mais l'avantage du terrain compensait l'infériorité du
nombre. Le duc attendait le choc des Francais aux
portes de Mons sur les hauteurs de Jemappes et de
Cuesmes qu'il avait eu soin de fortifier. Il se rappelait
avec orgueil qu'au pied de ces hauteurs l'armée de
Biron, éperdue de frayeur, s'était enfuie et dispersée
dans la journée du 29 avril.

On a dit quelquefois qu'il devait attendre l'adversaire
avec toutes ses forces en avant de Bruxelles [2]. Mais pouvait-il abandonner sans coup férir tant de lieues de
pays ? Se retirer à la vue de l'envahisseur, se dérober à
la décision des armes, n'était-ce pas décourager l'armée ?
Une semblable retraite n'aurait-elle pas eu les mêmes
suites qu'une défaite ? Le duc préféra donner bataille
dans la position de Jemappes. Il ne prévoyait pas la dé
faite : il connaissait la bravoure de ses troupes qui ne

---

[1] Schels, 316, et Renouard, 348.

[2] Fersen, II, 394 ; cf. par contre Schels, 316. Selon Jomini (II,
235), il eût mieux fait de rassembler quelques jours auparavant toutes
les troupes qui formaient sur la frontière un inutile cordon, de réunir
ainsi 25 à 30,000 hommes, puis, au lieu d'attendre les Français à Jemappes, de les attaquer hardiment sur leur droite par Frameries et
Pâturages ; il eût peut-être gagné la bataille, et s'il l'eût perdue, il se
retirait facilement par Charleroi.

comptaient jamais les ennemis ; il espérait que ses bons
et vieux bataillons, résolus à tenir de pied ferme, triom-
pheraient aisément d'une armée jeune, indisciplinée,
encore incertaine dans ses mouvements.

De vives escarmouches précédèrent la bataille ; et, du
27 octobre au 4 novembre, les avant-gardes ne cessèrent
pas de se fusiller et de se canonner. Les tirailleurs autrichiens s'étaient établis au village de Thulin, sur un
tertre où s'élevait le moulin de Boussu. L'infanterie
belge les attaqua le 3 novembre et les chassa de Thulin.
Mais elle les poursuivit imprudemment dans la plaine ;
des hussards impériaux fondirent sur elle et l'envelop-
pèrent ; quatre compagnies furent sabrées ou prises. Si
le régiment de Chamborant ne l'eût dégagée par une
charge vigoureuse, la légion des réfugiés belges était entièrement détruite, à ses premiers pas sur le sol de la
patrie. Cet échec déconcerta Beurnonville qui conseilla
de replier les postes avancés et de ne garder que le
village de Quiévrain. Mais Dumouriez ne voulait pas
commencer la campagne par une reculade de sinistre
augure.

Il fit attaquer le lendemain le bois de Sars et le moulin
de Boussu par son avant-garde. Le bois de Sars avait à
peu près trois lieues de longueur. Mais Dumouriez y
jeta trois bataillons de chasseurs et les hussards de
Chamborant qui refoulèrent le bataillon franc O'Don-
nell. La position de Boussu était bonne, connue depuis
longtemps, et le sire de Haynin disait déjà qu'elle offre
« plus belle vue et plus beau regard » que la hauteur
de Dammartin, près de Paris. Les Autrichiens l'avaient
fortifiée par des retranchements qui subsistent encore et
qu'on nomme dans le pays la batterie du moulin. Mais
trois colonnes, soutenues par six pièces de douze, mar-

chèrent au pas de charge sur le moulin, et, après quelque résistance, les Impériaux prirent la fuite. « Nous venons, écrivait Dumouriez, de bien battre les ennemis ; ils n'ont rien pu défendre contre notre excellente artillerie et la vivacité de nos braves troupes [1]. »

Maître du moulin de Boussu et du bois de Sars, Dumouriez gagna la plaine qui s'étend des villages de Framerles et de Pâturages a Mons. Les deux armées étaient en présence, et, le 6 novembre, après avoir engagé la veille une insignifiante canonnade, elles en vinrent aux mains.

V. Le pays, ce pays du Borinage aux grandes buttes hérissées de cheminées et de charpentes, a maintenant un tout autre aspect qu'en 1792. Il n'était à cette époque ni traversé par le canal de Condé, ni sillonné par de nombreuses voies de fer, ni rempli de charbonnages [2]. Les villages comptaient quatre fois moins d'habitations qu'aujourd'hui. Le terrain n'avait pas été déprimé par les travaux des mines [3], et du Point du Jour, entre Quaregnon et Pâturages, on ne voyait pas la tour de Mons dont on voit actuellement la moitié. Enfin, de nombreux bouquets d'arbres qui n'existent plus, couvraient toute la plaine, et, au pied des hauteurs, entre Jemappes et Cuesmes, était le petit bois de Flénu.

La position des Autrichiens, comme celle des Français qui lui faisait face, formait un demi-cercle, de sorte, dit

---

[1] Dumouriez à Moreton, 4 nov. 1792 (A. G.) ; Belliard, *Mém.*, 1842, I, p. 84.

[2] Il y en avait seize en 1792, et ils étaient bien moins exploités qu'aujourd'hui.

[3] On peut évaluer à 40 mètres la dépression qui s'est produite depuis 1792 ; elle a été d'un mètre environ par an, dans les vingt dernières années.

un témoin de la bataille, que lorsque les feux de bivouac furent allumés, on aperçut un cercle parfait [1]. Quaregnon, Jemappes, Cuesmes, Bertaimont étaient les points principaux de cette position longue de six mille pas. Quaregnon se trouve à droite et en avant de Jemappes ; il fallait donc s'en emparer pour aborder Jemappes, et Dumouriez reconnaît que les Autrichiens l'auraient aisément tourné s'ils étaient restés maîtres de Quaregnon. Le village de Jemappes s'élève en amphithéâtre sur une colline ; la grande route de Valenciennes à Mons le traverse, et sur ses derrières coule le ruisseau de la Trouille, alors gonflé par les pluies de l'automne et bordé de marécages sur ses deux rives. Cuesmes est à gauche de Jemappes. Bertaimont peut être regardé comme un faubourg de Mons. Derrière Bertaimont se dresse le mont Panisel et derrière le mont Panisel, la hauteur de Nimy qui flanque la route de Bruxelles. L'Haisne ou Haine qui donne son nom à la province de Hainaut, enveloppe toute la position et ne laissait aux Impériaux, s'ils étaient battus, d'autre issue que la ville de Mons.

Le duc Albert avait ainsi réparti ses troupes : 6 compagnies de corps francs défendaient Quaregnon ; un détachement de chasseurs s'abritait dans le bois de Flénu ; la plus grande partie de la cavalerie était postée entre Cuesmes et Bertaimont, prête à déboucher sur les Français dès que le canon des redoutes les aurait ébranlés ; 3 bataillons se trouvaient, sous les ordres de Beaulieu, sur la hauteur de Bertaimont, et 4 compagnies de corps francs, ainsi que 3 escadrons, au village de Ciply ; le reste de l'armée occupait Jemappes et Cuesmes.

[1] Mémoire du général Ferrand.

Dumouriez croyait encore que Clerfayt n'aurait pas le temps de faire sa jonction avec Saxe-Teschen. Aussi avait-il la résolution ferme, irrévocable d'attaquer le duc dans la journée du 6 novembre. Toutes ses mesures étaient prises pour l'isoler et le laisser à ses seules forces. Un corps de 8,000 hommes, commandé par Berneron, menaçait depuis quelques jours Ath et Leuze ; Labourdonnaye campait sur les hauteurs de Sanghien ; Duval, avec un tiers de l'armée de Labourdonnaye, était à Pont-à-Tressin. Latour et le duc de Wurtemberg, ainsi tenus en échec sur leur front et sur leurs flancs, restaient immobiles, l'un à Tournai et l'autre à Menin, et ne pouvaient secourir Saxe-Teschen.

Mais le départ de Berneron avait affaibli Dumouriez qui comptait écraser le duc par la supériorité du nombre. Il donna de nouvelles instructions au lieutenant-général d'Harville ; au lieu de se porter sur Binche, Harville se rapprocha de la « grande armée » ; il longea la droite du bois de Sars et vint par Blaregnies, Genly, Noirchin, s'établir sur les hauteurs de Ciply [1].

Le 6, à l'aube, Dumouriez régla les dernières dispositions de la bataille qui lui livra les Pays-Bas autrichiens. Le premier acte de la journée était la prise de Quaregnon. Toutes les attaques devaient se faire en colonnes par

[1] Cf. sur Jemappes les *Mém.* de Dumouriez et ses lettres au président de la Convention et à Pache (*Mon.* du 10 nov. 1792) ; les lettres du duc de Chartres (*Annales patriotiques*, 12 et 14 nov., *Courrier des départements*, 11 et 12 nov.) ; les mémoires de Ferrand, de César Berthier et de Dampierre (A. G.) ; Schels, *Oester. milit. Zeitschrift*, 1811, p. 269-336 ; *Geschichte der Kriege in Europa*, 1827. I, p. 120-124 ; Boguslawski, *Das Leben des Generals Dumouriez*, 1879, vol. II, p. 96-109 ; Renouard, *Gesch. des franz. Revolutionskrieges*, 339-356 ; colonel Monnier, feuilletons du journal *le Hainaut* (21 nov.-21 déc. 1886).

bataillon. La gauche, confiée en l'absence de Miranda [1] à Ferrand, le plus ancien des maréchaux de camp, et, sous lui, à Rosières et à Blottefière, eut ordre de prendre Quaregnon et de tourner les Impériaux en attaquant l'extrémité droite de Jemappes. Le centre, dirigé par le duc de Chartres, lieutenant-général, et par les maréchaux de camp Stettenhoffen, Desforest et Drouet, avait mission d'enlever de front le village de Jemappes et de forcer la trouée qui séparait Jemappes et Cuesmes. La droite, composée de l'avant-garde et commandée par le lieutenant-général Beurnonville et le maréchal de camp Dampierre, devait emporter les redoutes de Cuesmes. Harville était trop loin pour secourir l'armée autrement que par son canon ; mais il pouvait jouer un rôle décisif à la fin de l'action. Dumouriez lui prescrivit de suivre les mouvements de la droite en se tenant toujours à sa hauteur, de se porter sur Bertaimont, de déborder ainsi la gauche des Autrichiens : dès que les Autrichiens auraient commencé leur retraite, Harville tournerait Mons par une marche rapide, gagnerait le mont Panisel et la hauteur de Nimy, couperait ainsi le chemin de Bruxelles aux débris de l'armée vaincue.

VI. La canonnade s'ouvrit de part et d'autre avec vivacité dès sept heures du matin et dura jusqu'à dix heures. Toute l'artillerie française avait filé sur le front de l'armée et croisait ses feux sur les batteries fixes des Autrichiens. Dumouriez parcourut la ligne des troupes. Les soldats se montraient impatients ; ils désiraient se

[1] Il était à Paris ; on lui demandait des « plans politiques et militaires relatifs à l'Amérique du Nord » ; il fit des observations qu'on jugea « conformes aux intérêts de la République, et les entreprises pro etées furent suspendues » (*Miranda à ses concitoyens*, 1793, p. 4).

mesurer de près avec l'adversaire, et les généraux, le duc de Chartres, Beurnonville, Dampierre, proposaient de marcher en avant et d'aborder les ennemis à la baïonnette. Mais Dumouriez contenait l'ardeur de ses bataillons pour la rendre plus vive encore, et il attendait la prise de Quaregnon. Il n'ordonna l'attaque générale qu'à midi précis.

La gauche avait déjà pris Quaregnon, non toutefois sans hésitations et sans lenteurs. Ferrand qui la commandait, était un vieux soldat, combattant de Lawfeld et de Clostercamp ; il s'honora l'année suivante par la défense de Valenciennes ; mais il manquait de décision et d'énergie[1]. Il attaqua très mollement le village de Quaregnon. Heureusement, à dix heures, Dumouriez vint trouver son lieutenant et diriger en personne le mouvement de l'aile gauche. Il commande à Rosières d'entrer en ligne avec deux pièces de douze et quatre bataillons d'infanterie légère, et, sous les yeux de Dumouriez, Rosières emporte aussitôt Quaregnon.

Dès lors Ferrand et Rosières pouvaient tourner leurs efforts contre l'extrémité droite de Jemappes. Ferrand eut ordre de marcher à travers les prairies, tête baissée, la baïonnette au bout du fusil, tandis que Rosières monterait par la grande route. Mais à onze heures, Dumouriez qui s'était rendu au centre de son armée, n'avait aucune nouvelle de Rosières et de Ferrand. Inquiet, il prie Thouvenot de courir à l'aile gauche et d'en prendre le commandement.

Thouvenot voit Ferrand qui craint d'avancer sous le feu des redoutes autrichiennes et qui s'est engagé dans

---

1 « Son zèle et son courage, dit poliment Dumouriez (*Corresp.*, 87) surpassent ses forces ».

des prairies marécageuses et pleines de fossés. Il voit
Rosières qui se cache derrière les maisons de Quaregnon
et n'ose déboucher. Il voit des troupes qui murmurent
et se rebutent, une artillerie qui se forme en ordre de
bataille sur les derrières de l'infanterie sans autre instruction que de tirer à mitraille pour protéger la retraite.

La présence de Thouvenot réveille les courages qui
s'endorment et ranime l'action qui languit. Il se met à
la tête des troupes et les lance contre l'extrémité droite
de Jemappes. Douze bataillons s'ébranlent, et parmi eux,
les deux bataillons du 29e régiment ci-devant Dauphin,
le premier bataillon du 54e régiment ci-devant Rous-
sillon, le premier bataillon des Deux-Sèvres, le bataillon
des Gravilliers, le bataillon des Lombards que Dumouriez a promis de placer au poste d'honneur. Les chefs
donnent l'exemple aux soldats : Laroque, colonel du 29e
et l'un des plus anciens officiers de l'armée ; Dumesnil,
colonel du 54e et l'un des combattants de Valmy ; Rou-
get de La Fosse, lieutenant-colonel du bataillon des
Deux-Sèvres qui eut le bras cassé d'une balle et mourut
le lendemain ; Lavalette qui commande le bataillon des
Lombards. Le vieux Ferrand recouvre sa vigueur ; il
recoit une contusion à la jambe, et son cheval est tué
sous lui ; il reste néanmoins sur le champ de bataille et
combat à pied durant toute l'action.

Mais Clerfayt dirigeait la défense de Jemappes, et sa
froide intrépidité s'était communiquée à ses bataillons.
Il passait au milieu des rangs, en grande tenue, la poitrine couverte de tous ses ordres ; les jours de bataille
étaient, disait-il, « ses jours de fête ». Un feu très meurtrier accueillit les colonnes que guidait Thouvenot, et par
deux fois brisa leur élan. Elles reculèrent en désordre
et se rejetèrent à droite, vers l'entrée de Jemappes. Mais

ce mouvement leur fait découvrir en un angle rentrant, au point où la première redoute des Impériaux se rattache au village, un endroit dégarni. La masse des soldats se précipite par cette brèche et pénètre dans Jemappes.

Dans le même instant trois bataillons tournent Jemappes par la gauche ; ils ont découvert on ne sait où des bateaux et des madriers ; ils passent la Trouille, ils passent les marais, et, à l'extrême surprise des Antrichiens, apparaissent soudainement dans le village [1].

VII. Le centre de l'armée francaise s'était mis en mouvement après la prise de Quaregnon. A midi, l'infanterie du duc de Chartres, de Stettenhoffen, de Desforest, de Drouet, se déploie en colonnes de bataillons, traverse rapidement la plaine, reçoit sans broncher le feu de l'ennemi, et après n'avoir perdu que très peu de monde, approche du bois de Flénu. « Il est impossible, écrit le duc de Chartres, de se représenter ce moment ; la joie de tous les soldats et la vue de nos colonnes mar chant avec un ordre admirable, formaient un spectacle superbe et imposant ».

Mais bientôt la scène change et, comme dit Dumouriez dans son rapport, les obstacles se multiplient, et le centre court du danger. Les bataillons qui pénètrent dans le bois de Flénu, sont chassés de buisson en buisson par la vive fusillade des chasseurs tyroliens. La brigade Drouet, formée d'un régiment de dragons et de deux bataillons de volontaires, s'effraie à la vue de

[1] Schels, 321. Les relations françaises ne mentionnent pas cet incident ; les relations autrichiennes le regardent comme très important et presque décisif ; on n'avait jamais cru, dit Schels à deux reprises, que Jemappes pût être tourné.

quelques escadrons impériaux qui se montrent dans la
plaine, se blottit derrière un pâté de maisons et laisse
un espace vide dans la ligne de bataille. La brigade, qui
marche à la gauche de la brigade Drouet, s'arrête à
demi-portée de fusil des redoutes autrichiennes, et les
trois colonnes qui la composent, exposées à la mitraille, se pressent, se pelotonnent, s'entassent et n'a-
vancent pas.

La bataille serait-elle perdue? Il faut ranimer ces
troupes du centre qui flottent et tourbillonnent, incertaines, confuses, prêtes à se débander. Il faut rallier les
bataillons chassés du bois de Flénu, rallier la brigade
Drouet, rallier la brigade qui - flanque la gauche de
Drouet.

Dumouriez, Moreton, les officiers de l'état-major, les
aides de camp, le valet de chambre Baptiste Renard,
courent de tous côtés dans la plaine et s'efforcent de rassembler, de remettre en ordre, de rappeler à la bataille
les troupes qui se dispersent. Dufresse, aide de camp de
Moreton et capitaine, de la garde nationale, se jette au
milieu d'un bataillon de volontaires en déroute, leur crie
de le suivre, leur chante *Amour sacré de la patrie*, et les
volontaires, s'arrêtant et chantant avec lui, retournent
vers Jemappes. Mais les premiers parmi ceux qui raffer-
missent ce centre tout en désarroi, sont Baptiste Renard,
Kilmaine et le duc de Chartres.

Dès qu'il voit le désordre de la brigade Drouet, le
brave et intelligent Baptiste part à bride abattue. Il
aborde Drouet, lui fait honte de sa retraite. Drouet revient sur ses pas et tombe mortellement blessé. Mais
Baptiste ramène la brigade, et bientôt l'arrivée de Kilmaine rétablit le combat. Le vaillant Irlandais avait sous
ses ordres le 3e régiment de chasseurs et le 6e de hus-

sards. Dumouriez lui commande d'occuper la trouée qu'avait laissée la brigade Drouet et de contenir les escadrons autrichiens qui menacent de percer par cet endroit. « Kilmaine, disait-il quelques semaines plus tard, est un des officiers les plus expérimentés de l'armée, et il a sauvé le centre de ma ligne d'infanterie [1]. »

Mais le jeune duc de Chartres est peut-être celui qui montre le plus de présence d'esprit et de courage. Il rallie les soldats qui sortaient du bois de Flénu et tous ceux qui s'écartent sous prétexte de chercher leur ba taillon. Il les forme en une grosse colonne qu'il nomme gaiement le *bataillon de Mons*. Il donne à ce bataillon une pièce de canon ; il lui donne des officiers et un commandant ; il lui donne un drapeau, le premier qu'il rencontre, et toutes les fois qu'un homme se présente et demande son bataillon « *votre bataillon*, dit-il, *le voilà, marchez* ». Enfin, il fait battre la charge et, sous la mitraille, s'élance avec son bataillon de Mons vers les redoutes. Il entraîne toutes les troupes du centre. Lo colonel du 5e régiment, ci-devant Navarre, se retourne vers ses soldats, et se dressant sur son cheval, s'écrie, l'épée haute : *En avant, Navarre sans peur !* et le régiment répète : *En avant, Navarre sans peur !* Le 17e, ci-devant Auvergne, marche à quelque distance et répond aussitôt par son cri de guerre : *Toujours Auvergne sans tache* [2] *!* On se jette dans le bois de Flénu, on en chasse les tirailleurs ennemis, on s'élance sur les pentes de Jemappes. Les Autrichiens opposent à ce furieux assaut une résistance obstinée. L'adjudant-général Montjoye reçoit dans la bouche un coup de fusil qui lui brise sept

---

[1] *Corresp.*, 189.

[2] Duc d'Aumale, *Hist. des princes de la maison de Condé*, I, p. 208-209, note.

dents. Il faut, dit Dumouriez, livrer un nouveau combat
sur la hauteur. Mais voici que Thouvenot et Férrand
sortent de Jemappes et montrent les têtes de leurs colonnes victorieuses. Les Impériaux, pris entre deux
feux, se retirent sur Mons avec leur artillerie, les uns
par la grande route, les autres par le faubourg de Ber
taimout. Plus de quatre cents se noyèrent au passage
de l'Haisne.

VIII. Gagnée à l'aile gauche et au centre, la bataille
se gagnait en même temps à l'aile droite, avec de sem
blables péripéties [1]. Beurnonville avait 4 pièces de seize,
16 pièces de douze, et, pour diriger cette artillerie, le
colonel La Bayette, un des meilleurs officiers de l'arme.
Il fit canonner chaque redoute autrichienne par deux
batteries de 2 pièces. Puis, à midi, la première ligne de
son infanterie, commandée par Dampierre, et composée
de huit bataillons [1], se mit en mouvement. Dampierre
rapporte que cette manœuvre compliquée s'exécuta,
sous le feu le plus vif, comme en temps de paix. Lui-
même précédait sa troupe à deux cents pas. Dès que
le déploiement fut achevé, il fit battre la charge et donna
l'ordre de marcher en avant. Aussitôt les bataillons se
précipitent, gravissent l'escarpement de Cuesmes et dé
bordent la gauche des redoutes. Derrière eux, à l'extrême droite, à cent pas, s'avancent en échelons,

[1] Nous savons exactement la composition de cette aile droite qui
formait les jours précédents l'avant-garde de l'armée : comp. des
Quatre Nations et des Cambrelots, 4 bat. belges et liégeois, 1er et 3e
bat. francs ; — 19e et 71e rég. ; 2e et 6e bat. de grenadiers ; 10e et 14e
chasseurs à pied ; — 1er, 2e et 3e bat. de Paris, le bat. de Saint-
Denis, le 1er bat. de la Marne (garda les ponts de l'Haisne pendant la
bataille) ; — 1er, 2e et 6e hussards ; 3e, 6e et 12e chasseurs à cheval
— 3e et 6e comp. d'artillerie légère (Hanique et Barrois).

10 escadrons de hussards, de dragons et de chasseurs. Plus loin, en seconde ligne, est le reste de l'infanterie et de la cavalerie sous les ordres de Beurnonville.

Tournés par les bataillons de Dampierre, les Autri chiens se hâtent d'évacuer les redoutes et d'emmener leur artillerie sur la hauteur. Il est trop tard ; les chasseurs de Normandie et les hussards de Chamborant et de Berchiny arrivent au galop sur leur flanc gauche et les mettent en désordre. Le 1er bataillon de Paris s'empare d'une pièce de seize, le 6e bataillon de grenadiers et le 19e régiment tournent une pièce de sept contre l ennemi et lui envoient le boulet qui leur était destiné.

Mais soudain deux escadrons du régiment des dragons de Cobourg, tout frais encore et intacts, se ruent sur la cavalerie française. Ébranlés déjà par le feu maladroit du général d'Harville, qui les canonne de Ciply, au lieu de canonner les Impériaux, Normandie, Chamborant, Berchiny tournent bride. Dans le même instant débouche au grand galop un escadron des dragons de Latour. Il est commandé par l'intrépide brabançon Mesemacre, un de ces six frères Mesemacre qui servaient tous dans l'armée autrichienne et dont la mère reçut de l'empereur le titre de « mère des braves ». Mesemacre reprend les canons et achève de mettre en déroute les hussards et les chasseurs [1]. Dampierre abandonne les redoutes conquises. Son infanterie recule vers la plaine. Le bataillon de Saint-Denis prend la fuite. Déjà Clerfayt ordonnait à toute sa cavalerie d'accourir, et si le terrain n'avait été coupé de fossés et de nombreuses flaques d'eau ,

[1] Cf. outre les relations autrichiennes, Guillaume, 37, et Cruyplants, *Hist. de la cavalerie belge*, 1830, p. 15.

6

cette charge suprême eût peut-être décidé du gain de
la bataille.

Dumouriez arrivait à son aile droite au milieu de
cette débandade. Il comptait l'enflammer par sa présence, l' « électriser », comme on disait alors, ou bien, si
son centre échouait, la ramener dans la plaine de Pâturages, et lui faire protéger la retraite de l'armée. Il passe
devant les bataillons de Dampierre. C'étaient ses vieilles
troupes du camp de Maulde. Il leur dit qu'elles n'ont
rien à craindre et que leur *père* combat à leur tête. Elles
lui répondent par les cris de *Vive Dumouriez!* et se re-
forment. Vainement les dragons de Cobourg et de Latour s'efforcent de les rompre. Trōis fois ils fondent sur
le 71ᵉ régiment ; trois fois le 71ᵉ, l'ancien Vivarais, les
repousse avec vigueur. Le 1ᵉʳ bataillon de Paris leur envoie une décharge à bout portant et se fait un rempart
d'hommes et de chevaux. Le bataillon de Saint-Denis,
ramené par ses deux lieutenants-colonels, regagne sa
place de combat. Normandie, Berchiny, Chamborant se
rallient à la voix de Dumouriez. Berchiny se jette sur
les dragons de Cobourg et les enfonce. Toute l'infanterie,
Vivarais, Flandre, les trois bataillons de Paris, les brigades que conduit Beurnonville, s'élancent entre les
redoutes. Dumouriez lui-même se met à la tête des
hussards et des chasseurs ; il entonne les premiers vers
de cette *Marseillaise* devenue, depuis la campagne de
l'Argonne, l'hymne national des Français, et, « gaiement,
avec un courage qu'on ne peut pas décrire [1] » il tourne à
gauche les redoutes de Cuesmes, y pénètre par la gorge,
tombe ainsi sur les derrières de l'infanterie autrichienne.
A deux heures, Cuesmes est en notre pouvoir.

[1] Dumouriez, *Mém.*, III, 174.

Mais Dumouriez craignait encore pour son centre. Il emmène avec lui 6 escadrons de chasseurs et l'aîné des Frégeville ; puis, prenant le grand trot, il longe le village de Cuesmes. A peine avait-il fait cinq cents pas qu'il vit arriver ventre à terre le jeune duc de Montpensier, frère et aide de camp du duc de Chartres. Montpensier annonçait la prise de Jemappes. Bientôt accourait Thouvenot, vainqueur, lui aussi, à l'aile gauche.

IX. Du haut de leurs remparts, les habitants de Mons voyaient l'armée française se répandre sur la ligne des hauteurs. On n'entendait plus que de rares coups de canon tirés de Ciply par Harville et de Cuesmes par le lieutenant-colonel belge Stephan. Les soldats s'embrassaient avec des larmes de joie ; ils jetaient leurs chapeaux en l'air ; ils chantaient le *Çà ira* et criaient *Vive la République ! Vive la liberté des Belges !* Dumouriez passait devant le front des troupes et répondait à leurs acclamations en les félicitant de leur bravoure. Il pleurait d'émotion et on l'entendit répéter plusieurs fois avec attendrissement : « Quelle nation ! Qu'on est heureux de commander à de pareils hommes et de les conduire à la victoire[1] ! »

Les Autrichiens fuyaient consternés. Ils traversèrent Mons, sans s'arrêter ni à Bertaimont, ni sur le mont Panisel, ni même sur les hauteurs de Nimy. Le lieutenant-général Harville aurait pu leur faire un grand mal en tournant Mons, selon les instructions qu'il avait reçues de Dumouriez. Mais il était timide, hésitant, et il avait, remarque Belliard, des troupes de nouvelle levée diffi-

---

[1] Ronsin, *Détail circonstancié de la fameuse bataille de Jemappes et de la prise de Mons*, 1792, p. 5 ; Belliard, *Mem.*, I, 87 ; mémoire de Dampierre.

ciles à manier [1]. En vain Dumouriez lui envoyait message sur message et lui commandait d'occuper en toute hâte le mont Panisel. Harville n'osa marcher ni sur le mont Panisel, ni sur la hauteur de Nimy qu'il croyait puissamment fortifiée et qui n'avait que de petites redoutes. On eut même quelque peine à suspendre le feu qu'il avait ouvert sur les crêtes de Cuesmes.

L'armée française était harassée. Elle n'avait cessé depuis trois jours de bivouaquer et de se battre. Dumouriez lui donna deux heures de repos et lui fit une distribution de pain et d'eau-de-vie. Mais à quatre heures, il lui commandait de se porter en avant. Les soldats, oubliant leur fatigue, accueillirent cet ordre par des cris d'allégresse et, dans leur ardeur, prièrent le général de les mener aussitôt à Mons et de livrer l'assaut. Dumouriez leur promit cette satisfaction pour le lendemain. Il fit occuper le mont Panisel par Harville et le faubourg de Bertaimont par deux brigades. Mais, tout-à-coup, ces deux brigades prennent l'épouvante. Elles s'imaginent que les Impériaux ont miné la colline, et, malgré les remontrances de Stettenhoffen, cinq bataillons abandonnent Bertaimont et se rejettent sur Cuesmes [2].

La nuit vint et le gros de l'armée impériale eut le temps de faire sa retraite sans être inquiété. Harville avait enfin occupé le mont Panisel ; mais il n'envoya que de légers détachements sur la hauteur de Nimy, et ne soutint nullement le corps de flanqueurs que Dumouriez avait dépêché sur la Chapelle-Notre-Dame, de l'autre côté de Mons et de la rivière d'Haine. Les Autrichiens

---

[1] Belliard, *Mém.*, I, 89.
[2] Le même fait s'est produit à Seneffe et à Friedlingen.

passèrent donc sans obstacle entre les flanqueurs à gauche et le corps d'Harville à droite.

Les derniers Impériaux quittèrent Mons le lendemain, à 9 heures, en fermant les portes derrière eux, et sans avoir fait réponse aux sommations de Dumouriez. A peine s'étaient-ils éloignés que les Montois brisaient les portes et se précipitaient hors des murs. Ils appelaient les Français, les embrassaient, les entraînaient dans la ville au milieu des acclamations. La cocarde tricolore fut arborée ; l'aigle impérial, abattu et remplacé par le bonnet de la liberté. Dumouriez, suivi du duc de Char: tres, de Beurnonville et de Walckiers, entra vers midi et demi. Les magistrats lui offrirent les clefs de la cité ; il mit les mains dessus, et dit : « Nous venons, comme frères et amis, pour vous engager à fermer vos portes à vos anciens oppresseurs et à défendre la liberté que nous vous avons conquise. » Le soir, au spectacle, lorsqu'il parut dans sa loge, des Montois foulèrent aux pieds la couronne impériale en criant : « *Vive la République française ! Vive le brave Dumouriez ! Vivent les sauveurs des Belges !* » [1]

X. Telle fut la bataille de Jemappes ou, comme on la nomma d'abord, la bataille de Mons. Les Impériaux s'étaient battus avec acharnement et avaient fait de véritables prodiges de valeur. Le régiment de Bender laissait près de 400 hommes sur le terrain. Les dragons de Cobourg n'avaient pas un de leurs officiers qui ne fût tué ou blessé. Mais, si jamais vaincus ne méritèrent moins leur défaite, les conséquences de cette défaite étaient incalculables ; non seulement les Impériaux per-

[1] Ronsin, *Détail circonstancié*, 8.

daient 4,000 hommes tués, blessés ou déserteurs, et 13 pièces de canon ; mais ils perdaient toute la Belgique jusqu'à la Meuse, puisqu'aucune place ne pouvait arrê ter les envahisseurs [1].

Le succès était l'œuvre de Dumouriez et de ses trois lieutenants, Thouvenot, Chartres et Dampierre. Thouve not conduisit l'attaque de Jemappes avec éclat. Le duc de Chartres rallia par sa « valeur froide »[2] le centre qui fléchissait et emporta les positions autrichiennes à leur endroit le plus redoutable. Dampierre, dont Dumouriez rabaisse injustement les mérites, entraîna l'aile droite et déploya tant de bravoure que les blessés demandaient après la bataille s'il avait survécu et que les Montois lui offrirent une couronne de lauriers. Mais Dumouriez avait fait davantage. Il assaillit les redoutes de Cuesmes avec une impétuosité décisive ; « il n'a pas dit dans son rapport, écrivait le duc de Chartres, qu'il avait rallié la cavalerie et chargé les dragons de Cobourg »[3]. On lui reprochera peut-être d'avoir fait le soldat plus que le général. Au lieu d'embrasser l'ensemble de la bataille, il intervient dans le détail et se prodigue, courant par-tout, volant à sa gauche et revolant à son centre, puis à sa droite. Mais, dans une armée novice et indisciplinée comme l'était l'armée qui vainquit à Jemappes, le géné-ral ne devait-il pas se montrer, se multiplier, payer de

---

[1] Schels, 319 et 323. Marescot, *Relation du siège d'Anvers* (A. G.). « Jemappes a décidé du sort de la campagne. Depuis que Joseph II a fait raser les places, le pays, ouvert de toutes parts, n'offre plus aucun point d'appui solide à une armée battue et inférieure en nombre. »

[2] Relation de Dumouriez. « Égalité, dit Belliard (I, 88), se distin gua et rendit des services importants. »

[3] *Annales patriotiques,* 12 et 14 nov. 1792.

sa personne, enlever son monde par la parole et par l'exemple ?

Cette armée était pourtant digne de la victoire. « Il n'y avait pas, dit Dumouriez, un corps qui n'eût joint l'ennemi à l'arme blanche, pas un escadron, pas un homme qui ne se fût battu et de très près. » Les troupes de ligne ne démentirent pas leur passé glorieux et prirent leur bonne part du succès ; Flandre que Dampierre nomme l'invincible 19e, le 29e, le 54e, le 71e, Berchiny qui, selon le mot de Belliard, se couvrit de gloire, ont inscrit le nom de Jemappes sur leurs drapeaux.

Les volontaires de 1791 avaient soutenu leur réputation. Les trois bataillons de Paris, commandés par Balan, Malbrancq et Leval, se trouvaient à la gauche du régiment de Flandre et partagèrent à ses côtés l'honneur de l'action. Le 1er bataillon de la Vendée et le 1er des Deux-Sèvres montrèrent le sang-froid des vieilles bandes les plus aguerries[1]. Dampierre, admirant le courage de ces jeunes gens qui, depuis deux mois, supportaient tant de fatigues et passaient les nuits au bivouac, poussait dans le goût du temps cette lyrique exclamation : « Mères républicaines, élevez vos filles pour ces braves guerriers, à leur retour courez au devant d'eux, le myrte à la main ; que la joie du triomphe les console des fatigues de la guerre et que la plus belle soit destinée au plus brave ! »

Comme en Champagne et comme plus tard, dans presque toutes les batailles de la Révolution, l'artillerie avait le mieux mérité de la patrie, et Dumouriez rendit un éclatant hommage à son habileté. Elle disposait sans doute de 100 bouches à feu, et les Autrichiens n'en

Belliard, *Mém*, I, 88.

avaient que cinquante. Mais elle s'avança jusqu'à portée
de fusil des retranchements. Les Impériaux éprouvèrent
à Jemappes la même surprise que les Prussiens à
Valmy, et les officiers, tous chauds de la bataille, contaient qu'ils avaient trouvé un rempart de bronze,
qu'en un moment les batteries françaises avaient rasé
leurs redoutes [1].

C'est aujourd'hui un lieu commun de critiquer la
campagne de Belgique. Tout le monde sait que Dumouriez aurait dû suivre les Prussiens avec toutes ses forces,
se joindre à Custine et redescendre le Rhin ; il forçait
ainsi les Autrichiens à quitter les Pays-Bas. Tout le
monde sait qu'il devait porter ses efforts sur l'extrême
gauche des Impériaux. Le duc de Saxe-Teschen, étant
posté entre Mons et Tournai, n'avait d'autre ligne de
retraite que la vallée de la Meuse. Dumouriez devait
donc marcher sur la Meuse, prendre le duc à revers et
empêcher sa jonction avec Clerfayt. L'armée qu'il envoya
de Champagne en Flandre, n'était-elle pas plus près de
Namur que de Mons? Ne fit-elle pas un très long détour
pour arriver en face de l'adversaire? Berneron qui marchait sur Ath et Valence qui se portait sur Namur, ne
suffisaient-ils pas pour déborder les Impériaux, les
tourner de loin sur les deux flancs et les déposter sans
combat ? [2]

Les dispositions de Dumouriez à Jemappes offrent les

[1] Relation de Dumouriez ; Fersen, II, 55, 395, 396 ; Ronsin, *Détail
circonstancié*, 3 ; Gov. Morris, II, 232.

[2] Cf. Jomini, *Hist. crit, et milit. des guerres de la Révol.*, 1820,
II, 212 et 227-233, et, après lui, tous les écrivains militaires, entre
autres De La Barre Duparcq, *Portraits milit.*, 1853, p. 256. Mais
Servan avait déjà dit que l'attaque de la Belgique n'était « pas bien
combinée » ni la bataille de Jemappes « bien militaire » (*Notes*, 64 et
66-67 ; cp. *Tableau histor.*, II, 238-240).

mêmes gaucheries, les mêmes maladresses. Il avait raison d'envoyer Harville à Ciply, pour tourner la gauche
des Autrichiens, mais il lui prescrivait à tort de se tenir
à la hauteur de sa droite. Harville suivit littéralement
ses instructions, et resta inactif et inutile ; il ne suivit
pas les mouvements de Beurnonville ; il alla donner
contre Beaulieu qui le déborda ; il ne put poursuivre les
vaincus et achever le désastre.

On a même démontré comment Dumouriez aurait dû
vaincre. Au lieu de prendre le taureau par les cornes et
d'aborder la position autrichienne de front et sur le
point le plus difficile, il laissait dans la plaine de Pâturages quelques bataillons chargés d'observer Quaregnon ;
puis, marchant par la droite et appuyant sa gauche
à Frameries, il poussait son avant-garde au-delà de
Cuesmes et se liait au corps d'Harville qui se serait
étendu jusqu'au mont Panisel ; par cette manœuvre il
écrasait la gauche des Impériaux et tournait les fameuses
redoutes dont la prise coûta si cher.

Mais ces combinaisons, aujourd'hui banales, n'étaient
alors à la portée de personne, et ne s'offraient pas à
l'esprit des meilleurs généraux. Les grandes guerres
n'avaient pas exercé le coup d'œil ; on était encore dans
la période des essais, des tâtonnements, des fautes, et
nul n'imaginait les offensives rapides et foudroyantes,
les mouvements considérables, les vastes opérations de
l'âge suivant.

Quoi qu'il en soit, Dumouriez atteignit son but. Il voulait remporter une de ces victoires retentissantes qui
frappent l'imagination et, par un coup d'éclat, fixer sur
lui les regards de la France, affermir la confiance qu'il
inspirait à l'armée, s'ouvrir l'entrée des Pays-Bas et
réveiller les dispositions favorables des Belges. Pourvu

qu'il fût vainqueur, il ne s'inquiétait pas du nombre des
morts, et comme disait Mercy, peu lui importait de sacrifier dix mille hommes pour faire tuer mille ennemis[1].
Le succès le justifia. Il fallait donner de la réputation
aux troupes françaises; il fallait montrer que la Révolution saurait se soutenir par les armes, gagner des
batailles, prendre l'offensive qui convenait au génie de la
nation et à l'enthousiasme de la liberté, vaincre par la
force la coalition qu'elle avait déjà vaincue par l'adresse.
Valmy n'était qu'un combat de poste; Jemappes fut une
affaire générale, la première bataille mémorable que la
France eût livrée depuis longtemps, et comme le Rocroi
de la République. L'Europe exalta la valeur française
que Dumouriez nommait dans son rapport « opiniâtre et
toujours croissante ». Pellenc avait dit, au début de la
guerre, que la *furia francese* aurait l'avantage, et Beurnonville conseillait de mettre en avant une ligne de
canons, puis, après que l'artillerie aurait fait sa besogne,
de jouer de la baïonnette[2]. L'événement donnait raison à
Beurnonville et à Pellenc. On répéta que la fougue française, un instant endormie, s'était réveillée, et l'on craignit d'en ressentir les effets. « Il est certain, écrivait-on
de La Haye, que les Français avaient une armée formidable, une artillerie bien servie et la résolution de
vaincre »[3]. Un soldat autrichien rapportait que l'armée
des patriotes lui avait paru innombrable : « à mesure
qu'on les détruisait, ils étaient remplacés par d'autres,
et je n'ai pas vu le champ de bataille se vider un seul

---

[1] Bacourt, III, 414.

[2] *Valmy*, 246-247 ; les Belges, écrivait La Gravière, le 9 avril 1792
(A. E.), « espèrent beaucoup de l'impétuosité imprudente des Français, plus enthousiastes qu'expérimentés, plus ardents que disci-
plines ».

[3] *Mon.* du 20 nov. 1792.

instant » [1], et des bords du Rhin on mandait au *Moniteur* : « La victoire de Jemappes a glacé la langue de ceux qui croyaient déjà les Français vaincus, et toujours vaincus en bataille rangée » [2].

En France, Jemappes fit une impression profonde. Jamais de mémoire d'homme il n'y avait eu de bataille plus fameuse, plus glorieuse pour la nation [3]. C'était une victoire unique, une merveille. On racontait que l'adversaire était posté sur des montagnes garnies de plus de quarante redoutes. On parlait de l'escalade d'un triple étage de retranchements défendu par cent bouches à feu. On célébrait avec Lebrun-Pindare les « orages brûlants de Jemappes » :

> En vain cent tonnerres croisés
> Grondant sur ces monts embrasés
> Opposent trois remparts de flammes.

On exaltait les talents du général victorieux, on vendait son portrait dans les rues de Paris, et le ministre des affaires étrangères, Le Brun, donnait à la fille qui lui naissait les prénoms de Jemappes-Dumouriez. Tous les journaux louaient l'héroïsme des soldats et particulièrement du vétéran Jolibois. Ce Jolibois avait appris la fuite de son fils, volontaire du 1er bataillon de Paris. Il arriva dans la matinée du 6 novembre au camp français et prit aussitôt la place du déserteur. « O mon fils, s'écriait-il pendant l'action, est-il possible qu'un si beau jour soit souillé par le souvenir de ta lâcheté ! » A la fin de la journée, ses compagnons le présentèrent à Dampierre. Le général se jeta dans les bras de Jolibois en versant des larmes d'admiration et demanda pour ce

---

[1] *Mon.* sur l'émigration, 1877. D'Argens, p. 60.
[2] *Mon.* du 26 nov. 1792.
[3] Devaux à Fortair, 9 nov. (A. G); *Mon.*, 10 nov. 1792.

brave vétéran un brevet d'officier. Mais aux yeux du peuple, les héros de la journée étaient Baptiste Renard et Bertèche, le *nouveau Dentatus* [1]. Baptiste, le domestique de Dumouriez, avait rallié la brigade Drouet et ne demandait d'autre récompense que l'honneur de porter l'uniforme national ; la Convention décréta qu'il serait armé, monté, équipé aux frais de la nation et employé comme capitaine dans l'armée de Dumouriez. Le Sedanais Bertèche, dit la Bretèche, avait, assurait-on, tué sept dragons de Cobourg et sauvé la vie à Beurnonville : mais à l'instant où il retirait avec peine son épée qu'il avait enfoncée jusqu'à la garde dans le corps d'un dragon, il recevait, outre quarante et un coups de sabre, un coup de feu qui le blessait au bras et l'abattait sous son cheval. Le 6 mars 1793, Bertèche paraissait devant la Convention qui lui décernait une couronne de chêne et un sabre d'honneur [2]

La bataille de Jemappes a gardé dans la mémoire des Français ce caractère épique et merveilleux que lui prêtaient les contemporains. Non seulement elle annonce et ouvre une série de brillants triomphes. Mais elle n'a rien de savant ni de classique ; gagnée pour ainsi dire d'élan et d'enthousiasme, par le nombre, par l'impétuosité d'une armée orageuse et ardente, et non par l'art, elle est toute héroïque, toute populaire.

---

[1] *Patriote français*, 27 février 1793.

[2] Cf. sur Jolibois une lettre de Dampierre à Dumouriez, 6 nov. 1792 ; sur Renard le *Mon.* du 10 nov. ; sur Bertèche le *Courrier des départ.* du 9 déc., le *Mon.* du 11 déc. 1792, et du 8 mars 1793, et Jung, *Dubois-Crancé*, 1884, I, p. 277-278. Louis Viet qui avait reçu sept blessures, toutes par devant, obtint un secours de 300 livres ; Pierre-Marie Richard, grenadier au 10e de Seine-et-Oise, qui avait reçu six coups de sabre et tué *onze* (!) dragons de Cobourg, une sous-lieutenance au 104e régiment (*Mon.*, 17 déc. 1792 et 13 janvier 1793).

CHAPITRE IV

CONQUÊTE DES PAYS BAS

I. Dumouriez ne put quitter Mons que le 11 novembre. Mais la défaite des Autrichiens avait jeté partout la consternation. Un corps de 3,000 émigrés, commandé par le duc de Bourbon, campait aux environs de Namur. Lorsqu'il sut le désastre, il courut à Bruxelles, bravement, à la française, sans attendre l'ordre de Saxe-Teschen : il ne fit que servir d'escorte à l'archiduchesse Marie-Christine. Dès le 8 novembre, le gouvernement autrichien prenait la fuite, et l'on ne trouvait plus à Bruxelles ni fiacres ni chevaux de louages. Le comte de Metternich-Winnebourg gagna Ruremonde et de là Dusseldorf. Mercy, le Russe Simolin, le Suédois Fersen se rendirent à Maestricht, et sur le chemin Fersen vit des jeunes gens et des vieillards du corps de Bourbon, chargés d'un fusil et d'un sac, qui restaient en arrière et pouvaient à peine se traîner; il vit des Francaises, des femmes « comme il faut » aller à pied, les unes portant leur enfant, d'autres tenant à la main un petit paquet [1].

Mais les envahisseurs étaient encore loin. Saxe-Teschen avait rallié ses troupes dispersées, celles du duc de Wurtemberg, celles de Latour. Il se retirait lentement sur Bruxelles, par Tubize, par Hal. Il détachait à Huy le feld-maréchal Beaulieu qu'il chargeait de couvrir la ligne de la Meuse. Il avait résolu de défendre le terrain pied à pied et, malgré le découragement de sa petite armée, la désertion des soldats wallons et le manque de vivres, il faisait une vigoureuse et honorable résistance.

Le 12 novembre, l'arrière-garde de Saxe-Teschen, forte de 5,000 hommes, occupait les hauteurs d'Anderlecht. Dumouriez, qui s'était mis à la tête de son avant-garde, attaqua les Autrichiens sans balancer. Son audace faillit lui coûter cher; ses adversaires avaient la supériorité du nombre. Mais il étendit ses troupes en avant de la chaussée, sur un très grand front, et ouvrit une violente canonnade qui dura près de six heures. Des renforts finirent par arriver. Le village d'Anderlecht fut emporté, et les habitants recurent les Français, selon le mot de Dumouriez, comme des dieux bienfaisants. Cependant, le gros des troupes, qui marchait sur Hal, entendait le canon et voyait passer les blessés. Inquiets, les soldats jetèrent leur soupe pour courir au secours de leur *père*. Ils apprirent que l'ennemi battait en retraite et revinrent

---

[1] Fersen, II, 52-55 et 395-398 (cf. sur le corps de Bourbon, *Retr. de Brunswick*, 243-244) ; Bacourt, III, 342 ; Wolf, *Marie Christine*, II, 140-143 ; *Mon.* du 16 nov. 1792 ; *Mém. sur l'émigr.*, Marcillac, d. 114.

sur leurs pas en murmurant contre Dumouriez qui s'exposait de sa personne comme un simple grenadier. Le lendemain, lorsque le général rencontra l'armée, il eut le plaisir d'en recevoir des réprimandes et il dut lui promettre de se corriger [1].

Bruxelles est à quatre kilomètres d'Anderlecht, et dès le 13 novembre les soldats voyaient devant eux ses remparts plantés de vieux arbres et couronnés de moulins, la masse lourde et noire de la porte de Hal, les tours de Sainte-Gudule, le clocher de l'hôtel-de-ville dont la pointe supportait un colossal saint Michel terrassant le dragon.

Dumouriez envoya Westermann sommer le maréchal Bender, commandant de Bruxelles, et le magistrat. La ville n'avait plus qu'une garnison de 2,000 hommes qui tremblait devant la population. Tous les prisonniers politiques étaient libres ; la foule les portait en triomphe au cri de *Vive Vander Noot* et obligeait les sentinelles à leur présenter les armes. Lorsque Westermann arriva par la porte d'Anderlecht, il fut salué par mille acclamations : *vivent les Français !* on se pressait autour de lui, on lui serrait les mains, on l'embrassait. Bender consentit à rendre Bruxelles, et le 14 novembre Dumouriez entra dans la ville au bruit du canon des remparts et des cloches qui sonnaient à pleine volée. Une foule de déserteurs autrichiens formaient la haie, et le magistrat rendit hommage en un style pompeux au héros que « lui amenaient la Victoire et la Liberté. » Dumouriez mandait qu'on l'avait reçu comme le libérateur de la nation : « L'armée de la République est plus animée que

---

[1] *Mon.*, 18 nov. 1792 ; Dumouriez, *Mém.*, III, 192-193 ; Belliard, *Mém.*, I, 92 ; cf. sur les sentiments que Dumouriez inspirait aux soldats, *Valmy*, 21, 30, 100, 143, et *Retr. de Brunswick*, 126-127.

jamais, on peut lui donner pour épigraphe : *vires acquirit eundo* [1]. »

Il se hâta d'envoyer à Malines une avant-garde com
mandée par Stengel [2]. Le 16 novembre, la ville se rendait
à discrétion, et les troupes françaises traversaient ses
larges rues bordées de maisons blanches au pignon
pointu. Stengel prit aussitôt possession de l'arsenal, de
la fonderie et des magasins ; il y trouva treize cent mille
livres de poudre, un million de cartouches, des canons
et des fusils en grand nombre. La fonderie était « su
perbe » et Dumouriez la regardait comme une ressource
indispensable pour la réparation de l'artillerie française
et la fabrication des armes qu'il donnerait aux bataillons
belges. Dès le mois de septembre il avait prié le ministre
de la marine, Monge, de lui céder le lieutenant-colonel
d'artillerie Pierre Thouvenot qui dirigeait la fonderie
d'Indret et dirigerait celle de Malines. Il avait connu
Pierre Thouvenot lorsqu'il commandait à Nantes ; il était
accoutumé à son travail et appréciait ses talents et son
civisme, son expérience et sa sagesse ; il déclarait que
cet officier avait autant de mérite pour l'artillerie que
son frère, Jacques Thouvenot, pour l'état-major. Il le
nomma colonel et adjudant – général, lui confia sur le
champ la fonderie de Malines et lui donna l'ordre de
« faire marcher avec toute la célérité nécessaire cet établissement précieux » [3]

---

[1] Dumouriez à Pache, 14 nov. 1792 (*Mon.* du 18) ; *Mém.*, III,
194 ; *Mon.* du 21 nov. ; Levae, *Les jacobins, les patriotes et les représentants provisoires de Bruxelles, 1792-1793*, 1846, p. 54-57. L'épigraphe *Vires acquirit eundo* est celle du *Courrier des départements*.

[2] Il était resté malade à Valenciennes. Cf. sur la prise de Malines
Stengel à Dumouriez et Dumouriez à Pache, *Mon.*, 21 et 24 nov.
1792.

[3] Cf. sur Pierre Thouvenot (on le nommera dans ce récit le colonel

La *grande armée*, reprenant la poursuite, quitta Bruxelles le 19 novembre et entra le lendemain, au son des cloches et du carillon, dans Louvain, encore entouré d'un vieux mur de briques. Les magistrats et les professeurs de l'Université recurent Dumouriez à la porte de la ville et le conduisirent à la maison commune pour lui offrir le vin d'honneur. Puis, par la route plantée d'ormes et de peupliers qui menait de Louvain à Tirlemont, on pénétra dans la Hesbaye, cette fertile et populeuse contrée, ce grenier d'abondance de la Belgique, aux plaines légèrement ondulées et couvertes de riches bourgades et de jolies villas. Mais à cette époque de l'année la Hesbaye n'avait plus son riant aspect ; il fallait, comme dit Dumouriez, soutenir les rigueurs du climat, cheminer par des sillons gelés et remplis de neige, terminer dix heures de combat ou de marche par un bivouac très dur[1]

Le 20 novembre, l'armée voyait devant elle la proprette Tirlemont, ses deux hautes églises et ses massives mai-

---

Thouvenot pour le distinguer de son frère Jacques qu'on nommera Thouvenot tout court) Dumouriez à Servan, 4 oct. et à Pache, 16 oct. (A. G.) ; *Corresp.*, 128 et 266-269 ; *Mém.*, III, 203-204. Il était né à Toul, le 9 mars 1757, et on le trouve successivement ingénieur-géographe (nov. 1774), aspirant pour l'artillerie des colonies à l'école de La Fère (12 décembre 1779), sous-lieutenant à l'ile de Ré et à la Guadeloupe (1780), lieutenant en second (20 déc. 1783), lieutenant en premier au régiment d'artillerie des colonies (1er mai 1786), capitaine (20 février 1788), directeur d'Indret (1er août 1792), lieutenant-colonel (9 nov. 1792), adjudant-général colonel (8 mars 1793). Il suivit Dumouriez dans sa défection, rentra au service en 1800 et prit part à l'expédition de Saint-Domingue comme général de brigade. Général de division le 25 nov. 1813, commandant supérieur de Rochefort (1814), et de Bayonne (1813 et 1815), admis à la retraite (9 sept. 1815), il mourut le 21 juillet 1817, à Orly (Seine). Il était baron de l'Empire.

[1] *Mon.*, 2 déc. 1792 (lettre de Dumouriez, 28 nov.).

sons. C'était là que les vaincus de Jemappes et d'Anderlecht attendaient l'envahisseur. Le duc de Saxe-Teschen
ne les commandait plus. Il avait essayé d'obtenir une
trève en disant que la saison était trop avancée et que les
armées, hors d'état de poursuivre la campagne, feraient
bien de prendre leurs quartiers de cantonnement et
d'hiver. Dumouriez répondit qu'il regrettait, comme le
duc, la dévastation du pays et les souffrances des troupes, mais qu'il continuerait les opérations. Saxe-Teschen
voulait d'abord résister à Louvain, et il posta son armée
sur les hauteurs qui bordent la Dyle ; mais, saisi d'un
découragement profond et sentant qu'il n'avait plus la
confiance du soldat, il prétexta la maladie et abandonna
le commandement à Clerfayt [1].

L'armée impériale comptait encore 18,500 hommes [2]
Clerfayt la fit camper derrière Tirlemont entre les deux
Geetes. Mais il envoya son avant-garde aux abords de la
ville, sur la hauteur de Cumptich, vis-à-vis de Bauter-
sem. Le 21 novembre, au matin, Dumouriez engagea
contre cette avant-garde un vif et long combat d'artil
lerie [3].

Clerfayt se retira sur Liège, puis de l'autre côté de la
Meuse, à la Chartreuse. Il voyait son armée diminuer
peu à peu et la plupart des garçons du pays abandonner leurs régiments [4]. Mais, comme Saxe-Teschen, il
voulait disputer le terrain, faire fièrement sa retraite et

---

[1] Fersen, II, 57 ; *Corresp.*, 80 ; Clerfayt à Meerfeldt, 17 nov. 1792
(A. G).

[2] L'armée de Clerfayt, s'entend ; il y avait en outre 1,200 hommes
à Liège, 2,300 à Ruremonde, 1,000 à Anvers, 2,300 à Namur ; Beaulieu, posté derrière la Meuse, disposait de 12,700 hommes (Schels,
329-330, et Renouard, 363).

[3] *Mon.* du 26 nov. 1792 ; Dumouriez, *Mém.*, III, 204-205.

[4] Levae, 54.

ne pas même laisser écorner son arrière-garde. Le combat de Waroux suivit les combats d'Anderlecht et de Cumptich.

Sztarray, qui devait contenir l'avant-garde française, avait élevé près du village de Waroux de bonnes redoutes garnies de canons. Dumouriez conçut le plan de le re jeter sur Liège et de l'y cerner. Il envoya les flanqueurs de gauche à Herstal et ceux de droite à Flémalle. Mais on vit bien dans cette journée que son armée n'était pas aussi manœuvrière qu'il le disait. Déjà l'attaque de Cumptich avait été molle et tardive. Celle de Waroux fut tout aussi circonspecte et timide. Les flanqueurs n'arrivèrent pas; l'action demeura indécise, et l'ennemi ne se retira que lorsqu'il vit l'armée française se déployer sur la droite de la route. Dampierre exécuta plusieurs charges brillantes de cavalerie. Mais Dumouriez reconnaît que l'honneur de la journée revint tout entier à Sztarray qui reçut une grave blessure. « La défense des Impériaux, écrit-il, était mieux entendue et plus vigoureuse; ils avaient une artillerie plus nombreuse et plus forte que dans les combats précédents; leurs batteries de grosses pièces, très bien disposées et parfaitement servies, eurent une grande supériorité sur les nôtres » [1].

Le lendemain (28 novembre) Dumouriez entrait dans Liège et allait loger au palais du prince-évêque [2]. « Il m'est impossible, mandait-il, de dépeindre l'ivresse de ce brave peuple et les délicieuses émotions qu'il nous a fait éprouver. » Il comparait Liège à la France; c'était

[1] *Mon.*, 2 déc. 1792, et Dumouriez, *Mém.*, III, 245-246; Schels, 331; Renouard, 364; Belliard, *Mém.*, I, 95.
[2] Ce n'était plus Hoensbroech, mort le 3 juin 1792, mais le neveu de Hoensbroech, le comte Antoine de Méan (Hénaux, II, 657).

une seconde nation française ; les idées républicaines
y avaient « le même caractère d'énergie et de raison ».

II. Toute la Belgique était conquise. Les lieutenants
de Dumouriez, comme leur général, n'avaient eu qu'à se
présenter devant les places. Ath ouvrait ses portes à
Berneron. Le gouverneur de Dunkerque, Pascal Kerenveyer, envoyait le colonel Maschek, chef de la légion
franche étrangère, avec 500 hommes et 2 pièces de canon, s'emparer d'Ypres, de Furnes, de Nieuport, de
Bruges [1]. L'officier américain Moultson, commandant
l'*Ariel*, entrait dans le port d'Ostende et voyait les habitants accourir sur le pont de sa frégate et se jeter dans
les bras de ses matelots ; il raconte dans son rapport
qu'il est difficile d'exprimer l'allégresse et le délire de
la foule ; « pour conquérir cette cité, dit-il, les bonnets
étaient plus utiles que les canons ; j'ai cru un instant
que ce peuple sensible était devenu fou » [2]

Labourdonnaye faisait avec la même facilité la conquête de la Flandre. A l'entendre il accomplissait des
prodiges, et ses bulletins triomphants inondaient les
gazettes. Mais les populations l'accueillaient partout avec
enthousiasme et il ne brûlait pas une amorce. Il entrait
à Tournai et remplaçait par un bonnet de la liberté le
grand aigle de bronze doré qui surmontait le beffroi. Il
entrait à Gand, et, pendant une représentation de *Paul
et Virginie*, où le nom de Labourdonnaye figure avec

---

[1] Kerenveyer à Pache, 15 nov. 1792 (A. G.).

[2] *Mon.*, 24 nov, 1792 ; Jean Moultson, né le 21 mars 1752, à Ur-
bana, en Virginie, avait épousé une Française ; prisonnier de guerre
en Angleterre, il s'évada et vint à Dunkerque ; il avait fait la course
pour l'armateur Coppens et appartenait au club des Jacobins de Bor-
deaux. Cf. le *Mém. justificatif* de Lequesne, son beau-père.

éloge, il recevait du peuple une couronne de laurier; pour témoigner sa reconnaissance aux Gantois, il donnait à leur club un abonnement d'un an à la *Feuille villageoise* et cinq cents exemplaires d'un ouvrage qu'il proclamait classique, le *Droit des Nations,* de Payne [1]. Enfin, il entrait dans Anvers. La citadelle résista. Mais Labourdonnaye n'eut pas l'honneur de la prendre. Il fut à cette époque remplacé par Miranda.

Le siége de la citadelle d'Anvers dura quatre jours. La tranchée fut ouverte pendant la nuit du 25 au 26 novembre. Le 28, dans l'après-midi, quatre canons de vingt-quatre, quatre mortiers et quatre obusiers dirigèrent leur feu sur tous les points de la citadelle. Leur tir fut prompt et précis : à quatre heures du soir, l'ennemi cessait de riposter ; à cinq, ses casernes et ses magasins de vivres étaient en flammes; à six, un officier venait traiter de la capitulation. « La défense des assiégés, dit Marescot, avait été si faible que beaucoup ont cru que le colonel Molitor (commandant de la citadelle) avait vendu la place ; ses efforts se sont bornés à faire de son artillerie un feu quelquefois assez vif, toujours bien dirigé, mais souvent interrompu sans motifs apparents ; il n'a exécuté aucune sortie et n'a pas même occupé les chemins couverts; il a rendu au bout de quatre jours de tranchée ouverte une forteresse munie de provisions de toute espèce et qui pouvait résister plus de quinze jours [2] ». La garnison autrichienne sor-

---

[1] *Mon.*, 20, 22, 27 nov. et 2 déc. 1792. *La Sentinelle* du 17 nov. fit alors un mauvais jeu de mots : « Une archiduchesse d'Autriche disait qu'elle mettrait *Paris* dans son *Gand :* Labourdonnaye a fait mentir le proverbe ; c'est un *Gand* dans lequel il ne s'est point trouvé de main pour le défendre ».

[2] Miranda à Dumouriez, 28 nov. 1792 ; Relation de Marescot ; Rapport du génie; Journal du siège (A. G.); Toulongeon, *Hist. de France*

tit avec les honneurs de la guerre, mais elle déposa les armes sur le glacis devant l'armée française et demeura prisonnière. Miranda fit effacer partout les emblèmes du despotisme et remplacer les noms espagnols des bastions par les noms des héros de la France : Albe par Dumouriez, Fernando par Petion, le Duc par Mirabeau, Toledo par Rousseau, Pachioto par Helvétius. Puis, par les landes de la Campine, qu'il déclarait presque impraticables, il s'achemina vers la Gueldre autrichienne et s'empara de Ruremonde.

En même temps, Valence, inutilement renforcé par Harville, prenait possession de Charleroi, de Nivelles, de Namur. La garnison de Namur abandonna les forts avancés et se retira dans le Château. Elle comptait sur un secours extérieur. Mais Lamarche et Neuilly repoussèrent dans les bois, entre Assesse et Andoy, un détachement du corps de Beaulieu, commandé par le général Schrœder et firent prisonnier le lieutenant-colonel Lusignan. Le Veneur s'empara du fort Villate : dans la nuit du 30 novembre, il arrachait les palissades, escaladait les parapets, prenait les Autrichiens dans leurs casemates, et, l'épée à la main, obligeait le commandant du fort à lui montrer les fourneaux de mines déjà chargés ; ce fut une des actions les plus habiles et les plus glorieuses de la campagne. L'ingénieur Gobert et le vieux lieutenant-général Bouchet, un des derniers témoins du siège de 1746, dirigeaient les travaux du génie : ils établirent au fort Coquelet une batterie de pièces de vingt-quatre et sur la basse Meuse une batterie de pièces de

depuis la Révol., 1803, tome II, app. 6-9 (contient le Journal du siège), les opérations furent conduites, pour le génie, par le maréchal de camp Guiscard, par les capitaines Marescot, Dejean, Senermont, et le lieutenant Flayelle ; pour l'artillerie, par le maréchal de camp D'Orbay.

seize qui prirent le Château à revers. Le 2 décembre, le
général-major Moitelle capitulait. Valence envoya les
drapeaux du régiment de Kinski et du bataillon de Vierset à la Convention [1].

Un mois avait suffi pour conquérir la Belgique, à
l'exception du Luxembourg et de la ville de Herve.
Encore la marche de Dumouriez qui parut aux contemporains extraordinairement rapide, avait-elle manqué de
hardiesse et de fermeté. Les hommes du métier lui
reprochent avec raison d'avoir suivi les Autrichiens
sans ardeur et comme à pas de loup, au lieu de se por
ter audacieusement sur leurs flancs. S'il n'avait envoyé
contre Namur et Anvers qu'un simple détachement et
s'il avait marché sur la Meuse avec toutes ses forces,
non seulement avec sa propre armée, mais avec les corps
de Valence et d'Harville, il eût ruiné les Impériaux [2].

III. Mais Dumouriez était alors en lutte ouverte avec
le ministre Pache. Son armée, disait-il, devait s'arrêter
souvent *faute de moyens*. Il s'était morfondu six jours à
Mons, six jours à Bruxelles, deux jours à Tirlemont,
quatorze jours dans le pays de Liège. « J'ai beau battre
les Autrichiens, écrivait-il à Le Brun, cette superbe
expédition se terminera mal parce qu'on contrarie tous
mes plans, parce qu'on tyrannise le pays, parce que des
spéculateurs avides, soutenus par les bureaux de la
guerre, accaparent toutes les subsistances, sous prétexte
de nourrir l'armée, et la laissent manquer de tout. » Il
voulait quitter le commandement [3].

---

[1] *Mon.*, 16 et 24 nov., 7 et 14 déc. 1792 ; Schels, 330 ; Renouard,
364 ; Money, *The campaign*, 197-198 ; mémoire de Gobert (A. G.).
[2] Jomini, II, 230, 243, 244 ; Belliard, I, 97-99.
[3] Dumouriez à Le Brun, 22, 23, 24 nov. 1792 (A. E.) et à Pache,
Corresp., 71, note.

Loin d'accepter sa démission, le Conseil exécutif lui
proposa une entreprise nouvelle : il fallait attaquer la
Hollande et renverser le gouvernement du stathouder,
détesté par une partie de la nation. Déjà le Conseil avait
ordonné de poursuivre les Autrichiens jusque sur le territoire hollandais. Déjà il avait proclamé la liberté de
l'Escaut et ce décret causait la plus vive émotion dans
les Provinces-Unies ; n'était-ce pas, disait un diplomate,
envahir partiellement la Hollande ? « A la gloire d'avoir
affranchi les Belges catholiques, mandait Le Brun à
Dumouriez, vous joindrez celle de délivrer leurs frères
bataves du joug stathoudérien, et voilà pourquoi j'ai
donné par anticipation le nom de Civilis à votre filleule [1]. »

Dumouriez entra dans les vues de Le Brun. Il avait
depuis longtemps noué des relations avec les réfugiés
hollandais qui formaient à Paris le Comité batave et
qu'il nommait des hommes purs et remplis d'un patriotisme à toute épreuve [2]. Fort de leur appui, il résolut de
se jeter sur la Hollande. Les agents de Le Brun approuvaient vivement son dessein. « Il est des repaires inac-
cessibles du despotisme, écrivait l'un d'eux, où la puissante liberté ne pourrait s'introduire qu'en pluie d'or ;
l'or des Hollandais et le fer des Français donneront
infailliblement pour produit la délivrance du monde. »
Un autre affirmait que Dumouriez pouvait avec une
poignée d'hommes conquérir la Hollande en quinze
jours. « Sans l'invasion en Hollande, ajoutait-il, point

---

[1] Rec. Aulard, I, 239 ; *Mon.*, 22 nov. et 9 déc. 1792 ; Gov. Morris,
II, 233 ; *Exposé historique de la conduite de la nation batave*, 1793,
p. 11 ; Le Brun à Dumouriez, 23 nov. 1792 (A. E. ; on se rappelle que
sa fille était la filleule du général).

[2] Rojas, *Miranda*, 71 (lettre du 18 février 1793).

dc révolution belgique, point de numéraire pour soute
nir la guerre, point de balance pour la formidable
marine de l'Angleterre, point de générosité de notre
part, car c'est à la liberté en 1793 à réparer les torts du
despotisme en 1787 [1]. »

Les motifs d'agression ne manquaient pas. Les Autrichiens n'avaient eu garde de s'enfuir sur le territoire
hollandais. Mais le stathouder dissimulait-il sa haine
de la Révolution ? N'accueillait-il pas deux mille émigrés à Maestricht ? Ne laissait-il pas les alliés rassembler
d'immenses magasins sur le bas Rhin ? Ne défendait-il
pas de livrer aucune subsistance aux Français ? Enfin,
on avait deux moyens de s'emparer de Maestricht sans
déclarer la guerre, ou bien en faisant revivre les droits
du prince-évêque de Liège sur le quartier de Wicq [2] ou
bien en déclarant qu'on voulait assurer la neutralité [3]

Le vainqueur de Jemappes dressa sur le champ son
plan d'invasion. Miranda se porterait de Ruremonde sur
Tongres et investirait Maestricht par la rive gauche de
la Meuse pendant que les corps de flanqueurs s'établi-
raient à Visé sur la rive droite ; la place n'avait ni munitions, ni vivres, ni canons, et ne tiendrait pas huit
jours. Harville garderait la Meuse de Givet à Huy.
Valence ferait occuper Stavelot, Spa, Malmédy, Limbourg, par une avant-garde de sept mille hommes et
prendrait position avec les neuf mille hommes qui lui
resteraient entre Flémalle et Huy. Déjà les patriotes et
tous ceux que « dégoûtait l'adoration orangienne »

---

[1] Melman et Chépy à Le Brun, 27 déc. 1792 (A. E.); cp. Théod.
Gérard, *Plan de guerre pour 1793*, p. 2.

[2] Labourdonnaye conseillait ce moyen (à Pache, 14 déc. 1792,
A. G.).

[3] Dumouriez, *Mém.*, III, 225.

appelaient et attendaient les Français. On s'abordait en
se disant : « viendront-ils [1] ? » Dumouriez savait que
l'invasion des Provinces-Unies entraînerait peut-être une
guerre avec les Anglais. Mais il comptait prendre le
stathouder au dépourvu et soumettre rapidement la
Hollande ; les Anglais auraient à peine le temps de
protester, et d'ailleurs, disait le général, « maîtres de la
marine hollandaise, nous serions assez forts pour les
écraser. »

Mais on redoutait justement un conflit avec l'Angleterre. De Londres, Chauvelin, Noël, Maret, assuraient
que la guerre serait inévitable si les Français péné-
traient sur le territoire hollandais. Au sortir d'un entretien avec Lucchesini, l'agent Mettra rapportait que le
ministre prussien avait dit avec beaucoup de vivacité
que « l'Angleterre se montrerait dès qu'on voudrait toucher au stathoudérat ». Le Brun répondit à Dumouriez
qu'il fallait « différer pour quelque temps l'expédition
de Hollande » et le Conseil arrêta, le 5 décembre, qu'il
valait mieux « employer toutes les forces de la République contre les Autrichiens et les chasser au-delà du
Rhin [2] ».

On se souvient que dans les derniers jours du mois
d'octobre, Dumouriez priait Kellermann de marcher sur
Trèves et Coblenz [3]. Custine avait joint ses instances à
celles de Dumouriez : maître de Mayence et de Francfort, le *général Moustache* croyait conquérir l'Allemagne
et sommait ses collègues de lui prêter assistance. Kel-

---

[1] *Journal des Jacobins,* séance du 9 déc. 1792 (lettre de Hollande
lue par Cloots).

[2] Gov. Morris, II, 233-234 ; Rec. Aulard, I, 295 ; Rapport de
Mettra, 27 nov., et Le Brun à Dumouriez, 19 déc. 1792 (A. E.).

[3] Cf. plus haut, fin du deuxième chapitre.

lermann objecta de nouveau que ses troupes étaient
harassées et dénuées de toutes choses. Custine le dénonça publiquement comme incapable, l'accusa d'orgueil, de jalousie, d'irréflexion, le déclara indigne de
diriger les forces de la République [1]. Ebloui par les succès de Custine, le Conseil exécutif rappela Kellermann
et donna le commandement de l'armée de la Moselle à
Beurnonville. Sur l'ordre de Pache, tous les généraux
durent seconder Custine : Beurnonville s'avancerait sur
Trèves et Coblenz ; Valence soutiendrait les opérations
de Beurnonville et bloquerait Luxembourg ; Dumouriez
refoulerait Clerfayt jusqu'au Rhin et irait s'emparer de
Cologne. Le Brun était d'accord avec Pache et stimulait
Dumouriez ; rien de plus aisé, selon lui, que de chasser
les Autrichiens des bords du Rhin et de prendre Luxembourg en y jetant quelques bombes et quelques louis :
un mois suffirait à cette expédition [2]

Dumouriez approuva la destitution de Kellermann ; à
son avis, Kellermann aurait dû faire par la Moselle jusqu'à Coblenz ce que Custine avait fait par le Rhin
jusqu'à Mayence ; il était puni sévèrement, et il l'avait
mérité. Mais Dumouriez blâmait Custine de s'enfoncer
en Allemagne sans prendre Coblenz ni s'assurer du
cours du Rhin. Custine, disait-il, ne voyait de la guerre
que l'action physique, et non l'action morale. Il avait eu
raison d'attaquer Spire, Worms, Mayence, où les ennemis possédaient des magasins considérables. Mais envahir le centre de l'Allemagne, c'était agir contre toutes
les règles de la prudence et faire une guerre *aventurière*.
Suivant Dumouriez, Custine devait mettre dans Mayence

[1] *Mon.*, 5 nov. 1792 (lettre de Custine).
[2] Le Brun à Dumouriez, 28 nov. et 6 déc. et à Valence, 5 déc.,
1792 (A. E.) ; *Corresp.*, 163-170, 195.

une garnison suffisante, repasser le Rhin, se joindre à
Beurnonville, et, de concert avec lui, s'emparer de Trèves
et de cette ville de Coblenz où les Prussiens s'étaient
établis en force pendant qu'il faisait *sa maudite pointe*.
Mais, ajoutait Dumouriez, on pouvait assurer d'après la
correspondance des deux généraux qu'ils ne sauraient
pas combiner leurs mouvements : Beurnonville se croyait
trop faible pour exécuter tout seul son entreprise et
Custine ne voulait pas rétrograder pour s'unir à lui [1].

Il répondit donc que le plan de Custine exigeait tout
le *versement* de la guerre sur la droite, en Allemagne, et
qu'il était chimérique, extravagant, inexécutable. Pouvait-il en plein décembre, avec une armée désorganisée,
remonter la rive gauche du Rhin par Cologne et Bonn,
au risque d'être attaqué sur son front par les Autrichiens de Clerfayt, sur son flanc droit par les Autrichiens de Beaulieu et de Hohenlohe-Kirchberg, sur son
flanc gauche par les Hollandais ? Comment parcourir
une telle étendue de terrain et traîner sa grosse artillerie par cette rigoureuse saison en un pays où les subsistances étaient rares et les charrois difficiles ? Comment gagner Luxembourg au milieu de l'hiver, à travers
l'Ardenne belge, sur un territoire où l'armée ne trouve
rait ni vivres, ni fourrages, ni abri ? Comment assiéger
une place qu'on ne prendrait sûrement qu'en lui cou
pant tous les secours du dehors et après s'être emparé
de tout le cours du Rhin ? Du reste, les troupes avaient
tant souffert qu'elles devaient cantonner sur le champ [2].

---

[1] *Corresp.*, 68, 160, 172, 176, 230-235.

[2] *Corresp.*, 173-178 et 236-238 ; Rojas, *Miranda*, 22 ; Gov. Morris,
II, 238, 246, 232 (« ordres extraordinaires donnés par Pache qui ne
tient aucun compte des difficultés …la France combat contre la nature elle-même »).

Toutefois, disait encore Dumouriez, s'il fallait faire un mouvement, l'agression de la Hollande était le seul possible, et il offrait des avantages incalculables. L'armée, si délabrée qu'elle fût, prendrait aisément Maestricht par un coup de main, peut-être par une simple sommation, et s'emparer de Maestricht, c'était assurer la conservation des Pays-Bas : sans Maestricht, on ne pouvait défendre la Meuse ni s'avancer jusqu'au Rhin.

Thouvenot vint exprès à Paris pour soutenir devant le Conseil exécutif les vues du général. Durant deux séances, il discuta les ordres de Pache, combattit le plan de Custine et, pour la seconde fois, proposa l'invasion de la Hollande. Mais ni les arguments de Thouvenot, ni les vives instances de Dumouriez, ni les requêtes suppliantes des patriotes bataves ne convainquirent Pache et ses collègues. Le Conseil, redoutant le danger d'une guerre anglaise, décida de nouveau que la neutralité des Provinces-Unies serait scrupuleusement respectée.

On devait, deux mois plus tard, regretter cet arrêté. La Hollande était encore sans défense et plongée dans la « léthargie d'une longue paix »[1]. Le plan de Dumouriez, avouait Danton à la séance du 10 mars 1793, « honorait son génie ; il annonçait que si nous n'avions pas assez d'audace pour envahir la Hollande au milieu de l'hiver, nous doublerions les difficultés de la campagne suivante ». L'émigré Langeron porte le même jugement : « Dumouriez, écrit-il, ne put obtenir les ordres qu'il désirait, et attaqua trop tard la Hollande et Maestricht[2]. »

---

[1] Crossard, *Mém. milit. et histor.*, 1829, I, 20 ; cf. Sybel, *Hist. de l'Eur. pend. la Rév.*, II, 44-46.

[2] Rec. Aulard, I, 317, 318, 321 ; *La députation batave* aux Jacobins, 24 déc. 1792, p. 7 ; Un député de la Hollande au Comité de la

Le Conseil exécutif avait permis à Dumouriez de faire
cantonner ses troupes et de les « réparer », sous condition de les disposer assez près les unes des autres pour
les réunir et les mettre en mouvement au premier ordre.
Pache transmit à Dumouriez cet arrêté du Conseil, en
ajoutant que le général devait se porter vers le Rhin
pour repousser les Autrichiens au-delà du fleuve. Du
mouriez obéit, non sans dire à Le Brun que la Hollande
le jouait et allait se préparer à la guerre. Valence ne
marcha pas sur Arlon et Luxembourg à cause des mauvais chemins et du défaut de subsistances; mais il eut
ordre de se rendre à Cologne pour remonter ensuite à
Bonn et à Andernach; Miranda devait se diriger de Ruremonde sur Clèves, Dumouriez se porter sur Dusseldorf,
Harville menacer Luxembourg [1]

Le 11 décembre, les colonels Henry Frégeville et Fournier, partis de Theux et de Spa, chassaient les Impériaux
de Verviers après un combat acharné. Le lendemain,
Stengel occupait Herve, et le 15, tandis que Clerfayt se
retirait derrière la Roer, Desforest entrait à Aix-la-Chapelle et faisait coiffer d'un bonnet rouge la statue de
Charlemagne. La Marlière envahissait la Gueldre prussienne et le duché de Clèves où il levait de légères contributions [2]

guerre, 18 déc. (A. N. A. F. II 22); Gov. Morris, II, 234 et 268; Langeron, *Mém. sur la camp. de 1793* (A. E.); Van Kampen, *Geschichte
der Niederlande*, 1833, II, p. 516; Toulongeon, II, 155.

[1] *Corresp.*, 253-256; l'ordre de Pache est du 13 déc. 1792.

[2] *Gesch. der Kriege in Europa*, I, 130; Schels, 332; Renouard,
462-463; lettres de Frégeville, de Fournier, de La Marlière, *Mon.*,
16 déc. 1792, 4 et 5 janv. 1793. « Le roi de Prusse possède sur la
frontière des Pays-Bas la forteresse de Gueldre avec plus des sept
dixièmes du haut quartier de ce duché. Il possède de plus le duché
de Clèves dans lequel se trouve la forteresse de Wesel sur la rive
droite du Rhin » (Nény, II, 58).

Mais pendant que l'avant-garde de Dumouriez s'ébran-
lait vers le Rhin, Beurnonville se faisait battre sur la
Moselle. Ses lettres publiques contaient monts et mer-
veilles ; son armée marchait dans la neige jusqu'aux
reins ; elle emportait d'assaut des hauteurs affreuses ;
elle attaquait au pas de charge des Gibraltar hérissés de
canons ; elle balayait en un instant les retranchements
ennemis ; elle tuait des centaines d'hommes et ne perdait
tantôt qu'un grenadier, tantôt que le bras d'un capitaine,
tantôt que le petit doigt d'un chasseur. En réalité, Beurnonville fut défait par les Autrichiens de Hohenlohe-
Kirchberg, et recula sur Thionville. Ses lettres intimes à
Dumouriez révèlent sa situation désastreuse : il avait,
pour seconder les projets de Custine, entrepris « une
sotte expédition dans un pays de Lapons bien éloignés
du siècle de la liberté » ; sa cavalerie avait eu pendant
deux jours « vingt livres de glace à la crinière » ;
il perdait le tiers de son armée ; tous ses hommes,
« nus, exténués » ; lui-même, bien malade : « J'ai at-
trapé fluxion de poitrine, fluxion catarrheuse à la tète,
épanchement de bile ; je végète dans une extrème faiblesse, et votre pauvre Ajax n'a plus que la peau et
les os ! »[1].

Presque à la même époque Custine était chassé de
Francfort, rejeté sur Mayence et, comme disait Dumouriez, très compromis. Que devenait le plan de Pache qui
demandait aux généraux « quelques semaines de vigueur » et les sommait de s'avancer et de conquérir ?
Dumouriez lui manda sur le champ que la prise de
Francfort et la disgrâce de Beurnonville avaient changé
ses dispositions. Son armée ne pousserait pas jusqu'au

---

[1] Lettres des 8 déc. 1792 et 13 janvier 1793 (A. N. F7 4598).

Rhin; elle prendrait ses quartiers d'hiver en Belgique, dans des cantonnements très serrés [1]

Les troupes françaises s'étendirent donc sur la ligne de la Meuse, pendant que Clerfayt se retirait au petit pas, et sans cesser de montrer les dents, derrière la Roer, de Linnich à Niedeggen, et sur l'Erft, de Græfenbroich à Euskirchen [2]

L'armée du Nord ou de Miranda prit position entre Ruremonde et Tongres. Son avant-garde était commandée par La Marlière; sa division de gauche, par Champmorin; sa division de droite, par Duval. La Marlière était à Ruremonde avec 1,500 hommes et envoyait ses avant-postes sur la rive droite de la Meuse à Wassenberg, à Süchtelen et à Kaldenkirchen; il avait ordre de s'opposer aux partis autrichiens et d'observer les mouvements du corps prussien que Brunswick-Oels assemblait à Wesel. Champmorin commandait tous les cantonnements qui s'étendaient sur la frontière de Hollande et de Peer, de Bree, de Weert, il tenait en respect les garnisons de Nimègue, de Bois-le-Duc et de Bréda.

L'armée de la Belgique ou de Dumouriez occupait Liège, Robermont et le pays liégeois entre Herve et Huy. Son avant-garde s'échelonnait sur la rive gauche de la Roer et sur le territoire qui forme aujourd'hui l'arrondissement prussien d'Aix-la-Chapelle : Stengel, à Alden-

---

[1] *Corresp.*, 259-264. Cf. une lettre de Valence à Pache, du 2 janv. 1793 (A. N. F⁷ 4598). Il montre au ministre que Beürnonville est rejeté en France, et la frontière, découverte de Longwy à Givet, qu'on ne peut aller au Rhin : « Les ennemis ont pris une très forte position derrière l'Erft, ont reçu des renforts. Je ne doute pas qu'en pleine fuite ils eussent pu passer le Rhin à Bonn, si nous les avions poursuivis dans le premier moment; mais il fallait pour cela avoir de quoi vivre et qu'au moins Trèves fût en notre pouvoir. »

[2] *Gesch. der Kriege in Europa*, I, 131.

hoven ; Miaczynski, avec les flanqueurs de gauche, à Rolduc et jusqu'au ruisseau de Foron et dans le pays de Dahlem ; Frégeville l'aîné, avec les flanqueurs de droite, à Stollberg et à Cornelimünster ; derrière eux, Dampierre, avec seize bataillons, qui ne formaient pas 3,500 hommes, à Aix-la-Chapelle.

L'armée des Ardennes ou de Valence, composée des deux divisions Diettmann et Le Veneur, et réduite à 15,000 hommes, se répandit de Huy à Saint-Trond ; la division de Le Veneur à Hannut, celle de Diettmann à Waremme et dans la Hesbaye. L'avant-garde était sous les ordres de Lamarche et de Neuilly qui bordaient la frontière du pays de Liège ; le premier, occupant Ketteniss, Eupen, Limbourg, Verviers, Hodimont, Herve ; le second, Theux, Spa, Stavelot et Malmédy.

La division d'Harville restait dans le Namurois et sur la Meuse, de Givet à Namur avec des avant-postes à Ciney, à Marche, à Rochefort.

Des bataillons tirés de l'armée de la Belgique ou venus de France, tenaient garnison dans les principales villes. Des maréchaux-de-camp, colonels ou lieutenant-colonels commandaient les places : Goguet à Bruxelles ; d'Averton à Malines ; Balan à Louvain ; Ferrand, lieutenant-colonel du 3e bataillon de l'Oise, à Gand ; le général Becays-Ferrand, à Mons ; le général Ihler, à Liège. Des lieutenants généraux gouvernaient les provinces : Moretou, le Brabant et le Hainaut ; Marassé, Anvers ; O'Moran, le Tournésis et les deux Flandres [1]

Dumouriez reconnaît qu'il n'avait plus que dix lieues à faire pour forcer Clerfayt. Un vigoureux effort suffisait

---

[1] Cf. sur les cantonnements Dumouriez, *Mém.*, III, 233, 292 ; Miranda à Pache, 12 janvier 1793, et mémoire de Gobert (A. G.).

peut-être à rejeter les Autrichiens sur la rive droite du Rhin et à conjurer les désastres du mois de mars 1793. L'armée aurait eu dans le fleuve une barrière plus puissante que le torrent de la Roer. Cologne tremblait, et ses magistrats écrivaient à Dumouriez que la ville, république libre, comptait sur la protection de la République française; ils promettaient au général l'accueil le plus « distingué » et le priaient de maintenir dans leurs fonctions les corps administratifs et judiciaires : « Daignez nous prévenir du nombre d'hommes qui occuperont notre ville [1]. »

IV. Mais l'état de lassitude et de délabrement de son armée justifie Dumouriez. Elle refusait d'aller plus loin. Les volontaires disaient hautement qu'ils s'étaient enrôlés pour défendre la patrie et non pour suivre les ennemis au-delà de la frontière. Ils avaient fourni une course glorieuse, mais ils n'entendaient pas qu'elle fût plus longue. Valence, se portant sur Spa et Verviers, n'écrivait-il pas qu'il devait faire des efforts *surnaturels*, que, s'il ne cantonnait pas aussitôt, « plus de la moitié de ce qui restait aux drapeaux, serait à l'hôpital », qu' « on se plaignait douloureusement », qu' « il y avait beaucoup de mécontentement et de murmure » ? Dès le 5 décembre, à Liège, Dumouriez recevait la lettre suivante, signée par « les soldats de la République, volontaires et autres de la première ligne » et qui contenait une sommation menaçante, impérieuse, de s'arrêter :

« Mon général, les dispositions que vous faites, ne

---

[1] Belliard, *Mém.*, I, 99 ; les magistrats de Cologne à Dumouriez, 21 déc. (A. N. F[7] 4598) ; Dohm, le ministre de Prusse, se recommandait à Le Brun pour obtenir une sauvegarde (Le Brun à Dumouriez, 28 déc. 1792, A. E).

nous annoncent que trop que ce n'est point ici le terme
de nos travaux pour cette campagne. Si vous aviez con
sulté votre armée, votre esprit n'aurait pas enfanté le
vaste projet de faire périr la moitié de vos soldats qui
sont presque tous malades. Nous ne sommes plus les
dupes de votre ambition. Nous saurons déchirer le voile
qui vous entoure, et nous ferons connaître à l'Assemblée
nationale que personne n'aime moins que vous l'égalité
dont vous avez l'air de vous parer [1]. »

Vainement la Convention avait publié une adresse aux
volontaires de 1791 : « La loi vous permet de vous retirer,
le cri de la patrie vous le défend ! » Ils assuraient qu'un
décret de l'Assemblée avait déclaré la patrie hors de
danger, et, sur la foi de ce prétendu décret, ils quittaient
l'armée. Dès le 29 octobre, Dumouriez jugeait la désertion « très considérable », et pour l'arrêter court, il
livrait la bataille de Jemappes. Mais le fléau ne cessait de
sévir. Le 30 novembre, deux jours après son entrée à
Liège, Dumouriez écrivait que son armée diminuait de
jour en jour « d'une manière effrayante » : tous ceux qui
partaient, avaient des affaires pressantes à régler, ou
bien leurs femmes et leurs enfants étaient dans le besoin
et les réclamaient; d'aucuns disaient crûment qu'ils
allaient se reposer [2]

Vint le 1er décembre. La loi [3] permettait aux volontaires
de se retirer après chaque campagne, au 1er décembre

---

[1] Valence à Dumouriez, 11 et 13 déc.; Lettre du « camp de Liège »,
5 déc. 1792 (A. N. F⁷ 4598).

[2] Adresse de la Convention, 19 oct. 1792; *Corresp.*, 45 et 174;
Rojas, *Miranda*, 15; Thouvenot à Pache, 26 nov. 1792 (A. G.); Camus
au Comité de la guerre, 12 déc. 1792 (A. N. AF II, 22); Rou-
hière à Le Brun, 10 déc. (A. E.); Premier rapport des commissaires
de la Convention en Belgique, 13.

[3] Loi du 28 déc. 1791, section II, art. 1.

de chaque année, s'ils prévenaient leur capitaine deux mois d'avance. Tous les volontaires qui, dès le 1er octobre, avaient annoncé leur intention de partir, abandonnèrent Dumouriez ; c'étaient, dit-il, des « bataillons presque entiers ». La Convention rendit le 13 décembre un décret qui devait arrêter la désorganisation des vo lontaires. Ils ne purent obtenir un congé que sur un certificat donné par la municipalité de leur résidence, visé par le commandant du bataillon et par le général de l'armée, approuvé par le ministre. Ils ne tinrent aucun compte du décret : ils obtenaient facilement la déclaration de la municipalité et le visa du commandant et du général ; mais la décision du ministre n'arrivait qu'après des retards désespérants ; beaucoup ne l'attendirent pas et, comme auparavant, décampèrent sans permission. D'autres se prétendirent malades et s'en allèrent, après s'être munis d'un certificat de deux chirurgiens qui constataient que l'air natal leur était nécessaire. « Il part, sous ce prétexte, écrivait Harville, un nombre considérable d'hommes ». Thouvenot dut publier un ordre du jour contre les volontaires, et notamment contre les officiers qui « entraient à l'hôpital et sollicitaient d'être compris dans le nombre des malades que l'on évacue sur les derrières de l'armée » [1].

Il y avait en Belgique, à la fin d'octobre, 100,000 Français ; à la fin de décembre, ils n'étaient plus, garnisons

[1] Rec. Aulard, I, 486 ; Harville à Dumouriez, 3 février 1793 (A. N. F7 4598) ; Thouvenot, ordre du jour, 21 déc. 1792 (A. G.) ; Money, *The campaign*, 225 et 229 (il dit que pas une nuit ne se passait où vingt à trente volontaires n'abandonnaient leur corps). « Nous avons ici, écrivait-on de Limbourg, deux bataillons de Paris réduits à moitié par le départ d'une partie de leurs camarades ; on dit qu'ils revlendront lorsqu'ils auront embrassé leur femme ou leur maîtresse » (*Mon.*, 15 janvier 1793).

comprises, que 45,000 [1]. La même désertion se produisit
dans chaque armée ; sur la Moselle, sur le Rhin, aux
Pyrénées, partout, les bataillons nationaux se fondaient
et s'en allaient. Les routes étaient couvertes de volontaires qui regagnaient leur département sans permission et emportaient leur redingote neuve et leurs armes.
Beurnonville disait qu'en arrivant à Trêves, il n'aurait
plus avec lui que ses troupes de ligne, et, lorsqu'il
devint ministre, il assura que 60,000 volontaires avaient
quitté les drapeaux. Les commissaires de la Convention
s'efforçaient de retenir les fugitifs en leur représentant
que la désertion est indigne d'un républicain et d'un
Français ; « si vous voulez nous garder, répondaient les
volontaires, habillez-nous et nourrissez-nous ». L'armée
n'avait en effet, selon le mot de Dumouriez, ni habits,
ni culottes, ni souliers ; la cavalerie et l'artillerie manquaient de fourrages ; le ministre de la guerre avait dé-
sorganisé l'administration [2].

---

[1] *Corresp.*, 175 ; Gov. Morris, II, 239, 254, 293.
[2] *Journal militaire* de Gournay, 1793, n° 8, p. 128 ; Rec. Aulard,
I, 289, 319, 416 ; *Corresp.*, 242 ; lettre du volontaire Giffard, Liège,
8 déc. 1792, A. G. (« Sa va tromal apresan dans les volontaire, on nai
tro volez ») ; Louis-Sauveur Chénier, lieutenant-colonel de cavalerie
(le frère du poète) à *la Convention nationale*, 1793, p. 1. « On voit les
volontaires revenir journellement en foule, bien résolus de ne plus
s'exposer à la misère qu'ils ont éprouvée. » Tous ces faits et ceux
qu'on lira dans le chapitre suivant réfutent suffisamment Boislecomte
qui assure (*Spect. milit.*, 1847, p. 476) que « le dénûment n'existait
pas plus que les mauvaises dispositions des volontaires ».

CHAPITRE V

PACHE

I. Jean-Nicolas Pache avait été précepteur du comte
de Charlus, fils du maréchal de Castries [1]. Le maréchal,
devenu ministre de la marine, le nomma son secrétaire
général; puis, lorsque Pache se retira, épuisé par un
labeur assidu de quatre années (1780-1784), il lui servit
une pension. Aussi Biron écrivait-il que Pache était un
« ministre pour ainsi dire élevé par le maréchal de Castries [2] ».

[1] Cf. sur Pache les feuilletons de l'enthousiaste Avenel, *République
française,* 1874 (20 et 22 oct., 3 et 4 nov.), 1875 (5 et 19 oct.), 1876
(23 mai, 7, 21 et 22 juin) et pour tout ce chapitre le premier *Rapport*
des commissaires de la Convention en Belgique (tout entier de la
main de Camus), leurs papiers (A. N. D. 2) et ceux de Dumouriez
(A. N. F⁷ 4598), la *Corresp.* de Pache et du général.

[2] Biron à Le Brun, 28 nov. 1792 (A. G.).

Pache vivait en Suisse lorsque éclata la Révolution. Il revint à Paris en 1790, et s'installa avec sa mère, sa fille Sylvie et son fils Jean, au n° 13 de la rue de Tournon [1]. Mais il ne se borna pas à mener ses enfants aux cours et à leur donner des leçons. On sut bientôt qu'il avait acheté dans les Ardennes le prieuré de Thin-le-Moûtier et refusé la pension des Castries. Il fréquenta la Société populaire de la section du Luxembourg, une des plus révolutionnaires de Paris, et y lut des observations sur les événements du jour. Un de ses amis, Gibert, le présenta chez les Roland, et Roland, nommé ministre de l'intérieur, pria Pache de lui servir de chef de cabinet. Pache accepta, sous condition qu'il n'aurait ni titre ni appointements. Tous les jours, à 7 heures du matin, un morceau de pain dans la poche, il se rendait au ministère et en partait à 3 heures de l'après-midi. D'ailleurs, attentif, zélé, allant dans les bureaux porter des instructions et chercher des pièces, relisant les lettres et les rapports des commis, surveillant le personnel, adoucissant le colérique ministre. Roland voulait le nommer secrétaire du Conseil.

Il avait prêté Pache à son collègue Servan, lorsque le ministère girondin fut renversé. Pache rentra dans la vie privée, mais sa section le nomma secrétaire, puis commissaire, et le délégua à l'Hôtel-de-Ville pour rédiger l'adresse à l'armée et la pétition de déchéance. Il gagnait en influence et fut élu troisième député suppléant de Paris à la Convention [2].

---

[1] Sa femme, fille du Sedanais Valette et fille adoptive de la comtesse de La Marck, était morte en 1786. Cf. sur son fils, devenu baron et colonel Nauroy, Le Curieux, II, 118-119.

[2] La Révolution française, 1887, n° 8, p. 768 (par 280 voix sur 460) et Guiffrey, Les conventionnels, 1889, p. 46.

Roland, ministre une seconde fois, lui demanda de nouveau sa collaboration. Pache refusa, mais lui donna Faypoult. Roland lui offrit l'intendance du garde-meuble; Pache refusa derechef, mais lui donna Restont. Pourtant, sur les instances de Monge, un de ses vieux amis, il était allé rétablir l'ordre à Toulon lorsque Roland, se croyant élu par le département de la Somme, le désigna au choix de la Convention. Mme Roland avait rédigé la lettre de démission : « un seul citoyen pouvait occuper la place difficile de ministre de l'intérieur, le vénérable Pache, nouvel Abdalonyme, modeste, sage, ennemi de toute espèce d'éclat, apprécié de ceux qui le connaissaient, plein de dévouement à la chose publique [1] ». A la lecture de ce passage, Roland embrassa sa femme en s'écriant qu'elle avait bien su rendre ses sentiments. Il garda le portefeuille de l'intérieur, mais lorsque la Convention dut nommer le successeur de Servan, il recommanda Pache aux suffrages de ses amis. Grâce à Buzot et aux Girondins, Pache fut élu ministre de la guerre [2]. Il accepta sans aucune hésitation et prit séance au Conseil exécutif le 19 octobre.

A peine était-il installé à l'hôtel de la guerre, qu'il se proclamait montagnard et commençait une lutte acharnée contre la Gironde. Roland n'eut pas dans le conseil un plus âpre contradicteur que son ancien ami et homme de confiance. Il essaya de le ramener; Pache allégua sa besogne pour refuser toute invitation. Mme Roland lui écrivit sur le ton de l'amitié; il ne répondit pas.

Était-ce, comme dit Mme Roland, un tartuffe poli-

---

[1] *Mon.*, 29 sept. 1792.
[2] Le 3 octobre 1792 par 434 voix sur 573 ; cf. *Retraite de Brunswick*, 68 et Buzot, *Mém.*, éd. Dauban, 1866, p. 76-77.

tique[1] ? Revenait-il de Suisse pour jouer un rôle ?
Renonçait-il à la pension des Castries — avec fracas et
par sommation d'huissier — pour échapper au soupçon
d'aristocratie et se faire valoir ? Refusait-il tous les
postes parce qu'il visait au premier, et ce commis de
ministre s'était-il juré de devenir ministre à son tour ?
On sait qu'il fut maire de Paris et que les hébertistes lui
destinaient la fonction de *grand juge* ou de dictateur[2].
Voulut-il, une fois ministre, diriger le conseil, se rendre
indépendant de la Gironde, et supplanter Roland ? Joi-
gnait-il à son ambition sournoise une basse rancune
contre ses bienfaiteurs ? Désirait-il se venger de Roland
qui l'avait sûrement blessé plus d'une fois par son
humeur chagrine et irritable[3] ? On n'en peut guère
douter. Ce fils de Suisse semblait flegmatique, impas-
sible, et sa physionomie, dit Garat, avait un « calme im-
muable », un « éternel repos ». Il paraissait ne se mêler
de rien, n'entrer dans aucun parti, ne haïr personne, pas
même ses ennemis, ne rien aimer que sa famille et la
démocratie. Mais sous sa bonhomie helvétique et sous
l'apparente tranquillité du vieil employé qui dérobe ses
émotions à tous les regards, Pache cachait une âme vin-
dicative et avide de pouvoir. Il ne disait pas où il allait,
mais, secrètement, et d'autant plus sûrement, sous le
feu des injures et des accusations, sans se troubler ni

---

[1] Elle le nomme même un « hypocrite infâme ».

[2] Rapport de Saladin, 12 ventôse an III, p. 27 et 160-161.

[3] Il a, en effet, poursuivi les Roland de sa haine après les avoir ca-
ressés. « Lorsque je songe, s'écrie Mme Roland, combien de fois cet
homme a été témoin de notre enthousiasme pour la liberté, de notre
zèle à la servir, et que je le vois aujourd'hui à la tête de l'autorité ar-
bitraire qui nous opprime et nous poursuit comme des ennemis de la
République, je me demande si je veille. » Voir de même l'acharnement de Pache contre Miranda, *Mon.*, 15 juillet 1793.

sourciller, il marchait à son but. Beurnonville le nommait l'*homme noir*, et Robespierre se défiait de ce personnage dont « la main invisible l'emportait au-delà de ses
volontés » ; Pache, disait-il un jour, simule une indiffé-
rence dont son naturel est incapable[1].

Pache ne manquait pas de qualités. Il causait plate-
ment, sèchement, sans éclat et sans chaleur. Mais il
plaisait dans les sociétés : froid et taciturne comme il
l'était, il savait écouter, et les remarques qu'il plaçait de
temps à autre, faisaient croire qu'il connaissait plus de
choses qu'il n'en disait ; on le jugeait modeste et réservé.
Dumouriez confesse qu'il avait de l'esprit, et Mme Roland,
qu'il raisonnait juste et possédait une instruction étendue[2]. En somme, un bon commis, un travailleur, mais
un personnage bien médiocre[3] et dont l'élévation sou-
daine révéla, comme il arrive, la médiocrité. Cet homme
qui passait pour un administrateur intelligent et propre
à tout, ne montra dans le ministère qu'une incapacité
profonde. Prudhomme disait qu'il avait « peu de connaissances préparatoires à sa place » ; Sillery, que « ses
fonctions lui étaient absolument étrangères » ; Custine,
qu'il lui manquait de l'*acquis* et que sa correspondance
n'offrait que des idées décousues et nullement militaires[4].

---

[1] Garat, *Mém.*, p. p. Maron, 1862, p. 158-159 ; Sayous, *Mallet du
Pan*, II, 69.

[2] Dumouriez, *Mém.*, III, 139, 285, 355 ; Mme Roland, *Mém.*, I,
142, 151 ; Beaulieu, *Essai histor. sur les causes et les effets de la Révol.*,
1803, tome IV, p. 199 ; Buzot, *Mém.*, 75.

[3] Le mot est de Dumont, *Souvenirs*, 1832, p. 396 (il compare Pache
à Lanthenas).

[4] *Révol. de Paris*, n° 194, p. 10 ; Sillery, disc. du 31 janv. 1793 ;
Custine à Le Brun, 21 déc. 1792 (A. E.). Une foule d'autres témoi-
gnages viendront en leur lieu, soit dans ce chapitre, soit dans le volume suivant.

Une fois ministre, Pacha prit des manières commune et négligea sa mise. Il permit à quiconque l'abordait de le tutoyer [1], et remplaça l'huissier de son prédédesseur par un valet déguenillé qui eut ordre de traiter familièrement tous les visiteurs, même les généraux [2]. Il dîna dans la loge de son concierge. Il envoya sa mère, sa fille, ses commis à la caserne des fédérés marseillais pour les détacher de la Gironde [3]. « On devait se présenter à lui, dit Buzot, avec des cheveux gras, un vêtement sale ou déchiqueté, affecter les plus extrêmes exagérations du jacobinisme, et on ne s'informait pas si tel sujet était laborieux, s'il était instruit, s'il tenait une bonne conduite, mais s'il allait aux Jacobins, s'il lisait Hébert et Marat, s'il était patriote de septembre [4] ».

Comme Servan, il appela dans ses bureaux quelques militaires instruits : Caffarelli du Falga, l'adjudant-général Vergnes et deux maréchaux-de-camp, Vieusseux, gendre de Clavière, et Meusnier, membre de l'Académie des sciences, le futur défenseur de Mayence [5]. Meusnier, jacobin exalté, joua le rôle le plus important. Ce fut lui qui rédigea les réponses du ministre [6]. Il avait eu quelques démêlés à Cherbourg avec Dumouriez et il lui te-

---

[1] *Le Batave*, 17 févr. 1793.

[2] *Tableau histor.*, 1808, I, 364.

[3] *Mon.*, 1er janv. 1793 (discours de Barbaroux) et *Mém.* du même, p. p. Dauban, 1866, p. 477-478 ; Buzot, *Mém.*, 78 ; *Minerva*, V, 364 (le fait y est narré avec indignation, et Pache, traité de *Tropf* et de *Kuppler*).

[4] Buzot, *Mém.*, 77-78, et Mercier, *Le Nouveau Paris*, 1862, I, 158-159.

[5] Ce furent ces militaires des bureaux qui méritèrent le mieux des armées ; Dumouriez ne se plaint pas des munitions de guerre, et reconnaît qu'il « a été très bien servi par l'artillerie » (3e mémoire à la Convention).

[6] Audouin, note à une lettre de Dumouriez, du 5 oct. 1792 (A. G.).

nait rancune. Aussi le général écrit-il dans ses *Mémoires*
que Meusnier avait, avec beaucoup d'esprit, une des
âmes les plus noires de France. Le jugement est sans
doute excessif. Mais Sauveur Chénier ne dit-il pas
qu'on refuse à Meusnier ce « degré de franchise et de
loyauté qui commande la confiance [1] » ?

Avec Meusnier, les personnages les plus considérables
du ministère étaient Audouin, premier secrétaire du
département, Hassenfratz, premier commis du matériel,
et les chefs de bureau Vincent et Vandermonde. Xavier
Audouin, d'abord vicaire de Saint-Thomas-d'Aquin, puis
commissaire de la section de la Fontaine de Grenelle,
commissaire-rédacteur, avec Tallien et Collot-d'Herbois,
de l'adresse à l'armée, secrétaire de l'assemblée des commissaires qui demanda la déchéance de Louis XVI,
membre de la Commune du 10 août, commissaire du
pouvoir exécutif dans les Deux-Sèvres et en Vendée,
s'était lié très intimement avec Pache qui lui donna sa
fille Sylvie en mariage [2].

Hassenfratz avait un nom étrange et souvent défiguré
par les journaux. On racontait que son père nommé Le-
lièvre et habile métallurgiste, s'était fait appeler Hassenfratz et qu'affublé de ce nom exotique et d'un habit à
la mode allemande, il avait obtenu du ministre et une
audience et une pension. Hassenfratz lui-même était
grand géomètre, et personne ne mettait en doute son
savoir et son honnêteté. Mais il prenait le cynisme pour
du civisme, et ne reconnaissait pour républicain que le

---

[1] *Minerva*, V, 360 ; Dumouriez, *Mém.*, III, 286 ; Sauveur Chénier
à la Convention, 10. Pache avait connu Meusnier, ainsi que ses colla-
borateurs, à la section du Luxembourg.

[2] Nauroy, *Le Curieux*, II, 118. (Acte de mariage ; témoins : Santerre, Meusnier, Hébert.)

sans-culotte aux bas déchirés et aux mains crasseuses.
On lisait sur la porte de son bureau les mots : *Ici l'on se
tutoie.* « C'est un rustre, disait une fois Sauveur Chénier,
qui veut faire le Diogène. » Prudhomme le nommait un
charlatan, et un contemporain le regarde comme un esprit confus qui ne sait que mettre ses idées en peloton,
sans pouvoir les dévider [1]

Vincent, à peine âgé de 25 ans, avait siégé dans la
Commune du 10 août et il devait devenir secrétaire
général de la guerre sous le ministère de Bouchotte.
C'était lui qui proposait aux Cordeliers de parcourir les
rues de Paris et de massacrer les aristocrates dans leur
domicile après avoir planté devant leur porte un drapeau
noir, signe de la vengeance populaire.

Vandermonde dirigeait le bureau de l'habillement ou,
comme on disait par dérision, du déshabillement. Il
était, de même que Meusnier, membre de l'Académie
des sciences, et avait une grande influence sur Monge
qui suivait docilement ses conseils; aussi le nommait-on
la femme de Monge. Mme Roland assure que son esprit
était faux comme son regard et que la science figurait
mal dans une pareille tête. Il ne commit que des fautes,
non par friponnerie, mais par sottise. Quand il quitta le
ministère, on lui demanda s'il rendrait ses comptes. « Ni
Pache ni moi ne rendrons de comptes, répondit-il, des
gens comme nous ne rendent pas de comptes et nous
ferons sauter les têtes de ceux qui voudraient nous y
forcer [2] »

Les employés étaient à l'avenant. Gensonné se conten-

---

[1] *Minerva*, V, 361-362 ; *Révol. de Paris*, n° 187, p. 307 ; S. Chénier *à la Convention nationale*, p. 10.

[2] Mme Roland, *Mém.*, I, 283 ; *Minerva*, V, 541-542.

tait de dire qu'ils avaient les cheveux lisses[1] et les brus-
queries républicaines. Mais Buzot rapporte qu'ils furent
pris parmi « les plus effrontés de la gent jacobinière » et
qu' « aux hommes sages et fidèles de Servan succéda je
ne sais quel ramas de forcenés et de brigands ». Dumouriez compare l'hôtel de la guerre à une caverne indé-
cente ; on y voyait « quatre cents commis, parmi lesquels plusieurs femmes, affectant la toilette la plus sale
et le cynisme le plus impudent ; on n'y travaillait qu'en
bonnet rouge ; on y tutoyait tout le monde », et il écrivait nettement à la Convention : « Le bureau de la guerre
est devenu un club, et ce n'est pas dans un club qu'on
expédie les affaires ; ayez des commis qui travaillent, au
lieu de faire des motions[2] ! ».

Mais les commis ne travaillaient pas. Ils ne savaient
pas leur métier, et, comme disait Prud'homme, ils em-
brouillaient leur besogne plus qu'ils ne l'expédiaient[3].
« Tout ce qu'il y avait d'hommes éclairés et expérimentés, assure Miot, avait été banni[4]. » Barbaroux s'indi-
gnait des désordres de la nouvelle administration ; « il y
a trois fois plus de commis qu'au temps de Servan, mais
tous sont désorganisateurs et ne connaissent rien à la
guerre[5] ». Buzot qualifie les bureaux d'ignorants et ne
se rappelle qu'avec horreur leurs folles dépenses, leurs
scandaleux gaspillages, leur friponnerie éhontée[6]. Gen-

---

[1] Ce que l'abbé Sicard nomme dans sa *Relation* la chevelure jaco-
bite ; cf. disc. du 2 janvier 1793, *Mon.* du 4.

[2] Buzot, *Mém.*, 77 ; Dumouriez, *Mém.*, III, 309 et 355 ; lettre à la
Convention, *Mon.*, 9 janvier 1793 ; *Tableau histor.*, I, 364 ; Jomini,
II, 210.

[3] *Révol. de Paris*, n° 187, p. 307.

[4] Miot *Mém.*, I, 33.

[5] Barbaroux, *Mém.*, 472, et disc. du 30 déc. 1792 (*Mon.*, 1er janv.
1793).

[6] *Mém.*, 77 ; cf. Jomini, II, 209-210.

sonné déclarait que « leur impéritie et leurs dilapidations coûteraient à la nation le double de ce qu'aurait coûté la guerre[1] ». Sillery ne tarissait pas sur leur compte : « Les employés sont patriotes zélés, mais la moindre chose leur offre une difficulté, et ils ont sans cesse la crainte de se tromper. On peut être un excellent citoyen et ignorer les détails nécessaires aux mouvements et à l'approvisionnement d'une grande armée ; mais pourquoi ces personnes qui se vantent de patriotisme, ont-elles brigué et accepté des places qu'elles sont incapables de remplir[2] ? »

Pache ne se contentait pas de bouleverser ses bureaux. Avec Hassenfratz, Audouin, Vincent, Ronsin, Hébert et tous ceux qui désiraient pousser la Révolution à ses extrêmes conséquences, il voulait bouleverser l'armée, ou, comme on disait, la *patrioliser* en chassant les officiers nobles et en épurant les états-majors. Il était persuadé que les commissaires-ordonnateurs et les commissaires des guerres avaient « la tête contre-révolutionnaire[3] » ; il croyait que les administrateurs de la compagnie des vivres regrettaient l'ancien régime ; il accusait d'incivisme Boyé, le régisseur des fourrages de l'armée de la Belgique. Hassenfratz allait plus loin encore ; il flétrissait la « conduite honteuse » des administrateurs des subsistances militaires et déclarait qu'il *purgerait* l'armée, comme il avait purgé les bureaux ; à l'entendre, les troupes seraient vaincues tant qu'elles n'auraient pas de plébéiens à leur tête ; et les choses n'iraient bien que lorsque l'égalité serait assurée dans

[1] Discours du 2 janvier 1793.
[2] Discours du 31 janvier 1793.
[3] 12 déc. 1792, mot de Pache au Comité de la guerre (A. N. A. F. II, 22).

l'armée, lorsque Baptiste remplacerait Dumouriez ; encore, ajoutait-il, un Auvergnat valait autant que Baptiste [1]

Les coups de Pache, de Hassenfratz et de leurs amis devaient porter surtout contre le premier général de la République, contre celui qui, par ses exploits, effaçait les autres citoyens. Déjà le vainqueur des Prussiens donnait de l'ombrage. Lorsqu'il venait aux Jacobins, on l'accueillait « sans enthousiasme, avec une reconnaissance raisonnée qui n'accorde au mérite que des hommages sévères », et Collot-d'Herbois lui disait rudement que, sans ses soldats, sa gloire ne serait rien. Après Jemappes, la *Sentinelle* se bornait à rendre grâces aux Dieux, en ajoutant que « les monarchies ne se soutenaient que par la flatterie, et les républiques que par la sévérité ». Après la prise de Liège, Kersaint priait inutilement la Convention de témoigner à Dumouriez cette gratitude qui n'est pas la vertu des républicains ; l'assemblée félicitait l'armée [2]

On jalousait ce général victorieux. On redoutait son ambition ; on le soupçonnait d'affecter la tyrannie. Les ministres refusaient de mettre Kellermann sous ses ordres et Roland lui disait tout net qu'il ne devait pas conduire toute la guerre. On ne perdait aucune occasion de le chapitrer, de l'humilier, de lui rappeler que le pouvoir militaire doit toujours obéir et céder au pouvoir civil. « Le Conseil exécutif, écrivait Dumouriez à Miranda, me regarde comme un ennemi qu'il faut abattre ». De fougueux montagnards parlaient déjà de rappel, de remplacement, d'arrestation. Ils auraient

[1] Journal des Jacobins, séances du 3 déc. 1792 et du 23 janv. 1793 ; *Minerva*, V, 361-362.

[2] *Mon.*, 17 oct. et 2 déc.; *Sentinelle*, 13 nov. 1792.

voulu compromettre le général, le pousser à quelque démarche de désespoir qui pût effacer l'éclat de ses succès. D'aucuns, chez qui l'intérêt de parti l'emportait sur le patriotisme, lui souhaitaient une défaite. Un jour que plusieurs conventionnels, des plus marquants, s'entretenaient de Dumouriez dans le cabinet de Le Brun, l'un d'eux s'écria : « Vous ne pourrez l'arrêter qu'après l'avoir fait battre[1] »

Le 29 octobre, le Conseil, entendant « maintenir dans toute son intégrité la hiérarchie des autorités constituées », enjoignit aux généraux d'armée et à tous ses agents de ne plus écrire directement à la Convention, mais de s'adresser au pouvoir exécutif. Dumouriez répondit à Pache qu'il s'inclinait. Mais cette décision ne portait-elle pas atteinte à la liberté individuelle ? Un général ne pouvait-il l'enfreindre pour sa propre sûreté, lorsqu'il était en désaccord avec son ministre ? Il alléguait son propre exemple. N'avait-il pas raison, avant le 10 août, d'écrire au président de l'Assemblée législative, et de montrer à la nation qu'elle avait encore un général et une armée[2] ?

Puis vint l'arrêté du 23 novembre. Les généraux eurent ordre de n'ouvrir aucune négociation sur les intérêts politiques et de n'entretenir avec l'ennemi que les communications nécessitées par les capitulations, par les cartels d'échange, par les détails purement militaires. Dumouriez répondit avec ironie que cette nouvelle décision était très sage : « Il y a peu de nos héros

---

[1] *Corresp.*, 70 et 211 ; Rojas, *Miranda*, 17 ; *Réponse du général Dumouriez au rapport de Camus*, 1796, note, p. 132-133 (lettre du colonel Weiss, 6 nov. 1795) ; cf. Dumouriez, *Mém.*, III, 206 et 213, et Le Brun à Dumouriez, 28 nov. 1792 (A. E.). « Plus vous acquérez de gloire, plus la rage de vos ennemis augmente. »

[2] *Corresp.*, 64-65, 72.

en état de manier l'arme de la politique » ; mais, ajoutait-il, des exceptions pouvaient se produire, et lui-
même avait fait en Champagne un usage très utile des
pourparlers [1].

Pache avait dicté ces arrêtés. Il y joignit d'autres mesures désagréables ou blessantes. Il voulait, sans consulter Dumouriez, ôter Kilmaine au 6ᵉ hussards et
Laroque au 29ᵉ régiment d'infanterie, envoyer en Corse
le commissaire-ordonnateur Soliva, grand ami du gêné-
ral, et aux îles Sous-le-Vent les deux frères Thouvenot
Il projetait, contre l'avis de Dumouriez, de transférer
à Douai la grande fonderie de Malines. Il nommait adjoint à l'état-major un nommé Moras, ci-devant danseur
chez Nicolet ; mais, demandait Dumouriez, « ce Moras
a-t-il autant de talent que de souplesse dans les
reins [2] ? »

Enfin, Pache frappa Dumouriez dans ses commissaires-
ordonnateurs Malus et Petitjean. Ce fut le grand épisode
de la querelle entre le ministre et le général. Il montre à
nu l'ineptie de Pache et son mauvais vouloir.

II. Des compagnies étaient chargées de l'habillement, de
l'approvisionnement et des charrois de l'armée. La compagnie Masson ou d'Espagnac [3] avait, en vertu de trois traités signés par Servan, l'entreprise des charrois de toutes
les armées de la République. Une autre compagnie, re-

---

[1] *Corresp.*, 63, 71-72.

[2] Cf. sur Kilmaine et Laroque, *Corresp.*, 189 ; sur les Thouvenot,
id., 126-129; sur la translation de la fonderie de Malines, *id.*, 265-
270, et le troisième mémoire de Dumouriez à la Convention; sur
Moras, *id.*, 190 et 221, et journal des jacobins, séance du 14 janvier
1793 ; sur Soliva, sa lettre du 24 déc. 1792 (A. N. F⁷ 4598).

[3] L'ex-abbé était le principal intéressé de la compagnie, avec
Mallet, Hogguer et Achard (1ᵉʳ rapport, 29).

présentée à l'armée de la Belgique par le munitionnaire
Julliot, fournissait la viande et faisait son service avec
la plus grande régularité ; Julliot avait le droit de dire
qu'il « dispensait les généraux de toute sollicitude à cet
égard[1] ». La compagnie, dite *administration des subsistances militaires* ou *compagnie Doumerc*, livrait et distribuait le pain et les fourrages. Elle était dirigée par plu
sieurs administrateurs, notamment par Doumerc, homme
très actif et plein de ressources. Grâce à l'impulsion de
Doumerc et à l'intelligence des régisseurs et des préposés
qu'il avait mis à la suite de chaque armée, les troupes
furent parfaitement approvisionnées durant la campagne
de l'Argonne. Malgré leurs nombreux mouvements, et les
chemins affreux, et les pluies incessantes, les deux ar
mées du Nord et du Centre reçurent exactement leurs
distributions. On dit même que la compagnie Doumerc
avait toujours plus de 80,000 rations d'avance pour les
cas pressés. Elle savait rassembler les vivres sans faire
hausser les prix. Ses préposés trouvaient toujours les
marchés abondamment fournis et inspiraient la confiance.
Camus loue leur activité, leur expérience, leur connaissance des localités. Biron vante leur zèle infatigable et la
« solidité », la « sûreté » de leur service. « Je dois leur
rendre justice, disait Dumouriez après la retraite des
Prussiens, c'est à leurs soins qu'on doit la bonne santé
du soldat. » Aussi était-il convenu avec Doumerc qu'il
garderait comme régisseur des vivres Le Payen, et
comme régisseur des fourrages Boyé qui « avait rendu
les services les plus importants en Champagne[2] ».

---

[1] Julliot aux commissaires (A. N. D. II, 2, 4 déc. 1792) et notes
de Lambert (*id.*, 3, 6 déc.) : « L'approvisionnement de bœufs qui se
trouve à la suite de l'armée, ne laisse rien à craindre pour ce service. »

[2] Mém. de Biron au Conseil (A. N. A. F., II, 9) ; premier rapport,

Tout manqua dès le début de la campagne par la faute de Pache. Dumouriez, sur le point d'envahir la Belgique, écrivait au ministre qu'il se trouvait sans le sol, qu'il n'avait pas encore de payeur, qu'il ne recevait ni bidons, ni marmites, ni gamelles, ni chaussures, ni effets de campement, qu'il était obligé de cantonner la moitié de ses troupes [1], et il priait Pache d'envoyer sur le champ deux millions de numéraire nécessaires à la paye du soldat (qui, d'apres la loi, n'était soldé qu'en espèces), 30,000 paires de souliers, des tentes pour dix mille hommes, des couvertures pour quarante mille. Pache assura qu'il emploierait avec zèle et sans relâche tous les moyens dont il disposait pour satisfaire les besoins de l'armée. Mais rien n'arrivait, pas même la solde. Dumouriez restait sans payeur. Il se vit contraint, au lendemain de Jemappes, d'emprunter, d'ailleurs sans intérêts, trois cent mille francs à l'ex‑abbé d'Espagnac, et lorsqu'il entra dans Bruxelles. la caisse de l'armée ne contenait pas treize mille livres. Il résolut de faire un emprunt aux abbayes et aux chapitres de la Belgique : cet emprunt, disait-il, garanti par la nation belge, assurait au clergé la conservation de ses biens et faisait circuler un numéraire jusqu'alors enfoui « que la superstition respectait et auquel les Belges n'osaient toucher, étant trop jeunes en liberté pour avoir des idées précises sur ce genre de propriété nationale [2] ». Il ordonna donc à Petit-jean, commissaire-ordonnateur de l'armée de Labourdonnaye, d'emprunter deux millions au clergé de Flandre.

41; discours de Dumouriez, 12 oct. 1792 (*Mon.* du 13) ; entretien avec Doumerc (A. N. D. II, 2) ; *Corresp.*, 184.

    [1] *Corresp.*, 11, 45-46, 48-49 ; lettre de Malus, 5 nov. 1792 (A. G.) « La moitié de l'armée n'a pas de couvertures. L'armée est nue. J'ai épuisé les magasins ».

    [2] Dumouriez à Labourdonnaye, 18 nov. 1792 (A. G.).

Lui-même prit dans les caisses de Bruxelles quatre-vingts mille florins qu'il promit de rembourser promptement, et, grâce à Espagnac, le banquier Lis de Meulemeester, lui avança trois cent mille francs en espèces contre une lettre de change que le commissaire-ordonnateur de l'armée de Belgique, Malus, tira sur la trésorerie nationale [1]

Mais déjà s'engageait entre Pache et Dumouriez la première escarmouche. Malus, autorisé par le ministre Servan, avait passé le 14 octobre à Lille un marché de vingt mille sacs de fine fleur de farine d'Angleterre avec Fabre, de Paris, et Paulet, de Douai. Le marché était en pleine exécution. On annonçait l'arrivée de cinq mille sacs. Mais, lorsque les fournisseurs se rendirent au bureau de Hassenfratz, le premier commis leur déclara brutalement qu'il n'acceptait pas un marché qui fixait le prix du quintal à quarante-huit livres. Dumouriez s'emporta. Allait-il être arrêté par la lésinerie des bureaux, par les formes, par les discussions, par les idées étroites d'économie ? Il écrivit à Pache et au Comité militaire de la Convention : Hassenfratz prenait le ton tranchant d'un commis de l'ancien régime; il ne pouvait rompre un marché qu'avait autorisé Servan ; les besoins étaient urgents ; un autre marché serait évidemment plus onéreux ; Fabre et Paulet consentaient d'ailleurs à rompre leur traité et à fournir les vingt mille sacs en recevant deux pour cent de commission, après avoir justifié des factures. Pache céda et prit les vingt mille sacs [2].

---

[1] Dumouriez à Malus, 16 nov., et Malus à Pache , 18 nov. (A. G.); *Mon.*, 29 nov.; *Corresp.*, 112; 3e mémoire de Dumouriez au Comité de défense générale (A. N. F7 4598); 1er rapport des commissaires, 15 et 39.

[2] *Corresp.*, 20 24, 50, et *Précis pour Malus*, 2 et 4

Or, le marché de Malus qui datait du 14 octobre, ne suffisait pas encore. Le 8 novembre, sur l'ordre de Dumouriez, Malus passait à Mons, avec Henry Simons, un des plus grands négociants de Bruxelles, deux marchés, l'un pour les fourrages, foin, paille, avoine, à fournir pendant un mois [1], l'autre pour vingt-cinq mille sacs de farine, au prix de facture, avec commission de deux pour cent. Toutes les armées entraient en Belgique et il fallait assurer leur subsistance pendant la marche rapide qu'elles allaient faire. Le ministre persistait à ne rien envoyer et, disait Dumouriez avec raison, les magasins étaient vides ; les approvisionnements, nuls ; les ressources, éloignées et incertaines ; les mouvements, impossibles. Le marché de Simons, nécessaire, avantageux, payable en assignats, préparait le succès de la campagne; sans ce marché, l'armée manquait de vivres et de fourrages [2].

Pache refusa de le ratifier. « J'ai peine à y croire, écrivait-il à Dumouriez; j'ai approvisionné de farine l'armée que vous commandez de manière à assurer la subsistance pendant huit mois », et, quelques jours plus tard, il affirmait que les magasins de la frontière renfermaient de quoi nourrir quatre-vingts mille hommes durant six mois et huit jours [3].

III. Mais il avait pris une grande mesure, une mesure

---

[1] 60,000 quintaux d'avoine; 120,000 de foin; 40,000 de paille (1er rapport, 21).

[2] *Corresp*, 78-79, 97-99; 1er rapport des commissaires, 46, « la nécessité justifie les marchés de novembre; Dumouriez était comptable à la République de la conservation ou de la perte de son armée » ; *notes* de Lambert (A. N. D. II. 3) « la soumission de Simons peut seule assurer la subsistance de l'armée ».

[3] *Corresp.*, 78 et 118 (11 et 12 nov. 1792).

qu'il croyait géniale et qui lui était inspirée par son
zèle révolutionnaire et par la cupidité de son entou-
rage. Le 5 novembre fut créé le *Directoire des achats.*
Les trois ministres de la guerre, de la marine et de l'intérieur chargeaient un comité d'acheter toutes les subsistances nécessaires à la République, c'est-à-dire aux
armées de terre, à la marine et aux villes. Ce comité
seul ferait l'acquisition des approvisionnements. Mû par
une même volonté et par un même principe, comme
disait Pache, il subviendrait sûrement, efficacement à
la nourriture des troupes. Il entrerait en fonctions au
1er janvier 1793, et il envoyait déjà ses agents dans l'est
de la France et en Belgique : les deux frères Théodore
et Baruch Cerfberr faisaient des achats, l'un sur la rive
droite, l'autre sur la rive gauche du Rhin [1] ; Simon Pick
prendrait les ordres de Dumouriez ; Mosselman, de
Bruxelles, et Perlan Carpentier, d'Ostende, achèteraient,
l'un sur les marchés d'Alost, de Gand, d'Audenarde,
soixante mille rasières de froment, quarante mille
rasières de seigle et soixante-douze mille boisseaux
d'avoine [2]. Pour mieux assurer les opérations de son Directoire, Pache ordonna par plusieurs lettres successives
aux administrateurs des subsistances militaires [3] de
remettre leurs caisses à la trésorerie nationale, et de ne
plus faire aucun achat, de ne plus tirer aucune lettre de
change, de ne plus donner aucun récépissé comptable. Il

---

[1] Pache aux administ. des subsist. milit., 6 déc. 1792 (A. N. D.
II, 2).

[2] *Corresp.*, 76-77, 214.

[3] L'administration Doumerc ou des subsistances militaires resta
chargée de la distribution et fit, sous le nom de *régie de la manuten-
tion,* le service des charrois et transports (*Corresp.*, 198 et 216); Le
Directoire des achats à Delagreye, 31 déc. 1792, et à Custine, 5 avril
1793 (A. N. D. II, 4-5).

défendit, en outre, aux commissaires des guerres d'accepter aucune soumission, de passer aucun marché, de commander aucune livraison, sous quelque motif que ce pût être.

Le Comité des achats se composait de trois membres : Bidermann, Marx Berr et Cousin, nommés, le premier par Pache, le deuxième par Monge et le troisième par Roland. Mais l'honnête Cousin, professeur au Collège de France, ne prit aucune part aux opérations du Directoire et donna bientôt sa démission : dès le 9 décembre, Roland déclarait le Directoire des achats « parfaitement étranger à son administration [1] ». Bidermann et Marx Berr restèrent seuls. L'un était un banquier genevois, ex-associé de Clavière ; l'autre, Juif de Strasbourg, et fils d'un homme qui s'était rendu fameux pendant la guerre de Sept-Ans par ses friponneries dans les fourrages [2].

Ces deux hommes exercèrent un monopole. Pache disait bonnement qu'ils achetaient pour consommer et non pour revendre, qu'ils rendraient compte de clerc à maître, que tout commerce leur était interdit. Mais

---

[1] A. N. D. II, 4-5, décl. de Cousin, 28 janv. 1793, et lettre de Roland, 9 déc. 1792. Ce jour-là, Roland écrivait à Pache : « Le Directoire des achats s'est abstenu non seulement de tenir ses comités chez moi, mais, il ne m'a donné aucune connaissance de son travail, et Cousin n'en a pas été plus instruit que moi. Or, les uns prétendent que je tire des grains de l'intérieur pour y porter la disette, d'autres que je me fais céder par le Directoire des farines de mauvaise qualité et que je les fais ensuite transporter dans nos ports comme venant de l'étranger, ou que je favorise l'exportation des subsistances pour les faire rentrer ensuite en France et en faire un trafic particulier. Je viens de prescrire à Cousin de ne plus avoir par la suite, ainsi qu'il m'a témoigné lui-même le désirer, aucune sorte de relation avec le Directoire des achats et je regarderai également ce Directoire comme étant parfaitement étranger à mon administration. »

[2] Dumouriez, Mém., III, 199.

Dumouriez connaissait Bidermann et Marx Berr[1]. « Vous livrez la Belgique, écrivait-il à Pache, aux accapareurs et aux avides spéculations d'une compagnie exclusive arrangée par vos bureaux. Comment empêcherez-vous qu'un aussi habile négociant que Bidermann ne spécule pas pour son compte, lorsqu'il est sûr de la défaite de sa marchandise ? Vous êtes entouré de gens qui ne pensent qu'à leur profit personnel; ils vous font produire des états *faux* qui nous représentent dans l'abondance lorsque nous sommes réduits à un état misérable[2] ».

Telle était aussi l'opinion des commissaires que la Convention envoya dans la Belgique. Bidermann et Marx Berr pouvaient-ils être de simples directeurs, soucieux de l'intérêt de la République, uniquement préoccupés d'acheter les denrées au plus bas prix ? Ces manieurs et ces gagneurs d'argent, doués, comme disait Camus, d'une intelligence peu commune pour les spéculations, accepteraient-ils une si vaste entreprise, assumeraient-ils une si grave responsabilité par pur patriotisme et sans autre bénéfice qu'un salaire limité ? Non. Les fournisseurs dont ils présentaient les factures n'étaient que des prête-noms, des hommes de paille. Bidermann et Marx Berr avouèrent le 12 décembre aux Comités qu'ils avaient fait vendre des grains sur les marchés pour obtenir une baisse de prix. Ne pouvaient-ils user du même moyen pour obtenir

---

[1] Il avait refusé de confier à Bidermann les fonds secrets du ministère des affaires étrangères (Masson, *Le départ. des aff. étr. pend. la Rév.*, 1877, p. 169) et Bidermann ne lui avait point pardonné (*Minerva*, V, 360-361, et Nauroy, *Le Curieux*, II, 71).

[2] *Corresp.*, 152, 180, 206-207, et 2ᵉ mémoire au Comité de défense générale.

la hausse? Pour quelles raisons ces directeurs qui ne devaient commencer leurs fournitures qu'au 1er janvier, défendaient-ils à l'ancienne administration des subsistances militaires d'acheter quoi que ce fût pendant les mois de novembre et de décembre 1792? Pourquoi lui écrivaient-ils eux-mêmes et lui rappelaient-ils avec une singulière insistance les ordres rigoureux du ministre? Pourquoi se faisaient-ils donner, comme disait Soliva, une mission privilégiée et exclusive? Ils voulaient être maîtres du marché, écarter toute concurrence, augmenter leurs profits. Dès le 10 novembre, Perlan, d'Ostende, raflait argent comptant tous les blés des Flandres, et, en deux jours, le prix de la rasière de froment augmentait de deux florins. Le Directoire tenta même d'exporter en France trois cent mille sacs de grain pour les renvoyer en Belgique sous forme de farines, et l'administration d'Ostende ayant empêché l'embarquement, Pache pria naïvement Dumouriez d'user de son crédit pour lever l'embargo. « Des agents cachés de la Compagnie, écrivait le loyal Thouvenot à la fin de décembre, accaparent depuis longtemps les grains et les fourrages du pays où est l'armée ; ils la laisseront manquer ; l'urgence sera constatée, et les mêmes agents reparaîtront avec les subsistances qu'ils ont achetées précédemment et les revendront fort cher [1]. »

IV. Dumouriez prit un parti décisif. Il déclara qu'il voulait être maître des *subsistances*, comme des mouvements de l'armée, et passer seul, par le ministère de Malus, tous les marchés nécessaires à l'approvisionne-

---

[1] 1er rapport, 44; *Corresp.*, 182 et 208-209; Dumouriez, *Mém.*, II1, 212-213 ; note du même et 2e mémoire au Comité; lettres de Soliva, 24 déc., et de Thouvenot, 27 déc. 1792 (A. N. F7 4598).

ment de l'armée de Belgique, tous les traités qui lui pa-
raîtraient le plus avantageux pour assurer le service du
numéraire indispensable à la solde et aux dépenses de
l'armée. Il sommait Pache de ratifier le marché conclu
par Malus avec Simons; les agents du Comité des
achats devaient cesser toute acquisition de grains et de
fourrages, et la trésorerie nationale, tout versement
de numéraire dans les caisses militaires. Ne fallait-il pas
intéresser les Belges à la Révolution et leur donner des
fournitures de tout genre? Des hommes du pays, actifs,
intelligents, pleins de crédit, des patriotes brabançons,
n'étaient-ils pas les seuls qui pûssent acheter avec
avantage les fourrages et les grains? Ne serait-ce pas
faciliter et assurer tous les services sans nulle crainte de
retard et d'obstacle, les réunir en un même centre d'ad
ministration? Ne pouvait-on ainsi employer le numéraire
du Brabant, au lieu d'exporter le numéraire de France,
de l'épuiser et d'en hausser le prix? On lui objecterait
peut-être qu'il ne devait pas intervenir dans l'administration de l'armée. Mais un général, disait-il avec raison, doit connaître toutes les ressources du territoire
qu'il occupe et des pays qu'il a devant et derrière lui;
il doit indiquer lui-même les marchés et les endroits de
la contrée qu'il faut ménager ou manger, disposer à son
gré de l'emplacement, du transport, du versement des
fournitures; « je regarde, écrivait-il, la partie des subsistances comme aussi essentielle à un général, que la
partie militaire ». N'était-ce pas à lui de tout diriger,
puisqu'il *tenait le fil politique* de la Belgique? « Je ne me
suis jamais mêlé du matériel des marchés, ajoutait-il,
et quiconque a la bassesse de m'en soupçonner, est un
fripon ou un sot [1]. »

[1] *Corresp.*, 101-102, 209-210, 250; 2ᵉ mémoire au Comité.

Pache envoya la lettre de Dumouriez à la Convention. Il eut gain de cause. Le grand contrôleur des finances de la République, Cambon, se fit l'avocat du ministre de la guerre. Lui aussi s'imaginait que Dumouriez était un fripon, entouré de fripons. Lui aussi ne voyait dans tout régisseur qu'un aristocrate et dans tout entrepreneur qu'un coquin. Il accusait de brigandages épouvantables les fournisseurs et intendants de l'armée ; il les traitait d'*intrigants*, de *sangsues*, et, pour faire un exemple et détruire cette « classe perverse », cette « race dévorante » qui ruinait la République, il avait traduit à la barre le commissaire-ordonnateur de l'armée du Midi, Vincent, et annulé les marchés que Vincent avait conclus avec le juif Benjamin Jacob, munitionnaire de la viande [1]

Cambon déclara donc, dans la séance du 22 novembre, que le commissaire-ordonnateur de l'armée de Belgique, Malus, le commissaire-ordonnateur de l'armée du Nord, Petitjean, et l'entrepreneur des charrois, Espagnac, ne méritaient aucune confiance. Malus, prétendait-il, avait passé un marché pour des mulets qui devaient rapporter chacun deux mille quatre cents livres par année au fournisseur. Petitjean avait volé trente-cinq mille livres à la nation. Espagnac était un spéculateur qui jouait à la hausse et à la baisse et aspirait au poste d'ordonnateur-général des finances. Dumouriez, conclut Cambon, ne doit pas manier les deniers publics ; « plus un général a de succès et de prépondérance dans l'opinion, plus il doit être assujetti à des règles strictes » ; que l'assemblée passe à l'ordre du jour ; que le ministre de la guerre

---

[1] Disc. du 1er nov. 1792 (*Mon.* du 3); Vincent et Jacob Benjamin, ainsi que le commissaire des guerres Delaunay, furent d'ailleurs déchargés d'accusation (*Mon.*, 20 février 1793).

continue à surveiller les commissaires-ordonnateurs, et la trésorerie, l'emploi du numéraire.

La proposition de Cambon fut adoptée. Un orage s'éleva contre d'Espagnac, Malus et Petitjean. Espagnac n'avait fait qu'opérer, de concert avec Malus, l'emprunt de trois cent mille livres et que passer des marchés avec le comité révolutionnaire des Belges et Liégeois pour l'équipement de cette armée belge que Dumouriez regardait comme « un supplément de l'armée francaise et l'unique moyen d'assurer la révolution des Pays-Bas ». Mais Dumouriez vantait en pure perte les ressources inépuisables d'Espagnac, sa fermeté qui le rendait propre aux entreprises les plus étendues, son zèle qui ne trouvait rien d'impossible [1].

Jeanbon Saint-André s'écria qu'Espagnac était un protégé de Calonne et un homme profondément immoral qu'on ne pouvait employer dans une république, sous le règne des mœurs et des vertus. Thibault raconta qu'Espagnac se promenait à Paris dans un beau cabriolet, et se vantait de faire fortune à l'armée du Nord. Cambon porta le dernier coup : « Espagnac, dit-il, a passé des marchés tellement onéreux qu'une personne intéressée pour un huitième seulement, a déjà gagné dix-huit cent mille livres. » Il ajouta que Malus avait à dessein retardé

---

[1] Dumouriez, 3ᵉ mémoire au Comité ; *Corresp.*, 10. L'abbé Marc-René Sahuguet d'Espagnac, né en 1752 à Brives, avait débuté dans le monde par un *Éloge de Catinat* que l'Académie française honora d'un deuxième accessit, et par un *Panégyrique de Saint Louis*. De bonne heure, il se jeta dans les spéculations financières. En 1787, il réunit 45,000 actions des *Indes nouvelles* ou plus d'actions que la Compagnie elle-même. On l'accusa de bouleverser la place ; il dut, sur l'ordre du roi, renoncer à son bénéfice et fut exilé par lettre de cachet à Montargis. Il appartenait au club des jacobins (De Seilhac, *L'abbé d'Espagnac*, Tulle, 1881).

l'arrivée des approvisionnements et des ambulances,
et laissé les blessés de Jemappes vingt-quatre heures
sans secours. La Convention décida que Malus, Petitjean,
Espagnac seraient mis en état d'arrestation et traduits à
la barre de l'assemblée

Pache se hâta d'exécuter le décret. Ronsin et Huguenin
furent chargés de l'arrestation. Ronsin remplacerait
Malus dans les fonctions de commissaire-ordonnateur
en chef. Huguenin devait « reconnaître les besoins de
l'armée et prendre les mesures pour y pourvoir [1] ».

Dumouriez protesta. « Il est temps, écrivait-il, que je
développe toute l'énergie de mon caractère et que je déploie toute l'indignation que je ressens ». On désorgani
sait l'armée et suspendait sa marche! On employait tous
les moyens pour faire manquer l'expédition! On lui ôtait
ses trois hommes les plus utiles « qu'il eût été nécessaire de conserver, en supposant même qu'ils eussent été
coupables] » Et un Ronsin remplaçait Malus, Ronsin,
« commissaire-ordonnateur postiche, qui n'avait peut-
être de sa vie connu aucune des parties de l'administration militaire » ! Mais on voulait, sans doute, le récom
penser d'avoir « dénoncé Malus dans une brochure pleine
de fausseté [2] »]

Le choix de Huguenin inspirait à Dumouriez la même
irritation. Que cet Huguenin recherche les besoins de l'armée, soit ; mais comment le ministre l'avait-il chargé des
fonctions des ci-devant exempts de police? Non : Westermann mènera les trois accusés à Paris avec « autant

---

[1] *Corresp.*, 143 et 148. Ronsin est assez connu. Cf. sur Huguenin
Ternaux, *Terreur*, II, 455-457.

[2] Ronsin dit, en effet, dans cette brochure, que Malus est « connu
par son attachement à l'ancien régime » et qu'il a « fait des marchés
onéreux » (*Détail circonstancié*, p. 7).

d'honnêteté que de sûreté ». Dumouriez espère qu'ils se justifieront aisément, qu'ils seront bientôt rétablis dans leurs fonctions, que Ronsin ne tardera pas à « perdre le fruit de ses dénonciations ». Pour lui, il ne cessera de combattre la calomnie : « Il me parait que dans cette guerre, mon arrière-garde n'est pas très sûre et que j'ai des ennemis beaucoup plus dangereux que les Autrichiens ; mais je vous prouverai que ma logique vaut mes canons [1] » Et il répète à la Convention qu'il veut être chargé seul de l'approvisionnement du soldat ; il y avait une régie dans l'Argonne et les troupes ne manquaient de rien ; en Belgique on n'avait ni payeur, ni magasins, ni hôpitaux ; « c'est contre moi qu'il faut instruire un procès, si c'est un crime que d'avoir passé des marchés et fait les emprunts nécessaires à la subsistance de l'armée [2] ». Quinze jours plus tard, il écrivait encore qu'il désirait « être englobé dans la procédure », partager le sort de ses agents, et défendre à la barre de la Convention Malus, cet administrateur intègre dont l'arrestation était plus funeste qu'une défaite [3]

Bientôt Westermann arrivait à Paris. Il exposa la situation de l'armée à la Convention : Dumouriez était arrêté par les lenteurs des bureaux ; il manquait de numéraire, il manquait d'approvisionnements ; il avait dû faire des emprunts ; « vous êtes trop justes, conclut Westermann, pour rester indifférents sur les besoins de nos braves soldats ; venez promptement à leur secours [4] »

---

[1] *Corresp.*, 157, 160, 224.

[2] Lettre du 25 nov. 1792, séance du 28, *Mon.* du 29.

[3] Dumouriez au président de la Convention, 11 déc., *Corresp.* 244 ; 3ᵉ mémoire.

[4] Séance du 30 nov. 1792, *Mon.* du 2 déc.

La Convention s'émut, et, sur la proposition de Cambon, quatre commissaires de l'assemblée, Camus, Gossuin, Delacroix, Danton, partirent pour la Belgique. Ils étaient autorisés à se faire remettre tous les livres, états, registres de correspondance, et ouvrir tous les dépôts et magasins. Ils reçurent même au bout d'un mois le pouvoir de faire toutes réquisitions et d'ordonner provisoirement toutes destitutions, remplacements et arrestations qu'ils jugeraient nécessaires pour le maintien ou le rétablissement de l'ordre public, à la charge d'en délibérer en commun, et d'envoyer aussitôt leurs arrêtés à la Convention [1].

Malus, Petitjean et Espagnac parurent à la barre le 1er décembre. Tous trois se plaignirent de l'administration de la guerre et affirmèrent qu'ils n'avaient agi que pour subvenir aux besoins urgents de l'armée de Belgique. Espagnac retraça ses opérations avec tant d'aisance et de clarté, tant de finesse et tant d'esprit, que la Convention le couvrit d'applaudissements; on crut, avoue un de ses adversaires, qu'elle allait lui décerner une couronne civique [2]. Les trois prévenus furent laissés en liberté.

Mais le 5 décembre la Convention recevait une nouvelle lettre de Dumouriez. Le général déclarait qu'il communiquerait dorénavant à l'assemblée sa correspondance avec Pache. Il était encore sans pain, sans fourrages, sans argent. On avait rompu des marchés qui

---

[1] Décrets des 30 nov. et 29 déc. 1792 (Rec. Aulard, I, 290 et 370).
[2] *Mon.*, 2 déc. 1792. Cf. sur le succès d'Espagnac Tallien (séance des jacobins du 3 déc.) et *Courrier des départ.*, 3 déc. Espagnac comparut encore devant le comité militaire et y donna des « renseignements utiles à la chose publique » (3 et 4 déc. Procès-verbaux du Comité).

assuraient la subsistance de l'armée jusqu'au 1er janvier. Les chevaux n'auraient pas eu de nourriture le 1er décembre, si des patrouilles n'avaient saisi sur la Meuse deux bateaux de fourrages que les Autrichiens envoyaient à Maestricht. La caisse militaire ne renfermait pas trois mille livres, et Dumouriez avait dû faire un nouvel emprunt. « Je me trouve obligé, disait-il, d'être l'emprunteur et l'approvisionneur de l'armée ».

La Convention se partagea. Les uns, rappelant la jalousie de Louvois contre Turenne, proposaient de mander Pache à la barre. Les autres accusaient plus que jamais Petitjean et Malus. Le crédule Carra affirmait que la nation était volée par les fournisseurs, par les entrepreneurs, par les commissaires des guerres, et qu'Espagnac gagnait pour frais de commission vingt-quatre mille livres par jour [1]! Cambon, désespéré, criait qu'il ne savait qui croire, du ministre ou du général. Que devenait donc l'argent destiné à la guerre? Que devenaient tant de millions consacrés à la dépense des armées, et les cent quatre-vingt dix-huit millions de septembre, et les cent quarante-huit millions d'octobre, et les cent vingt-deux millions de novembre? Que devenaient les assignats? L'assemblée décréta que Pache rendrait compte [2] et que Petitjean, Malus, Espagnac seraient enfermés à l'Abbaye. Mais Pache ne rendit aucun compte, et Petit-

---

[1] Comment, disait Espagnac, pourrais-je gagner 24,000 livres par jour? Mon entreprise me donne deux mois de loyer : 1° du 15 oct. au 15 nov. 685,000 livres; 2° du 1er nov. au 1er déc. 775,875 livres = 1,460,875 livres ; si je gagnais 24,000 livres par jour, je gagnerais en deux mois ou 71 jours 1,464,000 livres ! (Sailhac, *Espagnac*, 124).

[2] Le 28 mars 1793, la Convention décrétait que la commission chargée de l'examen de la conduite ministérielle de Pache ferait son rapport dans trois jours (A. N. C., 248). Les événements arrêtèrent le rapport.

jean, Malus, Espagnac sortirent bientôt de leur prison, après s'être pleinement justifiés.

Espagnac se disculpa si bien que Chateauneuf-Randon se déclara devant le comité de la guerre « intimement convaincu de son innocence et de l'utilité du service qu'il avait établi [1] ».

Petitjean, commissaire des guerres dans l'Argonne, un de ces habiles et infatigables vivriers que les chefs militaires s'arrachaient, demandé avec instance par Beurnonville, par Labourdonnaye, par Dumouriez, par Miranda, regardé par un agent du Conseil exécutif comme un citoyen « très pur qui n'entravait pas la marche des généraux » et par Gasparin comme « le seul homme qui eût la clef de la machine », Petitjean se lava très aisément de tout reproche. Le comité de la guerre vanta ses lumières et son patriotisme. La Convention le rendit à ses fonctions, et le 13 janvier, à 5 heures du matin, Pache le mandait dans son cabinet pour lui confier le service des subsistances de l'armée de la Belgique : il était, dit Petitjean, « revenu des mauvaises impressions qu'on lui avait suggérées contre moi, et la manière franche avec laquelle il me parla, me fit oublier tous les chagrins qu'il m'avait causés [2] ».

Enfin Malus gagna son procès, de même qu'Espagnac et Petitjean. Il servait depuis quarante ans et nul n'avait encore soupçonné sa probité. Tous les généraux

---

[1] Comité milit., 8 janv. 1793. Le 1er mars, la Convention maintenait le marché conclu le 31 août par Servan avec Espagnac pour le service des armées des Pyrénées.

[2] Cochelet, *Rapport*, 10 ; Rojas, *Miranda*, 79-86 ; Beurnonville à Pache, 9 nov. 1792 et Gasparin à Cambon, 11 avril 1793 (A. G.) ; décret du 2 janvier 1793, *Mon.* du 4 ; Comité-milit., 8 janv. 1793 (A. N. A. F. II, 22) et *Ma justification* (mémoire de Petitjean, A. N. W. 360).

louaient ses talents. Dès le mois de juillet, Dumouriez
et Arthur Dillon assuraient que Malus connaissait parfaitement les Flandres et leurs ressources. Le ministre
d'Abancourt le regardait comme un des « meilleurs
moyens » de l'armée [1]. La Convention l'avait appelé devant elle pour répondre à quatre chefs d'accusation. Elle
l'accusait : 1° d'avoir passé des marchés avec Espagnac :
il prouva qu'il n'avait fait aucun marché avec Espagnac ;
2° d'avoir laissé le 6 novembre 20,000 redingotes à Valenciennes : il prouva que les magasins de Valenciennes
ne renfermaient pas au 6 novembre une seule redingote ;
3° d'avoir laissé l'hôpital ambulant à Quiévrain, dans la
journée de Jemappes : il prouva qu'il avait porté tous
les caissons de l'ambulance au-delà de Boussu et fait
soigner les blessés dans les églises de Boussu, de
Cuesmes et de Pâturages [2] ; 4° d'avoir signé des lettres de
change tirées sur la trésorerie nationale : il prouva qu'il
les avait signées avec l'autorisation du général et sur le
conseil du contrôleur de la trésorerie. Mais la Conven
tion ne l'avait pas interrogé sur ces quatre chefs. Elle
lui posa quatre questions. 1° Qu'était-ce qu'un marché
conclu le 11 septembre à Valenciennes, avec Worms,
pour la fourniture de la viande aux hôpitaux des places

---

[1] Mémoire de Dumouriez, 18 juillet ; Dillon à Lajard, 21 juillet ;
D'Abancourt à Dillon, 23 juillet 1792. Un agent dira, le 15 avril 1793,
que « l'administration de l'armée n'a pas gagné au remplacement de
Malus et de Petitjean » (A. G.).

[2] A la veille de Jemappes, Malus écrivait à Pache qu'il ne pouvait
rendre la douleur dont il était pénétré en voyant le dénûment de son
administration : il n'avait ni chirurgiens ni ambulances, et ce service
pouvait manquer absolument à la première affaire. Deux semaines
après, les médecins et les étudiants qu'annonçait le ministre, n'étaient
pas arrivés ; les malades et les blessés manquaient des soins nécessaires ; pas d'argent, pas de fournitures, pas d'instruments de chi-
rurgie (A. G., 5 et 22 nov. 1792).

du Nord, à raison de 11 sous la livre ; 2° qu'était-ce que le marché passé, le 11 octobre à Lille, avec Fabre et Paulet, pour un achat de fine fleur de farine d'Angleterre ? 3° et 4° qu'étaient-ce que deux marchés, faits le 8 novembre à Mons avec Henry Simons, l'un pour foin, paille et avoine, à un prix fort cher, l'autre pour 25,000 sacs de farine, au prix de facture, avec commission de 2 pour 100 ? Malus répondit victorieusement à ces quatre questions. 1° J'ai dû, disait-il, conclure le marché avec Worms dans un moment critique ; les Autrichiens entraient en Flandre ; il fallait sans nul retard approvisionner les places ; aucun autre entrepreneur ne se présentait ; j'ai payé la livre de bœuf et de mouton 11 sous, au lieu de la payer, comme à Paris, 9 sous 11 deniers ; mais je n'étais pas à Paris. — 2° Quant au marché passé avec Fabre et Paulet, le ministre Pache l'a converti en traite sur facture avec commission de 2 pour 100 [1]. — 3° et 4°. Restaient les deux marchés de Simons. Mais Malus ne les avait passés que sur l'ordre de Dumouriez, et il était instant de les passer. Depuis que j'ai quitté l'armée, ajoutait Malus, ne ressent-elle pas les mêmes besoins ? « Je ne suis donc pas coupable. On ne doit pas trouver mauvais qu'un administrateur use des ressources qui se présentent sur les lieux. Ce n'est pas assis vis à vis d'un bureau, à 80 lieues, qu'on peut juger de la multiplicité des besoins d'une grande armée. Il faut considérer les objets en détail, et ce n'est que dans les camps, sur le théâtre même de la guerre, qu'on peut s'en former une idée juste [2]. » Le 29 janvier 1793, la Convention décrétait que Malus serait réintégré dans ses fonctions. Trois jours auparavant, le comité de la guerre,

---

[1] Cf. plus haut, p. 149.
[2] Malus, *Précis pour le commissaire-ordonnateur Malus*, p. 1-12.

sur le rapport de Le Cointre, décidait secrètement que
Ronsin, le calomniateur et remplaçant de Malus, serait
employé dans une autre armée. Les commissaires de
la Convention n'avaient-ils pas déclaré que « tous les
papiers de Malus attestaient l'ordre, l'activité, un travail
aussi assidu qu'heureux et facile [1] ? »

V. Tandis que se débattait à sa honte le procès des
commissaires – ordonnateurs, Pache poursuivait son
œuvre de désorganisation. Il ne cessait d'affirmer son
dévouement aux armées ; il voulait être informé chaque
semaine de leur situation et de la position des différents
corps ; il assurait imperturbablement qu'il s'efforçait de
les préserver des rigueurs de la saison ; il annonçait des
fournitures de toute sorte, et son comité des achats lui
écrivait, en effet, le 22 novembre qu'il avait acheté dans
le Brabant 100,000 sacs de froment et de seigle, 40,000
sacs d'avoine, 50 milliers de foin, 50 milliers de paille,
c'est-à-dire la subsistance d'une armée de 80,000 hommes
pendant neuf mois [2] !

Mais l'arrestation de Malus avait eu les plus fâcheuses
conséquences. « Toute l'armée, écrivait Dumouriez, est
découragée, et le service en souffre, parce qu'il n'y a
plus ni liaison ni confiance. » Ronsin n'entendait rien à
son métier, et, comme disait le général, « était fort étonné
de se livrer à des fonctions dont il ne connaissait pas les
éléments ». Les commissaires des guerres, d'ailleurs en
petit nombre, ne savaient que faire et servaient à contre-
cœur sous les ordres de Ronsin. Les régisseurs dont la

[1] *Mon.*, 30 janv. 1793 ; Comité de la guerre, 26 janv.; 1er rapport,
34-35.
[2] *Corresp.*, 92-93, 118 ; cf. la déclaration de Pache devant le Comité de la guerre, 28 nov. 1792.

trésorerie avait saisi les caisses, ne pouvaient payer leurs employés. Boyé était destitué. Simons cessait ses livraisons. Les agents du comité des achats, Pick et Mosselman, déclaraient à Dumouriez qu'ils n'avaient encore que des grains et que le comité ne devait fournir des farines qu'au 1ᵉʳ janvier 1793. Pendant les six dernières semaines de l'année 1792 l'armée allait donc mourir de faim 1 « Tous les effets de la désorganisation, rapporte Camus, avaient éclaté [1] ».

Dumouriez, hors de lui, somma Ronsin de conclure un marché dans les quarante-huit heures. Ronsin était éperdu ; il avait défense expresse de faire des emprunts et de passer des marchés. Mais lui-même reconnaissait qu'il n'y avait plus de pain que pour trois jours, que les fourrages manquaient entièrement, que la caisse du payeur était vide, que l'armée ne pouvait se porter en avant. Il consentit à faire un emprunt de 174,000 livres sur les neuf chapitres de la ville de Liège et, avec l'autorisation des commissaires de la Convention, il maintint le marché conclu par Malus avec Simons. C'est le marché, écrivait Dumouriez à Pache, « sur lequel nous vivons ; sans ce marché du 8 novembre et les emprunts, je n'aurais ni farines, ni fourrages, ni numéraire [2] ».

Le 10 décembre, un nouvel agent du Directoire des achats, Lipmann Cerfberr, se présentait à Dumouriez.

---

[1] *Corresp.*, 97, 157, 174, 182-185, 224 ; Dumouriez, *Mém.*, III, 210 ; 1ᵉʳ rapport, 35.

[2] *Corresp.*, 97, 185, 248 ; *Correspondance de Ronsin, commissaire-ordonnateur en chef*, 1793, p. 5-6, 9-14, 16-17 ; 1ᵉʳ rapport, 20 : « Simons seul fournissait l'armée à la fin de décembre et dans tout le cours du mois de janvier » ; *Mémoire sur la situation des magasins*, par Le Payen, 20 déc. 1792 (A. N. F⁷ 4598) : « Les armées n'ont été jusqu'ici fournies que par les farines de Simons » ; Rec. Aulard, I, 307.

Le général refusa d'entrer en rapport avec cet « échappé d'Israël ». Il ne reconnaissait pas le comité des achats et ne voulait pas « livrer la Belgique à la cupidité des Juifs », se faire le complice de « la faction financière et juive soutenue par les bureaux ». Comme Pick et Mosselman, Cerfberr venait simplement préparer le service du mois de janvier. Ronsin se jeta dans ses bras [1] et lui exposa la situation navrante de l'armée. « Tout manque, écrivait Cerfberr au Directoire, rien n'est approvisionné, l'armée dépérit ». Il fit quelques marchés ; mais on ne put jamais en obtenir l'état positif. Il soupçonnait tout le monde, répondait sans cesse qu'il ne pouvait faire mieux, chicanait sur les prix : « homme inepte, assurent les commissaires, ou qui affectait de l'être. » D'ailleurs, il dut destiner au mois de décembre les fonds du mois de janvier ; il dut payer l'arriéré de l'ancienne administration, « précaution indispensable, dit-il lui-même, tant la confiance était perdue et le discrédit extrême ». Dès le 26 décembre, il n'avait plus d'argent, et les fonds qu'il demandait n'arrivaient pas. Il était seul, sans aide, sans auxiliaire, et, selon le mot de Valence, ne pouvait rien, n'annonçait rien. Pick et Mosselman dont il implorait l'assistance, demeuraient sourds à ses appels. Le Directoire lui envoya le citoyen Sallambier. Mais les deux hommes se querellèrent. Sallambier demandait des renseignements à tout le monde et conférait longuement avec Boyé ; il reprochait à Cerfberr ses méfiances, sa « malheureuse tête », ses « fausses assertions », ses marchandages. Cerfberr l'accusait de prendre le ton du commandement et de vouloir faire la loi. Finalement Sallambier se retira. « Nous ne sommes pas en-

[1] *Corresp.*, 248.

core sûrs, disait Thouvenot, de ne pas mourir de faim »,
et de Bruxelles un Français mandait au *Moniteur* :
« J'ai bien peur que le comité des achats ne nous oublie
encore [1] ».

VI. On comprend dès lors que Dumouriez n'ait pas
poussé jusqu'à Cologne, et, comme juge Dejean, que
« le dénûment absolu » de l'armée l'ait forcé de terminer la campagne. « Le ministre, marquait le général
à Miranda, me *tient dans l'engourdissement* et me met
dans une telle détresse que je ne peux marcher en
avant [2]. »

Les lettres et le rapport des commissaires de la Convention exposent, aussi bien que la correspondance de
Dumouriez, les misères de l'armée. Camus et Gossuin
arrivèrent à Liège le 3 décembre. Ils ne trouvèrent dans
la caisse militaire que 65,000 livres en assignats et 10,400
livres en numéraire. « N'est-il pas affreux, observaient-ils
à l'assemblée, que l'officier et, quelques volontaires aisés
doivent vider leur bourse pour en garnir la caisse? »

Ils virent à l'hôpital des malades couchés sur le car-
reau ou sur la paille, sans matelas, sans couvertures,
sans autre traversin que des fagots. Les administrateurs n'avaient pas reçu les fonds nécessaires à la dé-

---

[1] *Corresp.*, 248 ; 1er rapport, 20-23 et 44 ; *Observations pour le citoyen Lipmann Cerfberr*, 7 février (A. G.) ; Mém. de Sallambier et
lettre à Cerfberr, 28 déc. 1792 ; Valence à Camus, 1er janvier 1793
(A. N. D., II, 4-5) ; Thouvenot à Dumouriez, 25 déc. 1792 (A. N.
F⁷ 4598) ; Gossuin à Ducos, 1er janvier 1793 (A. N. D XL, 28) : « Les
fourrages manquent ; je ne conçois rien à la conduite du Comité des
achats. »

[2] Mémoire de Dejean, le futur général (Ruremonde, 10 février 1792,
A. G.) ; lettre de Limbourg, 1er janvier 1793 (*Mon.* du 15 : « Les
gens de l'art disent que l'armée était dans un dénûment qui ne lui
permettait pas de pousser plus loin ») ; Rojas, *Miranda*, 19 et 21.

pense d'octobre et de novembre. Les officiers de santé
annoncés par le ministre n'étaient pas encore à leur
poste ; les autres que le premier médecin de l'armée,
Menuret, avait trouvés sous sa main, attendaient leur
salaire. « Je vois, disait le régisseur général des hôpitaux Lafleurye, et je dénonce avec désespoir l'état de
pénurie auquel on abandonne mon service depuis deux
mois et demi [1] ».

Les commissaires parcoururent le camp et furent, selon
le mot de Camus, à la fois affligés et indignés. Ils virent
des hommes qui n'avaient pour vêtement que des gue-
nilles, qu'un « tissu de pièces rassemblées », qu'un
« assemblage informe de morceaux déchirés ». Le soldat,
écrivaient-ils, « pourrit sous la tente, souffre, se dégoûte
du service et murmure ; il est impossible que son corps
résiste au froid et aux frimas que la saison amène ». Ils
ordonnèrent de faire aussitôt des culottes ou des capotes
avec le drap qui se trouvait dans les magasins. Huguenin promit d'exécuter leur ordre ; mais le 31 décembre
rien n'était encore distribué et les soldats ne pouvaient
quitter l'hôpital après leur guérison parce qu'ils n'a-
vaient pas de culottes. « Il n'est pas possible, assurait
Ruault, de diriger plus mal un service, et l'habillement
de toute l'armée, depuis la tête aux pieds, est dans le
plus grand délabrement [2]. »

La viande était exactement fournie ; c'est le seul service, mandait Gossuin, qui s'exécute loyalement et à
temps [3]. Le pain manquait rarement. Mais les fourrages

[1] 1er rapport, 15 et 26-29 ; Rec. Aulard, I, 305 et 338 ; lettre de
Gossuin, 5 déc. 1792 (A. N. A. F II, 281) ; lettre de Lafleurye,
16 déc. (A. N. D. II, 3).

[2] 1er rapport, 25 ; lettres de Gossuin et de Camus, 5 déc. 1792 ; de
Ruault, 26 déc. (A. N. D II, 2 et AA 52).

[3] Gossuin à Camus, 10 déc. 1792 (D II, 4-5).

faisaient défaut. Les Autrichiens avaient tout pris, tout
dévasté. On était loin des magasins d'approvisionnement, et quarante lieues séparent Liège de Valenciennes.
« La plus grande difficulté, rapportent les commissaires,
a été relative aux fourrages, et il y a eu disette réelle ».
Ce fut l'absolue nécessité d'établir un magasin de fourrages qui détermina Ronsin à conclure avec Simons un
nouveau marché, et Simons promit de transporter à
Liège, dans le plus court délai, avoine, foin, pailles, tout
ce qu'il aurait à sa disposition. On fit aussi des réquisitions aux municipalités en s'engageant à payer leurs
fournitures au prix coûtant. Mais on était réduit aux
expédients. Simons n'avait pas assez de voitures pour
amener les foins de Louvain à Liège. Les communes
refusèrent de déférer aux nouvelles réquisitions de Ron
sin parce qu'il n'avait pas acquitté le montant des pre-
mières. Il y eut des jours où les fourrages manquèrent
entièrement. On ne put jamais réunir un approvisionnement de 300,000 rations exigé par Dumouriez. Ni les
commissaires, ni Ronsin, ni Cerfberr ne trouvèrent de
fourrages dans les magasins ou à la suite de l'armée. Le
7 décembre d'Hangest déclarait que les chevaux de l'artillerie avaient été la veille sans foin et sans avoine, et
que trois des meilleurs étaient morts dans la nuit. Deux
jours après, il renouvelait ses plaintes : « Les chevaux
se trouvent dans un tel dénûment de forces qu'on ne
peut les relever de la boue dans laquelle ils languissent
et meurent ; les moins abattus mangent la terre ; s'ils ne
sont pas très promptement remis à la nourriture ordinaire, il sera impossible de lever le parc (d'artillerie), et
les canons et les munitions resteront où ils sont [1]. »

---

[1] 1er rapport, 21-23 et 40 ; *Corresp.* de Ronsin, 6 ; *Observ.* de Cerfberr, 3-5 ; Rec. Aulard, I, 307 ; lettres de Camus, 5, 7 et 8 déc. 1792

Pache, vaincu par les clameurs qui s'élevaient contre lui, ordonna à l'ancienne administration des subsistances militaires de prendre dans les magasins des places du Nord et du Pas-de-Calais de la paille et de l'avoine pour six semaines et du foin pour deux mois [1]. Mais la mesure était tardive et désastreuse. La livre de foin que Pache envoyait de Valenciennes à Liège, revenait à 5 ou 6 sous; achetée à Liège, au temps même de la plus grande cherté, lorsque la disette mettait les commissaires des guerres à la discrétion des marchands, elle ne coûtait que 15 à 18 deniers. Encore, le défaut de voitures et des événements imprévus, les boues, les pluies, la crue des rivières, retardèrent-ils le transport de fourrages ordonné par le ministre [2]

« Quelle spéculation meurtrière, s'écrient les commissaires, de défendre d'user pendant deux mois des denrées du pays ! » Malus avait trouvé en Belgique une étoffe solide et chaude pour les capotes qui auraient coûté chacune de 25 à 30 francs ; Pache envoyait des capotes d'un drap mince qui revenaient entre 50 et 60 francs et ne duraient pas deux mois. Il promettait 130,000 paires de bas de laine ; mais, lui disait Dumouriez, « l'armée est donc entrée dans une colonie déserte ? Il n'y a donc ici ni cordonniers, ni tisserands, ni métiers à faire les bas ! N'avez-vous pas dans ce pays le meilleur marché ? Et quand les prix seraient plus élevés, n'est-il pas d'une bonne politique d'attacher les capitalistes

(A. N. D II, 4-5) ; D'Hangest à Dumouriez, 7 et 9 déc. (id., D. II, 2) et 10 déc. (AA 52).

[1] Pour 20,000 chevaux, 1er rapport, 20-22 et lettres de Pache, 6 et 9 déc. 1792 (A. N. D II, 2).

[2] 1er rapport, 43 et Notes et mémoires de Boyé pour Camus (A. N. D II, 2).

belges au succès de la Révolution française ? » Le général faisait faire à Liège d'excellents souliers pour 3 livres
15 sols la paire ; Pache envoyait des chaussures détes-
tables qui coûtaient 7 à 8 francs et qu'il fallut réformer ;
le dessus, disaient les commissaires, est d'un cuir qui se
déchire comme du papier [1].

Toutes les fournitures offraient les mêmes abus.
Le ministre, témoigne Camus, « a été fréquemment
trompé, soit que tant de détails excèdent les facultés
d'un seul homme, soit que ses agents manquent de con
naissances ». Et les fournisseurs demeuraient impunis :
ils ne marquaient même pas d'une empreinte reconnais
sable les effets qu'ils livraient. Il y eut pis encore
Hassenfratz commanda de transporter de Saint-Denis à
Liège des piquets pour attacher les chevaux. On aurait
trouvé des piquets dans la forêt des Ardennes ; le premier bûcheron venu les aurait façonnés et le moindre
ouvrier, munis d'un anneau. Hassenfratz déclara qu'il
ne fallait rien perdre, et, au lieu de brûler les piquets
dans les poêles du ministère, il leur fit faire le voyage
de Liège et dépensa 10 sols pour un morceau de bois qui
n'en valait pas trois [2]

Camus, convaincu que « le système d'approvisionnement et d'équipement exposait l'armée à périr », se
rendit à Paris et obtint de la Convention, dans la séance
du 13 décembre, plusieurs décrets : les achats seraient
faits sur les lieux mêmes où étaient les armées ; les

---

[1] 1er rapport, 25 ; *Corresp.*, 206-207 ; Rec. Aulard, I, 318-319 ; les
souliers, disaient encore les commissaires, « sont de mauvais cuir, mal
préparé, et souvent ce n'est que du vieux ». 20,000 paires expédiées
de Douai et de Bruxelles étaient hors d'état de servir ; on les distribua
néanmoins ; les soldats les rapportaient tous les jours (lettre du garde-
magasin général Vaudoyer, Liège, 4 déc. 1792, A. N. D. II, 2).

[2] 1er rapport, 48-49.

fournitures seraient marquées d'une empreinte et les objets de mauvaise qualité, laissés à la charge des fournisseurs qui les remplaceraient sur le champ; les généraux ne passeraient ou n'ordonneraient aucun marché, aucune disposition de fonds, mais sur leur réquisition écrite, dans les cas de besoins urgents, les commissaires-ordonnateurs fourniraient à toutes les demandes, sous condition d'instruire sans délai le ministre de la guerre [1].

VII. Enfin, le 1er janvier 1793 commencèrent les opérations réelles du Directoire des achats. « On allait voir, disait Thouvenot, si ce service était monté et si les préposés se mettraient en évidence ». Mais au bout de deux semaines, Ronsin avouait que les ressources de ce comité « soit en fonds, soit en lumières, paraissaient absolument nulles ». Les commissaires constatèrent que le Directoire n'avait à Liège ni magasins, ni argent, ni employés. Ils se rendirent aux cantonnements de l'avantgarde à Aix-la-Chapelle. L'habillement des troupes était misérable. Les dragons, les hussards avaient le plus triste équipage : « plusieurs manquent de bottes, comme les soldats de l'infanterie manquent de souliers; les brides, les selles sont en mauvais état ». De toutes les troupes, c'étaient celles qui avaient le plus peiné et pâti. « Nous sommes dans la pénurie la plus affreuse, notait l'adjudant-général Montjoye à la date du 26 décembre; nos chevaux meurent de faim; plusieurs refusent le service; le pays est épuisé, et les paysans sont obligés de tuer leurs bêtes, faute de pouvoir les nourrir ». Le

[1] Dumouriez et Malus n'avaient pas fait autre chose, comme le général le remarque (*Corresp.*, 201). Cf. Rec. Aulard, I, 318-319, 322-324.

1er janvier, Frégeville l'aîné annonçait que les magasins d'Aix-la-Chapelle ne contenaient que 384 boisseaux d'avoine, et le vaillant colonel ajoutait qu'il allait donner sa démission; il était convaincu qu' « on voulait absolument désorganiser l'armée ». Valence déclarait qu'il fallait périr ou abandonner les cantonnements : « pas un seul moyen de subsister; l'armée est depuis un mois dans l'incertitude si elle sera approvisionnée pour le lendemain[1] ».

Pourtant le Directoire des achats avait dépêché à Aix-la-Chapelle un régisseur des vivres et fourrages, Delagreye. Mais, écrivaient les commissaires le 5 janvier, « il ne fournit rien et il n'envoie même pas les fonds qu'il promet ». Delagreye attestait qu'il n'avait pas une botte de foin dans ses magasins, qu'il devait déjà 269,200 livres pour cette denrée, et qu'il craignait de ne pouvoir livrer les approvisionnements en farines et en pain. Les conventionnels durent ordonner aux commissaires des guerres de passer des marchés et d'accepter des soumissions. Deux jours après, les fonds arrivaient; on paya les anciennes fournitures, on assura les nouvelles, mais « l'état dans lequel on se trouvait, n'était pas celui de l'abondance », et le 4 février, Delagreye se plaignait encore de manquer d'argent[2].

Les commissaires revinrent d'Aix-la-Chapelle à Lou-

---

[1] Thouvenot et Montjoye à Dumouriez, 25 et 26 déc. 1792 ; Frégeville à Thouvenot, 1er janv. 1793 (A. N. F7 4598) ; *Corresp.* de Ronsin, 30 ; 1er rapport, 24, 25, 40, 45 ; Rec. Aulard, 461 et 470 ; La Noue à Ronsin, 26 déc. 1792. « Les subsistances en pain et en fourrages sont prêtes à manquer » ; Valence à Custine et a Pache, 2 et 3 janv. 1793 (A. G.) ; Valence à Camus et procès-verbal de la réunion des commissaires et des généraux, 1er et 2 janv. (A. N. D. II, 3).

[2] Rec. Aulard, I, 404-405 ; Delagreye à Pache, 4 février 1793 (A. G.).

vain, à Malines, à Anvers. Partout, l'armée était tombée
dans le même état de langueur et de détresse. Partout
les approvisionnements étaient médiocres. Le Directoire
se vantait d'avoir à Louvain 1,460 quintaux de foin;
Petitjean lui répondit que c'était de quoi nourrir les
chevaux de la garnison pendant un jour, et il acheta sur
le champ à Simons 50,000 rations de foin qui furent
envoyées à Liège et suffirent durant une semaine à la
cavalerie. Partout, les troupes manquaient des vêtements
les plus nécessaires ; des volontaires du 3ᵉ bataillon du
Calvados avaient un simple sarrau de toile réduit en
pièces. « La désorganisation augmente, disait Ronsin
à Pache le 29 janvier, les ressources de nos ateliers ne
peuvent faire cesser les besoins des soldats parce
qu'elles ne produisent que des distributions partielles. »
Cochelet annonçait de même le 2 février que les chevaux
n'avaient pas de litière et périssaient d'inanition, que
les habits et les culottes des soldats tombaient en lam
beaux, que les malades couchaient sur une poignée de
paille fétide, que les souliers, les bottes, les harnais fai
saient défaut, que les magasins étaient presque vides [1].

Durant tout le mois de janvier 1793 et plus tard encore
les généraux ne cessent de se plaindre. Petitjean dé-
ployait une grande activité et trouvait des ressources
qu'on n'avait pas auparavant. Mais chaque lettre de
Thouvenot au général en chef confirmait « la disette et
l'impéritie de la fameuse compagnie ». La Noue écrivait
que la cavalerie ne pourrait entrer en campagne; Dampierre, que ses soldats étaient dénués de tout et qu'il

---

[1] Rec. Aulard, I, 485-486 ; Petitjean à Miranda, 16 janv. 1793
(A. G.) ; *Corresp.* de Ronsin, 63 (cf. *Corresp.* de Dumouriez et de
Pache, 151, « simples envois partiels ») ; Cochelet au ministre,
2 février 1793 (A. G.), et *Rapport*, 9-10.

fallait leur « redonner et des habits et des provisions »
Stengel, que les troupes « souvent aux expédients pour
le pain, n'avaient les trois quarts du temps ni foin, ni
avoine »; Harville, qu'il ne vivait qu'au jour le jour et
que ses magasins ne se formaient pas; Miranda, que
dans quinze jours l'armée se débanderait peut-être.
« L'administration des vivres, mandait-il à Dumouriez,
ne va presque pas, et nous sommes sur le point de la
voir arrêtée. Pache s'obstine à croire qu'il y a des magasins quand ils n'existent pas », et il ne cachait pas au
ministre que les bureaux l'entravaient constamment par
« leur négligence ou méchanceté dans le service ».
Charles de Flers affirmait que presque tous les bataillons de son commandement « manquaient de canons, de
caissons, de munitions, de cartouches, de bas, de souliers, de culottes et d'instruction ». Gobert raconte
dans un mémoire inédit qu'on faisait « une prodigieuse
quantité de demandes sur les besoins du soldat ; les
états-majors, dit-il, et les conseils d'administration ne
s'occupaient qu'à écrire ; on envoyait des réclamations
de tout genre... et le soldat continuait toujours à
souffrir [1] ».

Y avait-il, demandait Valence, friponnerie ou ineptie ?
— Il y a friponnerie, répondirent les commissaires de
la Convention dans leur rapport; « tous les moyens
d'agiotage étaient dans les mains du Directoire des
achats »; mais, ajoutaient-ils tristement, s'il fallait
employer des fripons, mieux valait employer ceux qui
faisaient vivre l'armée tout en gagnant beaucoup d'ar-

---

[1] A. N. F7 4598 : Thouvenot (1er janv.), La Noue et Dampierre
(17 janv.), Miranda (28 janvier), Harville (3 février) à Dumouriez;
A. G. De Flers aux commissaires (8 févr.), Miranda à Pache (16 et
28 janv. 1793), Mémoire de Gobert ; *Stengel à Marat*, p. 3.

gent que ceux qui la faisaient périr en gagnant plus
encore [1]

Pache tenta de se justifier. Le 1er janvier 1793 il affirmait dans une lettre publique la sévérité de ses principes et assurait qu'une grande nation qui triple soudainement ses forces actives, « peut être un moment dans
l'embarras » ; il disait au comité militaire qu'il n'occupait
le ministère que depuis deux mois et qu'il passait les
nuits à donner des ordres ; il écrivait à Miranda que des
querelles d'amour-propre avaient causé tout le mal [2].
En réalité, il ruina l'armée française et arrêta sa course
victorieuse ; il cassa les marchés qui la faisaient vivre
et la priva de ses commissaires-ordonnateurs ; il lui
envoya l'incapable Ronsin [3] ; il réduisit la compagnie
des subsistances militaires à la plus funeste inaction [4] ;
il établit un Comité d'achats qui ne pourvut nullement à
la subsistance des troupes ; et, si l'indiscipline, pire
encore que la misère, s'empara des soldats, ce fut la
faute de Pache ; « ils recommencèrent la campagne, dit
Gobert, dans un désordre aussi grand qu'ils l'avaient
finie, mais il faut plus en accuser le ministre que le
général [5] ».

---

[1] 1er rapport, 46 ; cf. le mot de Dumouriez (Rojas, *Miranda*, 21)
« scélératesse d'une part et ignorance de l'autre ».

[2] *Journal milit.*, 1793, VI, p. 31 (Pache à ses concitoyens) ; Comité
milit., 3 janv. 1793 (A. N. A. F. II, 22) ; Rojas, *Miranda*, 24-26
(Pache à Miranda, 7 janv. 1793).

[3] Chépy lui-même écrivait qu'il ne fallait pas confier l'existence des
armées à des poètes ou à des hommes « qui n'avaient de mérite que
dans leurs cheveux lisses ». Gobert dit que Ronsin « acheva de
mettre le désordre ; sous son administration la bassesse, le pillage et
la fraude furent en crédit et les fripons furent honorés ». Pache, rapporte Mallet du Pan (Sayous, II, 53) le « chargea d'aller brouiller les
cartes, intriguer, voler et calomnier ».

[4] Expression des commissaires, 1er rapport, 41.

[5] Mémoire de Gobert (A. G.).

Aussi, dès le 18 décembre, Dumouriez demandait-il un congé. Il l'obtint difficilement. Pache craignait sa présence à Paris et, selon le mot de Marat, ses mémoires fulminants. La querelle entre le ministre et le général était devenue si vive qu'ils n'échangeaient plus que des billets d'un impertinent laconisme. « Le ministre de la guerre, écrivait Pache, a recu votre lettre ; il aura droit à votre demande ». Dumouriez le paya de même mon naie ; il lui mandait la prise de Herve et ajoutait sèchement : « Il m'est impossible de poursuivre ces succès par la désorganisation que vous avez mise dans mon armée ». Il allégua que sa santé était entièrement perdue, et menaça de donner sa démission. Le congé arriva, et le 1er janvier 1793 le général était à Paris. « Personne, lui disait Thouvenot, ne tiendra contre l'évidence des raisons que vous allez donner ». Mais Dumouriez ne venait pas seulement renverser Pache et le Comité des achats ; il venait plaider la cause de la Belgique [1].

---

[1] *Mon.*, 10 et 16 déc. ; Thouvenot à Dumouriez, 25 déc. 1792 (A. N. F⁷ 4598) ; Dumouriez, *Mém.*, III, 300.

LA RÉUNION

I. Au milieu des succès de l'armée française, cruelle-
ment compromis par l'ineptie de Pache et des bureaux
de la guerre, que devenait la Belgique, délivrée du joug
autrichien?

La Constituante avait déclaré solennellement qu'elle
renonçait aux conquêtes, et la Législative ne faisait la
guerre à l'Autriche que pour se défendre. Généraux
et politiques rejetaient toute idée d'agrandissement ter-
ritorial. Dumouriez, entamant sa campagne, disait aux
ministres que les Belges devaient y gagner leur liberté

et la France leur alliance[1]. « Je pense absolument
comme vous, écrivait Biron à Merlin de Douai, qu'il nous
doit être tout à fait indifférent quelle forme de gouver-
ment choisiront les Belges, et que notre unique but
doit être de les rendre indépendants et libres de s'organiser [2]. » Robespierre annonçait que les Français laisse-
raient au peuple belge la liberté de se donner la constitution qui lui plairait [3]. Rendez, disait le président du
club de Valenciennes à Dumouriez, « rendez les Belges à
la liberté et apprenez à l'univers que la France met sa
gloire à mépriser de vaines conquêtes [4] ».

La Convention, elle aussi, ne songeait pas d'abord
à l'incorporation des Pays-Bas. Ses commissaires dans
le Nord voulaient suivre l'armée sur le territoire belge,
non « pour influencer les opinions », mais pour « surveiller les intrigants ». Elle décréta qu'ils reviendraient
à Paris ; « ils désiraient, dit Barère, accompagner la victoire dans le Brabant, mais leur mission se borne aux
frontières. Que feraient-ils en suivant l'armée ? Une invasion politique, » et le 4 décembre il déclarait encore,
au nom de l'assemblée, que la France voulait, non pas
river les fers d'une autre nation, mais conquérir son
cœur. « Nous sommes vos frères, mandait Gensonné à
Malou-Riga, et non pas vos souverains ; le peuple, libre
et sans influence, saura bien ce qui lui convient le
mieux, et, en lui laissant l'exercice de sa pleine et
entière volonté, nous n'aurons du moins aucun reproche
à nous faire. » Le Conseil exécutif n'avait-il pas hautement proclamé que la Belgique ne devait ni craindre

---

[1] Dumouriez à Servan et à Clavière, 26 sept. 1792 (A. G.).
[2] Biron à Merlin, 7 mai 1792 (A. G.).
[3] *Le défenseur de la Constitution*, n° 1.
[4] *Mon.*, 29 oct. 1792.

pour son indépendance, ni douter du désintéressement de la République francaise [1] ?

Le manifeste de Dumouriez contenait de semblables assurances. Dès 1790, le général avait recommandé de protéger le vonckisme, et pendant son ministère il avait favorisé de tout son pouvoir le parti démocratique, « le seul dont les principes coïncidaient avec les principes francais [2] ». Il sommait donc les Belges d'établir la souveraineté du peuple et de renoncer à vivre sous des despotes quelconques. Mais, ajoutait-il, la France ne se mêlerait en rien de la constitution qu'ils voudraient adopter. Ce manifeste fut suivi d'instructions spéciales aux généraux. Ils n'interviendraient pas dans l'administration, ni « dans aucun détail politique » ; ils apportaient la liberté, mais ils ne devaient pas « influencer le peuple dans les formes qu'il voudrait prendre pour la maintenir » ; ils annonceraient que la nation belge était seule souveraine et devait élire sur le champ de nouveaux magistrats ; ils se saisiraient des caisses publiques, mais cet argent serait, comme les impôts, destiné à la formation d'une armée nationale [3].

De même que le général, le ministre des affaires étrangères, Le Brun, affirmait qu'il voulait « assurer parfaitement et sans retour la liberté des Belges et Liégeois ». Il avait, dès le début de l'invasion, organisé, sur le conseil de Dumouriez, une *agence* francaise de trois membres : Joseph-Marie Bourdois, colonel et chef

---

[1] Séance du 1er nov. et lettre des commissaires du 7, *Mon.* du 3 et du 11 ; lettre de Gensonné à Malou (Borgnet, II, 408) ; Arrêté sur la liberté de l'Escaut, 16 nov. 1792.

[2] Dumouriez à de Grave, 23 avril 1792 (A. G.).

[3] *Corresp.*, 30, 39-41, 53-56, et lettre à Ferrand, 10 nov. 1792 (A. G.).

de l'agence, Charles Metman et Pierre Chépy. Un quatrième personnage se joignit à ces agents de son propre mouvement, malgré Le Brun et avec l'autorisation de Dumouriez : le secrétaire d'ambassade Deshacquets, qui ne fit d'ailleurs que signer des certificats, légaliser des pièces et fouiller les archives. Bourdois, Metman, Chépy devaient s'entendre avec le comité des Belges et Liégeois unis, et surtout avec Dumouriez. Le Brun leur recommandait quatre points essentiels : 1° suspendre toutes les autorités et remplacer les tribunaux par des arbitres et des juges de paix et les États par des muni cipalités provisoires que le peuple choisirait librement ; 2° convoquer les électeurs pour connaître la forme du gouvernement qu'ils désiraient ; 3° organiser une force militaire soldée et non soldée ; 4° déporter ou séquestrer les moines et améliorer le sort des curés [1]

Dumouriez ne voulait pas séquestrer ou déporter les moines, mais il s'efforça d'exécuter le reste du programme de Le Brun. Toutes ses adresses, ses proclamations, ses discours dictaient aux Belges leur conduite. Il leur disait qu'une seule corporation existait dans le monde, celle des hommes libres ; toutes les autres corporations, prêtres, nobles, États, devaient disparaitre. L'archiduchesse Marie-Christine avait, en quittant Bruxelles, annoncé que l'Empereur maintiendrait immuablement la constitution du duché de Brabant et la *Joyeuse Entrée*. Dumouriez mettait les Belges en garde contre ce « présent funeste et trompeur » ; leur constitution n'était que le pacte d'un peuple esclave avec un despote : désormais libres et souverains, ils renonce-

---

[1] Le Brun au Comité rév., 13 nov. (A. N. F⁷ 4598), et à Dumouriez, 8, 13, 25 nov. 1792 (A. E.).

raient à leur ancienne représentation composée d'un petit nombre de familles et d'individus, ils renonceraient à la magistrature qu'ils ne nommaient pas, ils renonceraient à tous leurs titres et privilèges, aboliraient l'ordre de la noblesse et l'ordre du clergé. « Gardez, s'écriait le général, vos curés et vicaires, donnez-leur l'honnête nécessaire sans en faire un corps politique, et rendez à la pauvreté les prélats, abbés et moines qui vous mangent. Que toutes les distinctions de province, de condition, de profession, s'évanouissent au milieu de vous Soyez frères, soyez unis, toujours unis, et vous deviendrez un peuple aussi heureux que puissant[1] ! »

Pour mieux gagner les esprits aux principes français, Dumouriez installa partout des sociétés populaires qui s'affilièrent à la grande Société de Paris. Dès le lendemain de Jemappes, un club s'ouvrait à Mons et offrait le bonnet rouge au libérateur de la Belgique, à l'homme qui, ministre et général, avait déclaré la guerre au tyran, puis l'avait abattu. Dumouriez félicita les Montois d'établir le premier club des Pays-Bas et de montrer que le peuple belge était mûr pour la liberté[2].

Bruxelles suivit l'exemple de Mons. Le 15 décembre, au lendemain de l'entrée des Français, les membres du comité révolutionnaire fondaient une Société populaire. Ils nommèrent président le disert d'Espagnac, qui, « abbé et noble, avait su terrasser deux préjugés de l'orgueil et du despotisme ». Dumouriez assistait à la séance du 18 novembre. Il présenta Baptiste Renard, ci-devant son valet de chambre, et maintenant capitaine de la garde nationale et son aide-de-camp ; il montra l'épée

[1] *Mon.*, 12 déc. 1792.
[2] *Mon.*, 17 nov. 1792.

que la Convention avait donnée au héros de Jemappes
et, pour prouver qu' « il n'y avait plus d'intervalle entre
les hommes », il embrassa Baptiste. La scène, dit le
procès-verbal, fut attendrissante [1]

Dans toutes les grandes villes de Belgique s'établirent
de clubs, chargés d'apporter « au milieu des glaces
de l'aristocratie les saintes ardeurs du civisme ». Deux
frères de Bruxelles, Goguet et Mesemaecker, vinrent
inaugurer la Société de Louvain et tenter de « détruire
le fanatisme et la crasseuse hypocrisie ». Le colonel de
la gendarmerie nationale, Verrières, aidé de son secrétaire, Régulus Leclerc, fonda le club d'Anvers ; l'officier Almain, le club de Tournai ; Malou-Riga, le club
d'Ypres [2].

En même temps, dans le pays de Liège et sur tout le
territoire de la Belgique, excepté dans les trois provinces de Limbourg, de Gueldre et de Luxembourg que
les Autrichiens occupaient encore, avaient lieu les élec
tions des administrations provisoires. Dumouriez ne
prescrivait aucune disposition de détail. Les villes choisirent leurs administrateurs à des dates diverses, appe-
lant au scrutin un nombre plus ou moins grand d'électeurs, donnant aux élus plus ou moins de pouvoirs, en
un mot, procédant comme il leur plut.

Liège avait une situation à part. La *Société des amis de
la Liberté*, rentrée dans le pays avec Dumouriez, résolut de confier l'administration de la ville au Conseil
municipal de 1790 et celle du pays entier à une Conven-

---

[1] *Mon.*, 26 et 28 nov. 1792 ; Seilhac, *Espagnac*, 136 ; Borgnet, II,
93-95.

[2] Borgnet, II, 95-96 ; Miranda à Pache, 12 janv. 1793 (A. G.);
certificat de Chaussard à Leclerc (A. E.) ; O'Moran à Dumouriez,
20 déc. 1792 (A. N. F⁷ 4598) ; Malou-Riga, *Mém. pour les députés
des Deux-Flandres*, 3.

tion nationale liégeoise. La principauté constitutionnelle fut abolie et la république démocratique établie sans obstacle ; au *tyran mitré* succédait le peuple souverain. Le 7 décembre, la Convention liégeoise, composée de 120 membres, fut élue par les assemblées primaires. Mais elle ne se réunit que le 17 février suivant. Elle nomma Fabry, président et Bassenge, vice-président ; puis elle décréta que le pays était irrévocablement séparé de l'empire germanique et, pour rompre a jamais avec *l'évêque-despote,* décida que les églises de Liège seraient transformées en magasins ou en casernes et la cathédrale de Saint-Lambert, démolie de fond en comble [1]

Mais, malgré Dumouriez et les clubs, les statistes l'emportèrent en Belgique. Trois grandes villes, Charleroi, Mons, Bruxelles, leur échappèrent. Encore fallut-il, pour déjouer leurs manœuvres à Mons et à Bruxelles, recourir à la ruse et convoquer les électeurs brusquement, sans délai et dans la journée même.

Le surlendemain de Jemappes, Walckiers, Balsa, de Raet, Digneffe, Espagnac, formant le comité révolutionnaire des Belges et Liégeois unis, convoquèrent à Mons, dans l'église Sainte-Waudru, tous les citoyens âgés de 21 ans au moins. Une administration provisoire de 30 membres fut élue sur le champ. Elle s'empressa de déclarer, au nom du peuple souverain, « à la face du ciel et de la terre » qu'elle brisait tous les liens qui attachaient la Belgique à la maison d'Autriche et jurait de ne plus les renouer. Les nouveaux administrateurs de Mons professaient des opinions démocratiques. Ils organisèrent le Hainaut. Chaque commune eut ordre de remplacer ses échevins par sept officiers municipaux et

---

[1] Hénaux, II, 662-671.

d'envoyer à Mons un député. Toutes obéirent, à l'exception de Hal, qui déclara qu'elle ne reconnaissait d'autre représentant que les trois états du Hainaut et ne voulait vivre que selon les anciennes lois et constitutions de la province. Les députés des communes formèrent l' « Assemblée générale des représentants du Hainaut » et cette assemblée décréta l'abolition des États, du Conseil souverain, des trois ordres et du droit de main-morte. Mais sa majorité se composait de modérés, et la lutte éclata bientôt entre les représentants du Hainaut et les administrateurs de Mons [1].

Comme l'élection de Mons, celle de Bruxelles fut toute démocratique. Mais on l'escamota. Le 18 novembre, au matin, les clubistes parcoururent les sections au son du tambour et lurent ou affichèrent un placard : les amis de la liberté, de l'égalité et de la souveraineté du peuple étaient invités à se rendre en l'église Sainte-Gudule à deux heures de l'après-midi pour nommer 80 représentants provisoires. Les Bruxellois trouvèrent l'église entourée de troupes et de canons. Quelques-uns demandèrent un sursis de 24 heures et la convocation du peuple par sections ou paroisses. Mais les clameurs des vonckistes étouffèrent leurs voix, et quelques coups de crosse et de sabre donnés à propos réduisirent au silence quiconque avait envie de protester. On nomma Balsa président et Verlooy secrétaire de l'assemblée, et l'élection se fit par acclamation, ou, comme dit Chépy, par « ce mode acclamatoire si favorable à l'enthousiasme révolutionnaire et si bien adapté au besoin impérieux des circonstances ». Les noms des 80 représentants étaient

---

[1] *Mon.*, 15 et 17 nov. 1792; Seilhac, *Espagnac*, 136; Everaert et Bouchery, *Hist. de la ville de Hal*, 310; Borgnet, II, 77-78; *Adresse du peuple belge à la Convention*, 7-8.

arrêtés à l'avance ; ils appartenaient presque tous au parti démocratique et avaient été, selon l'expression du *Moniteur*, les plus constants amis du peuple dans la révolution belgique : Walckiers, Balsa, Torfs, Sandelin, Verlooy, Chapel, Fisco, d'Outrepont. Ils se rendirent le surlendemain à l'Hôtel-de-Ville où Dumouriez les installa dans la salle des États. Leur premier acte fut de proclamer la déchéance de la maison d'Autriche et l'abolition de toutes les exemptions en matière d'impôt [1]

Partout ailleurs, les statistes eurent l'avantage. Les États du Tournésis fixèrent eux-mêmes le mode d'élection de leurs successeurs ; chaque commune choisit un délégué, et l'assemblée de ces délégués nomma 15 administrateurs provisoires.

Dumouriez essaya d'influencer les élections de Tournai. Le 12 novembre deux membres du comité révolutionnaire, Balsa et Dignefle, convoquaient le peuple au son du tambour dans la basilique de Notre-Dame, et le soir même les élus, au nombre de 20, entraient en fonctions. Mais les administrateurs provisoires de Tournai, comme ceux du Tournésis, étaient pour la plupart dévoués au parti des États.

Les assemblées provinciales de la Flandre et de la Westflandre se composèrent de délégués des districts. Mais là encore les statistes eurent la majorité. Furnes refusa d'envoyer ses représentants à l'assemblée de la Westflandre, et les membres de la députation permanente des États gardèrent leur siège dans l'assemblée de la Flandre proprement dite.

A Namur, le peuple réuni dans l'église Saint-Aubin,

---

[1] Borgnet. II, 82-83 ; Levae, 82-86 ; *Mon.*, 26 et 29 nov., 3 déc.; Chépy à Dumouriez, 21 nov. 1792 (A. E.).

élut 40 représentants provisoires. Ces représentants appelèrent à eux des députés des villes et villages de la province, et lorsqu'ils furent au nombre de 162, se qualifièrent « représentants provisoires de la province de Namur ». Ils appartenaient au parti conservateur, et l'on comptait parmi eux six membres du Congrès de 1790. Seule, la deuxième ville du pays, Charleroi, qui se nommait alors *Charles-sur-Sambre*, avait élu des jacohins qui refusèrent de siéger dans l'assemblée de Namur.

Malines, Louvain, Anvers firent les mêmes choix que Namur. La population de Malines, réunie dans l'église de Saint-Rombaut, élut 20 représentants provisoires, tous partisans des États [1].

Louvain était tout statiste. Dumouriez pria Balsa d'y envoyer Digneffe et quelques « forts » amis de la liberté et de l'égalité. Des clubistes partirent aussitôt de Bruxelles pour « éclairer de leurs lumières le peuple de Louvain et surtout l'Université dont la philosophie avait plongé la ville dans les ténèbres de l'esclavage ». Mais par deux fois, le peuple, assemblé aux Halles, déclara qu'il voulait maintenir l'ancienne Constitution. Enfin, dans une troisième réunion organisée par Goguet et Mesemaecker, il nomma 25 représentants provisoires « les uns, excellents démocrates, les autres, moins éclairés [2] ».

Comme Louvain, Anvers affirma son attachement à la constitution brabançonne. C'était, dit Dumouriez, la

[1] Borgnet, II, 78-81. On trouve parmi les représentants de Malines l'abbé Duvivier et des membres du Congrès, Nelis, Van Kiel, Scheppers. Cf. les listes de Borgnet, II, 404-405.

[2] *Mon.*, 16 déc. 1792 ; Gachard, *Coll. de doc. inéd.*, 1835, vol. III. 54 et 130-133 ; Borgnet, II, 84-85.

plus fanatique de toutes les villes. Ses représentants
qui se formèrent en une « assemblée des représentants
provisoires du peuple libre et souverain d'Anvers »,
furent tous conservateurs, et un commissaire français
disait de cette administration qu'elle lui paraissait
« inerte » et « aristocratisée [1] ».

Les élections étaient donc hostiles au système français. Dumouriez devait reconnaître que le peuple avait
parfois renommé ses anciens magistrats et que, si les
Belges criaient : *Vivent les Français*, la plupart criaient
aussi : *Vivent les États* [2] ! Obstinément attachée à ses
institutions, convaincue qu'elle leur devait son aisance
et son bien-être, opposée par suite à toute réforme et à
tout progrès, regardant la moindre innovation comme
dangereuse, la Belgique ne comprenait pas que les
temps étaient changés, que son organisation ne répondait nullement aux idées du siècle et que la République
française ne pouvait, en un pays conquis par ses armes,
tolérer le maintien pur et simple de l'ancien régime.
Vander Noot écrivait alors qu'il fallait conserver la
Joyeuse Entrée avec diverses modifications, ne « pas
heurter de front les préjugés » des Belges, « ne pas toucher au clergé ni à ses biens », confier le pouvoir exécutif à un prince apanagé d'Orange, de Brandebourg et
de Hanovre. Comme Vander Noot, le bon peuple belge
refusait de se donner une constitution nouvelle [3].

---

[1] Borgnet, II, 86 ; Rojas, *Miranda*, 14 ; Chaussard, *Mém. hist. et
polit. sur la révol. de la Belgique et du pays de Liège en 1793*, 1793,
p. 138.

[2] *Corresp.*, 273 et proclamation de Dumouriez.

[3] Vander Noot au peuple belge, 20 nov. (Borgnet, II, 72-74, et
Levae, 103) et à Dumouriez, 26 nov. 1792 (A. N. F⁷ 4598). Le tribun
ne devait mourir qu'en 1827, Vander Mersch et Vonck moururent
tous deux en 1792, Vander Mersch le 14 septembre, Vonck le 1ᵉʳ décembre.

De violentes protestations s'élevèrent contre les élec
tions de Mons et de Bruxelles. A Mons, les statistes se
réunirent à leur tour dans l'église de Sainte-Waudru
pour élire de nouveaux administrateurs à la place des
premiers qu'ils nommaient des *intrus*. Un avocat fit jurer aux assistants de défendre la religion catholique
jusqu'à la mort et les mit en garde contre le *système
français ;* on avait une constitution, disait-il, et on devait la garder sans prendre l'ordre des envahisseurs.
Il fallut, pour apaiser l'émeute, que Moreton défendit
aux citoyens de s'assembler sans une permission des
administrateurs provisoires [1].

Bruxelles surtout s'agitait et fermentait. Dès le premier jour, des pamphlets de toute sorte attaquèrent l'administration provisoire et le club des jacobins. On reprochait aux administrateurs d'avoir été nommés par la
force des baïonnettes. On les dénonçait comme des
royalistes déguisés et des hommes sans mœurs ni probité. On célébrait et préconisait les États et la Joyeuse
Entrée. Fallait-il, pour être heureux, se gouverner à la
française ? Ne pouvait-on garder ses lois, ses usages,
ses habitudes ? Une aristocratie sagement tempérée
était-elle le régime d'un peuple esclave ? Ne valait-elle
pas mieux que l'anarchie ou qu'une révolution aux
terribles secousses ? Lequel est le plus libre, de celui
qui ne reconnaît d'autre loi que la licence et la volonté
de la multitude, ou de celui que régissent des principes
confirmés par l'expérience de plusieurs siècles ? Le seul
mot d'innovation n'avait-il pas causé dans les esprits
une agitation incroyable ? Enfin, ne devait-on pas son-
ger aux chances de la guerre, sauvegarder l'avenir, se

[1] *Mon.*, 30 nov. 1792.

prémunir contre les *revenants*? Si les Autrichiens rentraient vainqueurs en Belgique, n'auraient-ils pas le droit de garder le pays comme ils le trouveraient, sans États, sans Conseil, sans Constitution [1]?

Le 27 novembre plus de 7,000 personnes se réunirent au Mayboom, sur la place où l'on plantait l'arbre de mai, et parcoururent la ville en criant : *A bas les jacobins! A bas les représentants! Vivent les États! Vive la Joyeuse Entrée!* On hua les vonckistes et brisa leurs fenêtres. Des artisans se portèrent au club et il fallut, pour les disperser, envoyer contre eux la gendarmerie nationale.

« La révolution est bien loin d'être faite dans le Brabant, écrivait Dumouriez, et la cabale des prêtres et des États règne sur les trois quarts du pays [2]. »

Enfin, on avait cru que les Belges recevraient les assignats au pair. Mais nul ne les voulait; ils perdaient à Paris même plus de cinquante pour cent. Des rixes éclatèrent bientôt entre les troupes et les bourgeois. Les soldats, gagnés par les agioteurs, exigeaient pour un objet de quatre ou cinq sous le change d'un assignat de cinq livres ; les marchands refusaient le papier et préféraient céder leur denrée pour rien. Quelques-uns fermèrent boutique. Les Français priaient Dumouriez d'ordonner la circulation forcée des assignats, et les Belges de

---

[1] Cf. les extraits de pamphlets cités par Levae, l'*antibalsa*, l'*adresse à la Convention*, la brochure *aux amis de la chose publique*, le *Berigt* aux paysans, *Scévola belgique, qui l'emportera*, etc. Raoux a fort bien dit (*Mém. sur le projet de réunion*, 12-13) que les Belges « ne sentaient pas le besoin du changement » et « ne voulaient pas abandonner un *bien* précieux qu'ils connaissaient pour un *mieux* que personne ne connaissait encore ».

[2] *Corresp.* avec Pache, 175. « Les Belges, disait Valence, influencés par des fanatiques, ne sont pas déterminés pour nos opinions comme les habitants de Liège. » (Valence à Le Brun, 6 déc. 1792 A. G.)

la défendre : le général répondit qu'il ne ferait aucune proclamation ni pour ni contre les assignats ; dans le premier cas, il commettrait un acte de violence qui révolterait les habitants et nuirait au commerce ; dans le second cas, il discréditerait les assignats et leur porterait le dernier coup. Toutefois les soldats eurent ordre de payer en numéraire [1]

Mais déjà, malgré Dumouriez, les Français agissaient en conquérants et, selon le mot de Gensonné, travaillaient le pays à leur guise. Labourdonnaye jalousait Dumouriez et ne cessait pas de le contredire et de le contrecarrer. Il se plaignait au ministre de marcher sur Tournai et non sur Ostende, d'avoir moins d'hommes et moins de canons que Dumouriez ; à l'entendre, Dumouriez attirait tout, gardait tout ; Dumouriez cherchait à se créer un parti dans la Convention, à dominer le ministre, à subordonner aux généraux le pouvoir exécutif [2].

Labourdonnaye osa désobéir ouvertement à Dumouriez. Il fit percevoir les deniers publics au profit de la France et décréta, dans le Tournésis et à Tournai, un emprunt forcé d'un million de livres, qu'il proposait de transformer en contribution, comme Custine avait fait à Francfort. Le procureur-syndic du district de Lille, Sta, que Labourdonnaye avait nommé commissaire-ordonnateur, se chargea de recouvrer l'emprunt, arrachant 200,000 livres aux communautés religieuses de Tournai, sommant la ville de lui compter 750,000 livres, envoyant chez les plus riches un notaire suivi d'un officier français qui les invitait à payer chacun 50,000 livres. Sta fit de semblables réquisitions dans la Flandre, extorquant

[1] Dumouriez, *Mém.*, III, 198-200 et *Corresp.*, 249-252.
[2] Labourdonnaye à Pache, 30 oct., 4, 11, 12, 22, 24 nov. (A. G.).

80,000 livres à Ostende, exigeant de Gand 200,000 sacs de blé, et de Menin 300 chariots, enjoignant au magistrat d'Ypres de dénoncer les émigrés français et de déclarer leurs biens. La menace accompagnait ses demandes : il enfermerait les administrateurs d'Ypres dans la citadelle de Lille et traiterait ceux de Menin en ennemis et fauteurs d'émigrés.

Dumouriez fit à Labourdonnaye les reproches les plus sévères : « Attribuer à la France les contributions publiques de la Belgique, c'est jeter la méfiance contre nos opérations et les entacher d'un vernis de bassesse et de vénalité ! C'est établir une tyrannie militaire sur les ruines du despotisme autrichien ! Nous entrons chez des alliés, chez un peuple nouveau que nous devons établir dans tous les droits de la souveraineté. Comment voulez-vous que ce pays se constitue, s'administre et s'arme si vous lui ôtez les revenus publics ? » Mais il était fatigué des hauteurs de Labourdonnaye et de sa mauvaise volonté, fatigué d'un pareil second qui ne faisait qu'embarrasser sa marche et cherchait toujours à lui échapper, qui ne se portait sur Tournai et Gand qu'avec des lenteurs infinies, qui assiégeait mollement la citadelle d'Anvers, qui devait « être regardé comme un zéro » dans ses plans. En vain Labourdonnaye publia une seconde proclamation qui désavouait la première. « Décidez entre lui et moi », avait dit Dumouriez. Le Conseil exécutif rappela Labourdonnaye dans le Nord et confia son armée à Miranda, que Dumouriez avait désigné. Sta revint à Lille, et, suivant l'expression de Le Brun, ce petit colosse fut renversé [1].

---

[1] *Corresp.*, 70, 105, 124-125, 151 (Pache juge, lui aussi, que l'ordre de Labourdonnaye au magistrat de Gand est « vexatoire et contraire aux intérêts de la République »); Dumouriez, *Mém.* III, 183-186;

II. Mais la Convention allait bientôt prescrire à ses
généraux les procédés de Labourdonnaye. Lorsque Vander Noot sollicita l'appui des troupes étrangères, l'ambassadeur hollandais observa que le roi de Prusse, une
fois en Belgique, n'avait qu'un pas de plus à faire et
qu'il garderait sans doute ce qu'il aurait pris[1]. La France
devait agir de même, et garder ce qu'elle avait pris. Elle
pensait depuis longtemps aux Pays-Bas, et la conquête
du Brabant et du Luxembourg était le fonds commun de
tous les plans politiques de l'ancien régime[2]. La Révolution adapta ses principes aux traditions du passé, et en
1792, comme en 1756, un grand parti, le parti des limites
naturelles, demanda l'annexion de la Belgique. « Il importe, disait l'un, de se ressaisir de la barrière du Rhin[3] ».
Un autre rappelait que les Belges étaient jadis « membres
de la famille illustre qui comprenait les Gaules[4] ». Ana-
charsis Cloots démontrait aux Belges qu'ils feraient bien
de s'unir à la France au lieu de se former en une république belgique, qu'ils avaient « tout à gagner avec les
départements et tout à perdre avec les républiques »,
que leur salut était dans l'*unité départementaire* et non
dans la *pluralité républicaine*[5]. Théodore Gérard écrivait
que la France devait « se renfermer dans un grand cadre
bordé par des mers, de hautes montagnes et des fleuves »,
et s'entourer « ou des colosses de la terre ou du boule-

Malou-Riga à Dumouriez, 16 nov. 1792 ; Dumouriez à Labourdonnaye, 18 nov. ; Labourdonnaye à Pache, 11 et 22 nov. (A. G.) ; Dumouriez à Le Brun, 23 nov. (A. E.) ; Le Brun à Dumouriez, 25 nov.
(A. N. F⁷ 4598] ; Rec. Aulard, I, 254 ; Borgnet, II, 97-103, 407-408.

[1] Van de Spiegel, 70.
[2] Sorel, *L'Europe et la Révol.*, I, 310-325.
[3] Chaussard, 15.
[4] Harou-Romain et Mandrillon au peuple d'Ypres.
[5] *A. Cloots aux assemblées primaires,* 23 nov. 1792, p. 5-7.

vard des eaux[1] ». Danton déclarait que les limites de la
France étaient marquées par la nature et qu'elle devait
les atteindre dans leurs quatre points, à l'Océan, au
Rhin, aux Alpes, aux Pyrénées[2]. « Une opinion se répand ici, mandait Brissot à Dumouriez, c'est que la République française ne doit avoir pour bornes que le Rhin.
Les esprits sont-ils disposés de votre côté à cette
réunion ? Il faut les y préparer[3] ». L'incorporation de la
Belgique allait suivre celle de la Savoie ; « nous avons
juré *point de conquête*, s'écriait Grégoire, mais si des
peuples, renfermés dans les bornes de la République
française, désirent l'affiliation politique, ne devons-nous
pas les recevoir[4] ? »

D'ailleurs, la Belgique était riche, et la fortune de son
clergé, immense. Pourquoi ne pas s'emparer de ces « revenus gigantesques de la superstition flamande » et
ne pas en « grossir le Pactole républicain[5] ? » Le Brun,
énumérant les avantages de la conquête, ne disait-il pas
que la France augmenterait sa population de 3 millions
d'habitants, son armée de 40,000 soldats, ses revenus
annuels de 40 millions de livres, et l'hypothèque de ses
assignats de plus d'un milliard[6] ?

Les commissaires de la Convention, Gossuin, Camus,
surtout Delacroix et Danton, se firent les apôtres de l'annexion. « Le salut de la République, écrivaient-ils, est

[1] Th. Gérard, *Plan de guerre et de défense pour la camp. de 1793*,
nov. 1792, p. 2, 7, 11.
[2] Disc. du 31 janv. 1793. « La nature, dit de même Metman dans
son opuscule *De la réunion de la Belgique à la France* (p. 21), a décrété les limites de la République ; je vote la réunion pour obéir aux
ordres de la nature. » Cf. le rapport de Carnot, 14 février.
[3] Rojas, *Miranda*, 4.
[4] Séance du 27 nov. 1792 (*Mon.* du 28).
[5] Chaussard, 18.
[6] Le Brun aux commissaires nationaux, 31 janv. 1793 (A. E).

dans la Belgique, et ce n'est que par l'union de ce riche
pays à notre territoire que nous pouvons rétablir nos
finances et continuer la guerre[1]. »

Cambon partageait l'opinion des commissaires. Il dé-
sespérait de subvenir aux frais de plus en plus énormes
de la lutte. Comment entretenir 600,000 hommes de troupes et de gardes nationales? Où trouver tous les mois
200 millions d'extraordinaire? Il jugeait que la *réunion*
des Pays-Bas était l'unique ressource de la France. Déjà,
dans la séance du 13 octobre, un conventionnel demandait que les généraux, entrant en pays étranger, missent
sous la main de la nation française tout ce qui appartenait aux princes, aux seigneurs et aux nobles. — *Et aux
prêtres!* ajouta Cambon. Il voulait convertir les biens
ecclésiastiques de la Belgique en biens nationaux, et
imposer les assignats aux dix provinces. « Eh quoi!
s'écriait-il le 10 décembre, nous portons la liberté chez
nos voisins, nous leur portons notre numéraire, et ils
refusent nos assignats! » Il jura que la monnaie révolutionnaire deviendrait la monnaie des Brabançons, et
qu'après avoir inondé la France, elle irait s'écouler
en Belgique. L'hypothèque que fournirait la propriété
sequestrée du clergé, ne devait-elle pas augmenter le
crédit des assignats ?

Clavière était naturellement l'auxiliaire de Cambon.
« Les Pays-Bas, disait-il aux Comités, ne sont-ils pas
hostiles à la Révolution? Pourquoi ménager un peuple

---

[1] 2ᵉ rapport des commissaires de la Convention, 246 (lettre du
17 février ; cf. Rec. Aulard, II, 152) ; Dumouriez, *Mém.*, III, 296 ; le
général nomme Danton et Delacroix les véritables auteurs du décret
du 15 décembre, mais ils n'étaient point déterminés par une basse
rancune et par le désir de se venger d'Ath qui leur avait refusé le
logement.

qui mérite moins de douceur qu'aucun autre ? Ne faut-il pas obliger ses magistrats à échanger le numéraire au pair contre nos assignats ? » Les Comités applaudirent le ministre des finances. Quelques membres proposèrent même de décréter aussitôt dans les Pays-Bas la circulation forcée du papier-monnaie. Ils s'étonnaient que Dumouriez ne l'eût pas établie et ordonnée ; ils approuvaient la conduite du *patriote* Labourdonnaye. et opinaient avec Clavière qu'on devait traiter le peuple belge en ennemi [1]

Le peuple belge pressentait le danger. Le 4 décembre, deux députés des représentants provisoires de Bruxelles, Balsa et Torfs, accompagnés d'Espagnac, de Walckiers et des délégués de Mons, de Tournai, du Tournésis, prièrent la Convention de reconnaître formellement l'indépendance absolue de la Belgique et du pays de Liège. Ils avaient reçu d'autres instructions : l'assemblée devait solennellement déclarer qu'elle ne *buterait* pas à la réunion de la Belgique et n'imposerait pas les assignats. Sur le conseil de Le Brun, Balsa, l'orateur de la députation, omit dans son discours ces deux points essentiels. Mais Barère lui fit entendre à demi mot les desseins de la Convention : « N'avez-vous pas, répondit-il à Balsa, les trésors immenses que la religion tenait depuis des siècles en dépôt pour la liberté ? Des armes et des assignats, voilà ce qu'il faut à un peuple esclave pour briser ses fers [2] ! »

Le 12 décembre, Camus arrivait à Paris ; ses collègues l'avaient chargé de « présenter des vues » pour établir la circulation des assignats dans les Pays-Bas. Durant deux

[1] 11 et 12 déc. 1792 (Comité milit. A. N. AF ll, 22), *Corresp.*, 252.

[2] *Mon.*, 6 déc. 1792 ; Borgnet, II, 90-92.

jours il conférait avec les comités de la guerre, des affaires étrangères et des finances sur un projet qui « assurait notre état politique dans la Belgique [1] ». Le 15 décembre, Cambon montait à la tribune et, selon le mot d'un journal, il tranchait dans le vif [2]. Dumouriez, dit-il en substance, s'était contenté de faire des adresses, et le peuple belge n'avait pas eu la force de rompre ses fers. Les Français devaient donc se déclarer *pouvoir révolutionnaire* dans les pays où ils entraient ; ils devaient tout détruire pour tout rebâtir ; ils devaient établir le système populaire, renouveler toutes les autorités, confier le pouvoir aux sans-culottes. Ils prendraient pour gages des frais de la guerre les biens des princes et de leurs partisans, des églises et des communautés. Le peuple affranchi se réunirait en assemblées primaires pour nommer des administrateurs et des juges provisoires ; mais on ne l'abandonnerait pas à lui-même ; la Convention et le Conseil exécutif lui enverraient des commissaires.

L'Assemblée adopta les conclusions de Cambon et décréta :

1° Les généraux proclameraient sur le champ la souveraineté du peuple, l'abolition des impôts et des privilèges, la suppression de toutes les autorités établies ;

2° Ils convoqueraient le peuple en assemblées primaires ou communales pour organiser une administration et une justice provisoires ;

3° Nul ne pourrait voter dans les assemblées primaires ou être nommé administrateur ou juge provisoire sans avoir prêté serment à la liberté et à l'égalité, et

---

[1] Comité milit., 12 déc. ; Rec. Aulard, I, 307-308.
[2] *Annales patriotiques*, 15 déc. 1792.

renoncé par écrit aux privilèges dont le décret pronou-
çait l'abolition [1] ;

4° Les généraux mettraient sous la sauvegarde et la
protection de la République française tous les biens,
meubles et immeubles, appartenant au fisc, au prince,
à ses fauteurs, adhérents et satellites volontaires, aux
établissements publics, aux corps et communautés
laïques et ecclésiastiques ;

5° L'administration provisoire nommée par le peuple
serait chargée de la surveillance et régie des objets mis
sous la sauvegarde de la République française; elle
ferait exécuter les lois relatives à la sûreté publique;
elle pourrait établir des contributions « pourvu qu'elles
ne fussent pas supportées par la partie indigente et la-
borieuse du peuple » ;

6° Dès que les administrations nouvelles seraient or-
ganisées, des commissaires de la Convention iraient *fraterniser* avec elles ;

7° Des *commissaires nationaux*, nommés par le Conseil
exécutif, se rendraient aussitôt en Belgique et se con-
certeraient avec les généraux et administrations provisoires « sur les mesures à prendre pour la défense
commune et sur les moyens à employer pour se pro-
curer les habillements et subsistances nécessaires aux
armées » ;

8° Tous les quinze jours les commissaires nationaux
rendraient compte de leurs opérations au Conseil
exécutif ;

9° L'administration provisoire cesserait dès que les

---

[1] La Convention avait d'abord décrété que tous les agents et officiers de l'ancien gouvernement, tous les nobles, tous les membres des
corporations privilégiées étaient, pour la première fois seulement, iné-
ligibles ; mais cet article fut rapporté.

habitants auraient organisé une forme de gouvernement
libre et populaire.

Le but du décret se devine aisément. La Convention
voulait s'attacher le menu peuple. Elle voulait, en sup-
primant pour quelque temps les impôts et les revenus
publics, réduire à l'impuissance les administrations
provisoires qui finiraient bon gré mal gré par ordonner
la circulation des assignats. Elle voulait établir durant
la période électorale une sorte d'anarchie, disposer à sa
guise des biens séquestrés, tirer du pays tout le numéraire avant la *réunion*. La réunion était, en effet, inévitable. « Vous l'avez préjugée, avouait Danton six semaines
plus tard, quand vous avez décrété une organisation
provisoire pour la Belgique, vous avez tout consommé
par cela seul que vous avez dit aux amis de la liberté ·
« Organisez-vous comme nous. » C'était leur dire « nous
accepterons votre réunion, si vous la proposez ».

III. Le décret souleva dans la Belgique un sentiment
unanime d'indignation et de colère. Il ne fut guère
approuvé que par la province de Liège et par les administrations de Mons et de Charleroi [1]. Partout ailleurs
s'élevèrent des protestations.

Les députés du Hainaut parurent à la barre de la Convention : « Les Français, dirent-ils, leur parlaient en
vainqueurs et en maîtres, et faisaient ce que les Autrichiens n'avaient osé faire. » Les représentants de Namur
se plaignirent de ce décret *injonctif* et *terrible*. Ceux
d'Anvers et de Louvain déclarèrent qu'il était « atten-
tatoire à la souveraineté du peuple belge » ; ceux de
Malines, qu'il était « injuste, oppressif et destructeur » ;

---

[1] « Les deux villes les mieux disposées en notre faveur », disent
les commissaires. Rec. Aulard, II, 152.

ceux du Tournésis, qu'il était « nuisible » et tenait la nation dans l'assujettissement[1]. Le peuple de Herve, réuni en assemblée générale, décida unanimement d'*impugner* sa municipalité qui publiait une loi « contraire aux promesses solennelles et réitérées des administrateurs et généraux français[2] ».

La protestation la plus remarquable fut celle de l'assemblée des représentants provisoires de Bruxelles. La plupart étaient démocrates et aimaient sincèrement la France. La plupart, à l'exception de Walckiers et de Verlooy, réprouvèrent le décret. Sandelin rédigea la protestation ; Balsa et d'Outrepont la portèrent à Paris[3]. Pourquoi, disait Sandelin, la Convention s'était-elle déclarée pouvoir révolutionnaire ? Le peuple belge n'avait-il pas choisi ses représentants, manifesté sa volonté ? Y avait-il donc une aristocratie nationale ? Y avait-il des nations et des demi-nations, comme il y eut des dieux et des demi-dieux ? Si les Français sont nos frères, nos alliés, nos amis, ne doivent-ils pas respecter les droits de notre souveraineté, consolider notre liberté, nous aider de leurs conseils et de leur forces ? N'est-ce pas agir en conquérants que de faire exécuter en Belgique des lois coercitives décrétées en France, des lois qui mettent dans la dépendance de la République française la gestion même des représentants des Pays-Bas ?

---

[1] *Mon.*, 24 déc. 1792 ; *Procès-verbal* de la séance du 21 déc. (n° 31, Ass. du Hainaut Belgique); *Extrait* du protocole des procès-verbaux de l'ass. de Namur; Borgnet, II, 117-125.

[2] Arrêté du peuple de Herve, signé Lys et Neujean, 19 janv. 1793 et lettre de Ronsin, 21 janv. (il croit que Herve qui était dans le Limbourg, appartient au pays de Liège et s'étonne d'une « démarche contraire à l'esprit d'union et de concorde qui anime les Liégeois ». A. N. D II, 4-5).

[3] Walckiers à Pache, 13 janv. 1793 (A. G.) : « Je m'étonne de cette démarche de Balsa et d'Outrepont qui sont *purs*. »

Les Belges refusent-ils d'établir le gouvernement sur les bases de la souveraineté populaire ? Non; ils admirent la République française, ils lui vouent une éternelle reconnaissance, et s'ils pouvaient lui donner la moitié du trésor des deux Indes, ils ne croiraient pas encore s'acquitter envers elle. Mais ils sont nés avec le sentiment de la liberté; ils sont jaloux du droit de souveraineté dont la République française leur a reconquis l'exercice; ils ne seront jamais assez lâches pour se donner *volontairement* un maître.

Liège même et le pays liégeois eurent envie de protester. « Des citoyens, rapporte Bassenge, croyaient de bonne foi qu'il fallait imiter les Belges et faire des remontrances à la Convention. » Le *Journal de Liège* jugeait que les Français s'érigeaient en maîtres dans un pays qui ne leur appartenait pas : « On enchaîne la liberté du peuple qu'on veut rendre libre; on se contredit formellement; on commande à ce peuple qu'on reconnaît souverain. C'est probablement une espèce de souveraineté qui était restée jusqu'à présent inconnue dans tous les dictionnaires. Est-il possible que Cambon puisse mettre au jour de pareilles absurdités [1] ? »

Des pamphlets contre la France circulèrent en grand nombre. « Que sont donc, s'écriait l'un d'eux, nos représentants provisoires ? On exige que nous adoptions un régime conforme à celui de la République ! Vos mesures ne tendent qu'à fournir un nouvel aliment à votre rapacité ! Vous ne sauriez vous saisir trop tôt d'une proie que vous convoitez depuis longtemps ! » Des placards, posés sur les murs de Malines, déclarèrent la patrie en danger et invitèrent les Belges à se coaliser pour chasser

---

[1] Borgnet, II, 291; Hénaux, II, 675.

les barbares qui venaient anéantir la religion, détruire les corporations et imposer les assignats. Les Francais se virent insultés dans les rues de Bruxelles. Leurs sentinelles furent attaquées ou égorgées pendant la nuit. Les cafés de la ville, les estaminets, les gargotes retentirent de malédictions contre la France [1]

En vain le Conseil exécutif donnait à la citoyenne Montansier qui faisait alors une tournée en Belgique, 20,000 livres d'encouragement pour inculquer au peuple l'esprit de la Révolution [2]. En vain il envoyait à Liège des chanteurs de l'Opéra, Lays, Regnault, Adrien, qui devaient « conquérir les cœurs à la liberté [3] ». En vain Dufresse, aide-de-camp de Moreton et ancien acteur, prenait la direction du théâtre de Bruxelles et montait plusieurs pièces patriotiques, entre autres *Charles IX*. Le bas peuple ne comprenait que le flamand. Les salles de spectacle restèrent désertes ou ne se remplirent que de militaires français [4].

Le mécontentement des populations alarmait les généraux. Pascal Kerenveyer craignait le soulèvement d'Ostende [5]. Miranda jugeait la situation d'Anvers très critique et demandait des commissaires instruits

---

[1] *Comment. impartial* de la *lettre pastorale de Marassé* (Levae, 165 166) ; colonel Thouvenot à Pache, Malines, 22 déc. 1792 (A. G.); *Mon.*, 31 déc. 1792, 1er, 10, 11 janv. 1793.

[2] Rec. Aulard, I, 369 ; Levae, 171 (la Montansier joua des pièces patriotiques, *La prise de Mons*, *Le siège de Lille*, *L'apothéose de Beaurepaire*).

[3] Le Brun à Dumouriez, 23 nov. 1792 (A. E.) et Dumouriez, *Mém.*, III, 299. Ces chanteurs touchèrent 9,000 livres en assignats et 250 louis en or (Masson, *Départ. des aff. étr.*, 275-276).

[4] Chépy et Deshacquets à Le Brun, 27 déc. 1792 et 17 févr. 1793 (A. E.).

[5] Kerenveyer et le consul de France à Pache, 1er et 2 janv. 1793 (A. G.).

« pour s'occuper formellement de la partie civile, politique et révolutionnaire [1] ». Valence redoutait de *grands
dissentiments* : « Le peuple, mandait-il à Custine, est bien
loin de se montrer tel qu'on le désire, et notre situation si brillante peut devenir déplorable [2] .» Labourdonnaye n'avait-il pas, à son départ, conseillé des mesures
de douceur et rappelé le mot de Condorcet, qu' «une révolution qui irait au-delà des idées du peuple, serait exposée à prendre bientôt après une marche rétrograde [3] » ?

IV. Seul des généraux, Dumouriez protesta hautement
contre le décret du 15 décembre. La plupart de ses contemporains croyaient qu'il ménageait les Belges parce
qu'il aspirait au stathoudérat de Brabant. Quelques-uns
prétendent qu'il voyait dans les Pays-Bas la garantie de
la paix future : il comptait les rendre à l'Autriche en sti-
pulant la jouissance entière de leurs privilèges; la Belgique, pensait-il, conserverait le souvenir de la générosité française et ne cesserait de haïr la domination
autrichienne ; un jour ou l'autre elle se donnerait franchement à la France [4]

En réalité, Dumouriez voulait faire de la Belgique une
république fédérative. Il avait dit de longue date qu'il
desirait émanciper ce beau pays et non le conquérir, et
la liberté des Pays-Bas était pour lui « une barrière
beaucoup plus solide que celle des places fortes, et

[1] Miranda à Pache, 1er janv. 1793 (A. G.).
[2] Valence à Custine, 2 janv. 1793 (A. G.) ; cf. Gov. Morris, II,
234-235.
[3] Labourdonnaye à Pache, 14 déc. 1792 (A. G.).
[4] *Procès de La Sonde*, an V (et plaidoyer de Réal), p. 180 et La
Sonde, *Suite aux mém. de Dumouriez* (récit des négociations de Dumouriez avec Metternich par l'intermédiaire de La Sonde et de Touff-
ner, 11-14).

beaucoup moins dispendieuse [1] ». Il s'opposa donc au décret qu'il nommait un décret de violence et de tyrannie. Devait-on prêcher la loi sacrée de la liberté et de l'égalité comme l'Alcoran, le sabre à la main ? Les Belges, disait-il, « n'ont pas l'avantage, comme nous, d'être éclairés depuis plusieurs années par de nombreux écrits. N'exigeons point d'esprits flegmatiques d'arriver en un mois au but que nous cherchons à atteindre depuis quatre ans, et que souvent notre vivacité nous a fait dépasser. » Les Pays-Bas, ajoutait-il, ne sont pas à nous, et nous n'avons pas le droit de nous saisir de leurs revenus publics et des biens de leur clergé. Voulons-nous le remboursement des frais de la guerre ? Mais c'est le peuple souverain de la Belgique, représenté par une assemblée, qui doit nous solder cette indemnité. La Convention reconnaît si bien ce principe qu'elle ne s'empare pas tout à fait des revenus publics et des biens du clergé ; elle se contente de les *mettre sous sa sauvegarde*. Il accordait que la France ne devait pas être la dupe d'une « générosité chevaleresque ». Mais son armée ne serait-elle pas la première victime du décret ? La Convention augmentait de gaieté de cœur le nombre de ses ennemis ; elle aliénait les Belges qui ne respiraient plus que haine et vengeance contre nous. La République, disait-il encore, n'a qu'un moyen d'être forte ; elle doit « être vertueuse dans sa conduite envers les peuples » ; elle doit « allier l'équité à ses intérêts », elle doit « se faire aimer ». Que demandait-elle aux Pays-Bas ? D'entretenir son armée et d'accepter ses assignats. Dumouriez assurait avec vivacité que la Belgique consentirait à vêtir et à *substanter* l'armée. Les gros

[1] *Corresp.*, 66.

négociants, les « forts capitalistes » passeraient tous
les marchés contre assignats, sans exiger de numéraire, et mettraient en circulation le papier-monnaie
qui remplirait leurs portefeuilles. On objectait qu'ils
escompteraient leurs assignats à Paris et augmente-
raient ainsi la baisse et le discrédit du papier. Mais,
répondait Dumouriez, il suffisait de prendre une mesure de prohibition ; il serait défendu d'introduire de
France dans les Pays-Bas d'autre numéraire que l'argent de poche. On objectait encore qu'il faudrait payer
en espèces toutes les dépenses de la guerre. Mais,
reprenait Dumouriez, le clergé belge n'avait-il pas de
grandes richesses ? Les caves d'Anvers ne recélaient-
elles pas un numéraire immense ? Les revenus publics
des Pays-Bas n'étaient-ils pas considérables ? Voilà trois
sources d'emprunts où l'on pouvait puiser. Restaient
enfin les domaines de la maison d'Autriche et les biens
du clergé français ; mais il fallait, pour les gérer et les
vendre, se servir de Belges qui en connaissaient la valeur, et non d' « un tas de Français qu'on enverrait à
titre de commissaires ou de gardiens et dont les appointements absorberaient une partie de ces revenus ».

Tels étaient les arguments de Dumouriez contre le dé
cret. « Je ne serai pas, s'écriait-il avec fierté, l'Attila, le
fléau de la Belgique, et je ne jouerai pas dans ce malheureux pays deux rôles contraires : celui de libérateur
par mes proclamations, et celui d'oppresseur par l'exécution du décret. Je ne veux pas être regardé comme
un traître par une nation que je n'ai entretenue que de
la loyauté française [1] »

---

[1] Cf. *Mém.*, III, 296, *Corresp.*, 208 et surtout les quatre mémoires
au Comité de défense générale et ses lettres du 10 et 18 janvier 1793
à ce Comité (A. N. F⁷ 4598).

Il refusa donc d'exécuter le décret. Les commissaires
le sommèrent d'obéir. Il persista dans son refus et offrit
sa démission. Mais Delacroix lui déclara que le général
devait plus que tout autre l'exemple de l'obéissance.
« Si vous n'ordonnez pas, lui dit-il, l'exécution du décret, vous serez demain matin suspendu, arrêté et tra
duit à la barre de la Convention. Personne n'est au-dessus de la loi, et nous ne souffrirons pas qu'un général
entre en lutte avec la représentation nationale [1]. »

Dumouriez céda. Il répondit qu'il proclamerait le décret et le ferait exécuter par la force armée qu'il commandait. Mais il objecta que ses lieutenants et agents,
tous militaires, ignorants des formes, ne pouvaient remplir les fonctions administratives et judiciaires prescrites
par les articles 4 et 5 du décret. Il requit le commissaire-ordonnateur Ronsin de s'acquitter de cet emploi,
et plein d'indignation contre Pache et l'assemblée, il courut à Paris [2]

V. L'unique moyen de sauver l'indépendance des Pays-
Bas eût été de créer aussitôt un point de ralliement,
un centre commun. Mais le comité révolutionnaire des
Belges et Liégeois unis avait dû se dissoudre après l'occupation de Bruxelles ; on lui reprochait depuis longtemps d'agir en souverain et personne ne voulait reconnaître l'autorité que plusieurs hommes s'étaient
conférée à eux-mêmes sans consulter la nation [3]. Au
moins, était-il possible, comme en 1790, de réunir les
représentants des provinces en une *Convention belgique*

[1] Discours de Delacroix, 24 pluv. an II et Chardoillet, *Notes de
Topino-Lebrun sur le procès de Danton*, 1875, p. 23.
[2] *Mém.*, III, 297, et *Corresp.*, 272.
[3] Borgnet, II, 47-48 et 126.

et de fonder un pouvoir central qui saurait « agir pour la généralité », réunir les fonds, lever une armée nationale [1]. Cette armée qui devait, d'après les plans de Dumouriez, compter au moins 40,000 hommes, commençait à s'organiser. Un comité militaire existait à Bruxelles. Il avait Rosières pour président et d'Aubremez pour secrétaire; il distribuait les grades : Rosières devenait lieutenant-général; Kermorvan, maréchal-de-camp ; Lescuyer, major général de la cavalerie. Dumouriez engageait les provinces à créer pareillement des comités militaires qui enverraient des députés au comité central de Bruxelles, pour régler un système uniforme de recrutement. Déjà Malou-Riga, administrateur d'Ypres, qu'il avait nommé commissaire des guerres, promettait de lui mener un bon régiment, celui de West-flandre, à la prochaine campagne. Déjà se formaient, sous le commandement des colonels de Neck et de Bonne d'Abonval, des régiments de cavalerie. Bruges levait un régiment commandé par François de Serret. Le futur général Osten, alors lieutenant-colonel du 1er bataillon des chasseurs de Gand, proposait de réunir 12,700 hommes en trois légions, chaque légion comptant trois bataillons, et chaque bataillon huit compagnies à pied avec deux escadrons de chasseurs et une compagnie d'artillerie. Mais le comité militaire de Bruxelles manquait de fonds, et Rosières et Kermorvan ne purent obtenir de la Convention un décret d'urgence qui mît à leur disposition une somme de 600,000 francs nécessaire à la levée et à l'entretien de l'armée belge. Les provinces refusèrent de reconnaître le comité central ; chacune voulait avoir son comité militaire indépendant, voulait

[1] *Annales patriotiques*, 25 février 1793.

avoir son régiment ; chacun créa des officiers et ne re
cruta pas. Enfin, le décret du 15 décembre ôta toute
ressource aux administrateurs. L'armée des Pays-Bas
n'exista donc que sur le papier. Le régiment de Bruges
trouvait encore au 11 février « beaucoup d'entraves et de
lenteurs. » Le régiment de Namur ne commençait à se
former que dans la dernière quinzaine du mois de mars
1793. Sept bataillons belges campaient avec l'avant-
garde sur les bords de la Roer. Ils avaient tous leur état-
major et leurs officiers au complet ; mais ils ne mon-
taient pas à plus de 1300 hommes, et, assure La Noue, ils
servaient fort mal [1]

L'élection d'une Convention eut la même fortune, et,
à vrai dire, la formation d'une armée belge dépendait de
la réunion de cette assemblée. « Les élections faites,
écrivait Dumouriez à Money, et la nation arrangée en
Convention nationale, le Comité militaire, au lieu d'être
partiel, sera celui de la République réunie [2] ». Il s'effor
çait de hâter la convocation de l'assemblée. « Faites
vous-mêmes vos lois, disait-il aux Belges le 8 novembre,
nommez une Convention, fondez un gouvernement populaire, formez une République ! » Quelques semaines plus
tard, il publiait une instruction sur la forme et la tenue
de la future Convention. Les assemblées primaires, com-
posées de tous les citoyens âgés de 21 ans, se formeraient
à raison d'une par 200 feux, et chacune choisirait deux
électeurs. Les électeurs de la province se réuniraient le
10 janvier 1793 dans le même endroit pour nommer les

[1] Malou-Riga à Dumouriez, 16 nov. 1792; Rosières au président
de la Convention, 12 janv. 1793 ; de Flers à Beurnonville, 11 fév.
(A. G.) ; Osten, Thouvenot, La Noue à Dumouriez, 18 déc. 1792, 4
et 10 janv. 1793 (A. N. F⁷ 4598); Bexon et Rigaut à Le Brun,
17 mars (A. E.).

[2] Money, *The campaign*, 226-228.

membres de l'assemblée provinciale et les députés de la
Convention belgique. Ils prêteraient, avant l'élection et
selon les prescriptions du décret du 15 décembre, le serment de maintenir la liberté et l'égalité. La Convention
compterait 279 membres et tiendrait ses séances dans la
petite ville d'Alost [1].

Mais, le 29 décembre 1792, les assemblées primaires de
Bruxelles convoquées en vingt et une sections pour
choisir les électeurs qui nommeraient les députés, donnèrent aux statistes une écrasante majorité. Partout,
sauf dans une seule section, celle de la Chapelle de la
Cour, les électeurs appartenaient au parti des Etats.
Partout, sauf dans une seule section, les électeurs refusèrent de prêter le serment de maintenir la liberté et
l'égalité. Ils adoptèrent une déclaration par laquelle ils
ne reconnaissaient d'autre juge suprême que le Conseil
de Brabant et d'autres représentants du peuple que les
trois Etats [2].

« Malheur à vous! s'écria l'assemblée des représentants provisoires de Bruxelles, malheur à ceux qui vous
ont trompés et égarés! Les cris de leurs arrière-petits-
enfants maudiront un jour leur mémoire! » Elle cassa
les élections [3]. Malgré cet arrêté, les présidents, les secrétaires et les scrutateurs des sections se réunirent à la
maison Müller pour dépouiller les procès-verbaux, et ils
firent dresser un acte authentique de leurs opérations.
Mais un détachement de sans-culottes les mit en arres-

---

[1] Le Brabant élisait 60 députés; l'Ostflandre, 80; la Westflandre,
22; le Hainaut, 30; Tournai et le Tournésis, 12; le Namurois, 25;
le Limbourg, 15; la Gueldre, 5; le Luxembourg, 25; Malines, 5.
Cf. *Mon.*, 7 janv. 1793; Dumouriez, *Mém.*, III, 303, et *Corresp.*,
193-194.

[2] *Mon.*, 6 janvier 1793.

[3] Proclamation du 9 janv. 1793, *Mon.* du 22.

tation et saisit leurs papiers. Ils furent relâchés, et les
commissaires de la Convention interdirent aux « pré-
tendus électeurs » de s'assembler, sous peine d'être
poursuivis, comme perturbateurs du repos public [1].

Vainement un agent de Le Brun, Proli, conseillait
encore de presser la réunion d'une Convention belge et
de tenir pour bonnes et valides les élections du Brabant,
si aristocratiques qu'elles fussent; les députés de cette
province, assurait-il, se verraient *survotés* par la majorité de l'assemblée qui « serait parfaitement dans le sens
de la Révolution et des principes français [2] ».

Vainement les représentants de Bruxelles arrêtèrent
de gérer les affaires de la Belgique comme celles de la
capitale, et proposèrent aux administrateurs provisoires
des villes du Brabant de choisir parmi leurs membres
des députés, dans la proportion d'un sur dix, et de
former une assemblée qui appellerait à elle les députés
des autres assemblées provinciales. Anvers refusa nettement, et Louvain se réserva le droit de veto. « Nos dis-
sensions intestines, écrivait Malou-Riga, nous seront
encore plus funestes que notre inactivité et nos
sottises [3] ».

Vainement les assemblées des Flandres, réunies à Gand
et à Ypres, envoyèrent chacune à Paris deux députés :
De Smet et Vermeulen, Malou-Riga et de Vroe. Ils devaient promettre que la Convention belge, une fois réunie, offrirait à la France une armée de 50,000 hommes,
soldée pendant toute la durée de la guerre par la Belgique

---

[1] Rec. Aulard, I, 449.
[2] Proli à Le Brun, 5 janv. 1793 (A. E.).
[3] Borgnet, II, 126-127, 139, 141 ; Levae, 222 ; *Mon.*, 25 janv. 1793
(circulaire des représentants); Verlooy à Dumouriez, 8 déc. 1792 (A.
N. F⁷ 4598).

même. « Nous nous arrangerons avec la France, disait Malou-Riga, quand les autres provinces verront que nous allons bien, elles seront fort aises de se réunir » et de Paris, il mandait à ses commettants : « Surtout, nommez les députés pour la Convention à Alost; c'est ce qui doit nous sauver. Voilà sur quoi tous les députés que nous voyons, sont d'accord. Les plus furieux partisans du décret du 15 décembre conviennent que, du moment où notre Convention sera formée, ils n'auront plus rien à dire et que nous serons les maîtres de nos destinées. Une Convention, citoyens, une Convention, ou nous serons malmenés! » Mais les députés des deux Flandres reçurent leurs instructions trop tard, et lorsque, dans la séance du 26 janvier, Malou-Riga pria la Convention de fixer la date de la convocation de l'Assemblée nationale belgique, sa demande fut renvoyée au Comité diplomatique et lui-même, traité d'aristocrate et de statiste, donna sa démission [1]

Vainement l'assemblée de Hainaut nomma deux députés qui devaient se concerter avec ceux de Tournai sur les moyens d'établir une Convention nationale. Vainement les administrateurs provisoires de Tournai essayèrent habilement de se constituer en république. « Le décret du 15 décembre, disaient-ils dans une proclamation à leurs concitoyens, navre vos cœurs; par ce que vous avez fait, vous n'en avez pas mérité les dispositions; mais en vous indiquant ce qui vous reste à faire, nous vous assurons que vous n'avez rien à en craindre ». Ils proposaient donc de choisir aussitôt une

[1] Séance du 26 janv. 1793 (*Mon.* du 27); Borgnet, II, 136-142; *Lettre aux représentants provis. de la Flandre*, p. 3; *Les députés de la Flandre aux Comités*, p. 3; Malou-Riga, *Mémoire pour les députés des deux Flandres*, p. 6-14.

forme de gouvernement populaire selon les principes français et de rallier autour de la république de Tournai les autres districts : « Soyez la république de Tournai sur les bases éternelles de l'égalité, et admettez, par après, pour ne faire avec vous qu'une seule et unique République, tous les cantons de la Belgique ». O'Moran se hâta de défendre la réunion des assemblées primaires de Tournai [1]

Bruxelles fut la seule ville qui eut des assemblées primaires conformément à la proclamation de Dumouriez. Partout ailleurs, les commissaires, profitant de l'absence du général, s'opposèrent à la convocation des assemblées primaires. Laisser élire une Convention, c'était constituer l'unité belge ; c'était, aux termes mêmes du décret, rendre aux habitants leur liberté, et ôter à la France le maniement des deniers et tous les profits du séquestre. Les commissaires retardèrent même l'établissement de la Convention liégeoise [2]

Les élections du 29 décembre avaient exaspéré les vainqueurs de Jemappes. Ils s'indignaient de l'obstination de ces *épaisses* contrées, de cette Béotie de l'Europe [3] Ils « versaient à pleines mains, dit un contemporain, sur les institutions religieuses de la Belgique ces sarcasmes outrageants, ce mépris ironique qui sont si familiers à la nation française [4] ». Ils s'accoutumaient à l'idée de traiter en vaincu ce peuple qui, selon le mot du colonel Thouvenot, était « retardé par rapport à la France de plus d'un siècle sur les connaissances et les

---

[1] Borgnet, II, 143 ; *Proclam. des admin. provis. de Tournai* et *Lettre d'O'Moran.*
[2] Dumouriez, *Mém.*, III, 303 ; Borgnet, II, 130 et 193.
[3] Mots de Metman et de Chaussard, *Mém.*, 250.
[4] Raoux, *Mémoire sur le projet de réunion*, p. 6.

instructions ¹ ». Ils menaçaient de faire à ces aveugles
de Belges l'opération de la cataracte ². « Avons-nous été
dans les provinces belgiques, demandait Prudhomme,
pour y maintenir des idées gothiques et y caresser des
esprits serfs ³ ? » Les correspondants des journaux parisiens prêchaient ouvertement la réunion ; ils écrivaient
qu'on avait agi « trop civilement » et qu'on se laissait
duper par de mauvais joueurs ; que la France ne devait
pas souffrir sur sa frontière une constitution aristocratique ; qu'il était temps d'user des justes rigueurs ; que
les démocrates de Bruxelles réclamaient à grands cris
une « journée marseillaise ⁴ ». Chépy se rendit à Paris
pour solliciter de *grandes mesures,* et Metman déclara
qu'après des élections « radicalement vicieuses », le
gouvernement français avait le droit d'agir à sa guise
envers les Belges et de les regarder, soit comme amis,
soit comme *esclaves conquis ;* mais, à son avis, l'adoption
du *système départemental* était indispensable ⁵.

VI. Le « système départemental », c'était la *réunion.*
Les clubs la demandèrent et l'imposèrent. Mais ils ne représentaient nullement l'opinion du pays. Les démocrates qui les fréquentaient d'abord, avaient fini par les
abandonner. Au mois de février 1793, la Société populaire de Bruxelles comptait douze Belges à peine ⁶. « Peu
de citoyens, écrivaient les commissaires de la Convention, osent fréquenter les clubs de Louvain, de Malines

---

¹ Colonel Thouvenot à Pache, 22 déc. 1792 (A. G.).
² *Courrier des départ.,* 29 janv. 1793.
³ *Révol. de Paris,* n° 177, p. 443.
⁴ *Monit.,* 6 et 7 janv. ; *Annales patriot.,* 5 janv. 1793.
⁵ Metman à Le Brun, 30 déc. 1792 et 6 janv. 1793 (A. E).
⁶ Adresse du 22 mars 1793 (les représentants de Bruxelles à la
Convention) A. E. ; Borgnet, II, 147 ; Levae, 274.

et d'Anvers[1] » : celui de Louvain avouait qu'il se composait des soldats.de la garnison[3]; celui de Malines renfermait 92 Français et 10 Malinois[3]; celui de Tournai, 70 personnes au plus[4]. Un agent du ministère ne voyait au club de Gand que peu d'indigènes[5]. Les Français, civils et militaires, formaient la majorité de ces clubs; « il n'y a pas de sociétés populaires à la campagne, disaient les députés de la Westflandre, et celles des villes ne sont point nombreuses; presque partout il se trouve des officiers et des commissaires français à la tête[6] ». Aussi les décisions des clubs révèlent l'ignorance des choses de la Belgique; la Société de Tournai somma les administrateurs de brûler la *Joyeuse Entrée* qui n'existait que dans le Brabant et le Limbourg !

Le club de Bruxelles, ce « noyau de la liberté[7] », donnait le ton aux autres clubs du pays. Son patron et protecteur était le général Moreton. De même que Labourdonnaye, Moreton faisait sa cour aux Jacobins; il approuvait bruyamment le décret du 15 décembre; il reléguait à Malines son lieutenant Berneron, dont les Bruxellois goûtaient l'esprit sage et modéré; il ne cessait de déblatérer contre les administrateurs provisoires, de les tracasser, de leur témoigner en toute occasion sa malveillance. Ces administrateurs, ballottés entre les jacobins et les statistes, mais souvent courageux et tou-

---

[1] Rec. Aulard. I, 490.

[2] La Société de Louvain à la Convention, 26 févr. (A. N. C. 247).

[3] *Courrier des départ.*, 12 janv. ; « encore les Malinois n'osaient-ils y paraître ».

[4] Mémoire de Desforges-Beaumé et des deux Thiébault (A. N. D. II, 4-5).

[5] Ou, comme il dit, de Brabançons (à Ysabeau, 23 janvier 1793 A. E.).

[6] *Lettre aux représentants de la Flandre*, p. 17.

[7] Chaussard, *Mém.*, 75.

jours désintéressés, avaient voté la création d'une garde urbaine ; Moreton cassa leur arrêté. Il en fit tant que Dumouriez proposa de le confiner dans le département du Nord. « Moreton se conduit très mal, écrivait-il, et finira par exciter du trouble. » Le 20 février, le Conseil exécutif décidait que Moreton serait remplacé dans le commandement de Bruxelles [1]

Les chefs du club étaient les membres de l'agence, Bourdois, Metman, Chépy, un autre émissaire de Le Brun, Alexandre Courtois, et quatre militaires français : Estienne, Goguet, Lavalette, Nivet.

Alexandre Courtois avait, un des premiers, demandé la conquête de la Belgique, parce que la France, disait-il, devait, pour se maintenir, s'agrandir sans cesse. Le Brun le chargea d'établir de nouveaux clubs, de parler dans les sociétés populaires, de rédiger des bulletins pour l'instruction du peuple, et Courtois se flattait de « détruire les préjugés des habitants par la hache de la raison ». Ardent jacobin, il nommait les représentants provisoires de Bruxelles les *Feuillants* de la Révolution belge et les « culs-de-jatte du patriotisme [2] ».

Estienne, successivement abbé, journaliste et officier d'ordonnance de Lafayette, avait été nommé sous-lieutenant par Lajard et adjudant de place à Bruxelles par Dumouriez. Il vivait avec luxe et affichait cinq mille florins de dettes. Les clubistes finirent par le traiter

[1] Cf. sur le général Moreton : Dumouriez, *Mém.*, II, 107, et III, 201, 301 ; lettre à Beurnonville, 15 février 1793 (A. G.) ; Rec. Aulard, II, 164. Il jouait au Dumouriez, et son valet de chambre, Hubert, jaloux des lauriers de Baptiste Renard, demandait à la Convention la faveur de porter l'habit national (séance du 4 janvier 1793).

[2] Journal des jacobins, séance du 21 nov. 1792 ; *Annales patriot.*, 3 janv. 1793 (Courtois à Carra) ; Le Brun à Dumouriez, 25 nov. 1792 (A. N. F⁷ 4598) ; Levae, 237.

d'intrigant et de serviteur de l'Autriche. Estienne leur donna raison ; il devint courtisan de Cobourg, et cet homme qui avait traité les Brabançons de « bêtes de somme » et proposé l'achat d'une guillotine, se vanta d'avoir préparé le retour des Autrichiens par ses excès[1].

Louis-Antoine Goguet, lieutenant-colonel du 9ᵉ bataillon des fédérés et plus tard du 3ᵉ bataillon liégeois, était un grand ami de Cambon et professait, dit Espagnac, le républicanisme le plus exalté. L'ex-abbé l'avait fait nommer par Dumouriez commandant temporaire de Bruxelles. Goguet prit souvent la parole dans les cérémonies officielles ; ce fut lui qui prononça, le 21 décembre, à Sainte-Gudule, l'éloge funèbre des défenseurs de Francfort[2]

Lavalette, marquis avant la Révolution, élu lieutenant-colonel du bataillon des Lombards en septembre 1792, devint aide-de-camp de Hanriot et mourut sur l'échafaud avec Robespierre. Il tonnait au club contre les « bigots encapuchonnés, mitrés, crossés, sandalés, qui embêtaient les peuples pour les remettre sous leur sainte tyrannie et boire leur sang à longs traits[3] ».

Nivet était capitaine dans le bataillon des Lombards que commandait Lavalette ; lui aussi s'élevait contre les représentants provisoires de Bruxelles et soutenait avec chaleur que la France devait « déployer le pou-

---

[1] *Mon.*, 28 févr. et 4 mars 1793 ; Chaussard, 350 ; Levae, 205 et 335.

[2] Cf. sur Goguet : Seilhac, *Espagnac*, 136 ; Levae, 183. Goguet, élu colonel du 3ᵉ bataillon liégeois qui se forma le 10 mars 1793, devint général et fut tué en 1795.

[3] Cf. sur Louis-Jean-Baptiste Lavalette, alors âgé de quarante ans, et qui devait commander à Gand, puis à Lille, Borgnet, II, 225 ; Wallon, *Hist. du trib. révol.*, passim, et le dossier de La Marlière (A. N. W. 297).

voir révolutionnaire, exercer la tutelle utile d'un précepteur[1] ».

Après ces Français de marque venaient des Belges,
l'avocat louvaniste Balsa, l'homme de lettres Baret,
Feigneaux, Lorenzo, le perruquier Lafaye, Mesemaecker, Cumeel, de Beer, Melsnyder, Charles de Mons. Le
compagnon charpentier Melsnyder condamnait tous les
impôts sous prétexte que Dieu ne les avait pas créés et
affirmait que le bon patriote Jésus viendrait aux Jacobins s'il reparaissait sur la terre. Charles de Mons ne
trouvait pas le nom de « sans-culotte » assez expressif
et s'intitulait *Charles sans chemise.* Il demandait la des-
truction impitoyable de tous les objets qui rappelaient
l'ancien gouvernement et par exemple des « petits polis-
sons de rois qui étaient juchés sur les pilastres du
Parc ». Le décret du 15 décembre, disait-il encore, est
« la pierre de notre salut, comme les États sont une
pierre de scandale[2] ».

Le 18 décembre, le club de Bruxelles ordonna, sur la
proposition de Balsa, la formaiion d'une *légion de sans-
culottes belges et liégeois.* Estienne fut proclamé général de
la légion : il eut sous ses ordres des capitaines, De
Beer, Hendrickx, Milcamps ; un commissaire-ordonnateur, Baret ; un quartier-maître, Feigneaux ; un porte-
drapeau, Melsnyder. Le drapeau, de couleur rouge, portait sur un côté les mots *Tremblez, tyrans, et tous,
esclaves* et sur l'autre *Qu'un sang impur abreuve nos sillons.* Il fut béni solennellement à Sainte-Gudule et, au
sortir de la cérémonie, les sans-culottes, désireux de

[1] Il était né à Cognac, cf. Levae, 253 et le dossier de La Marlière.

[2] Voir sur Melsnyder et Charles de Mons, Borgnet, II, 149 et
Levae, 214.

marquer ce jour par un acte mémorable, renversèrent de
son piédestal la statue de Charles de Lorraine, sur la
place Royale[1].

La légion se composait non seulement de jacobins
bruxellois, mais de soldats français et belges. Le premier
article du règlement portait que « toutes les troupes de
lignes ou gardes nationaux, tant Français que Belges et
Liégeois, étaient de droit et de fait unis à la légion ».
Lorsqu'elle vint haranguer Dumouriez, il lui répondit
sèchement que ses membres, étant pour la plupart militaires français, ne devaient pas tutoyer leur général.
Elle régna dans Bruxelles par la terreur. Elle envahissait l'Hôtel-de-ville et imposait aux administrateurs
provisoires sa volonté. Elle arrêtait les citoyens sans
ordre, sans autre motif que son propre caprice. Durant
deux jours, elle allait de porte en porte, vociférant, pro-
férant d'affreuses menaces, arrachant aux bourgeois
effrayés de quoi payer son équipement. « On se servait
d'elle, écrit un agent français, pour commettre mille excès
despotiques. » Elle finit par exciter un tel mépris que
les garçons poissonniers lui renvoyèrent, rempli d'or-
dures, le bonnet rouge qu'elle leur avait offert. Elle essaya de donner des fêtes ; ni la bière coulant à flots, ni
les pains farcis n'attirèrent le peuple bruxellois[2].

Appuyé sur sa légion de sans-culottes, le club de
Bruxelles résolut d'intimider les représentants provisoires et de leur faire rétracter leur protestation contre
le décret du 15 décembre. Courtois défendit le décret

---

[1] *Patriote français*, 21 janv. 1793 ; Gachard, *Ét. et not. hist.*, III,
311-312.

[2] Dumouriez, *Mém.*, III, 302 ; Chaussard, *Mém.*, 350 (« les sans-
culottes se portèrent à des excès ») ; adresse du 22 mars 1793
(A. G.) ; Milon à Beurnonville, 17 mars (A. G.) ; *Mon.*, 20 janvier.

dans la Société : « Les Belges, disait-il, ressemblent aux hirondelles emprisonnées dans une chambre; elles vont toujours se briser la tête contre les mêmes lambris, sans vouloir passer par la fenêtre qu'on leur ouvre; cette fenêtre, c'est la liberté, et les lambris, ce sont les Etats [1]. » Il ajoutait dans une vive apostrophe au peuple belge : « Que devait faire la France? Vous aider, exercer parmi vous le pouvoir révolutionnaire. Quand elle vous a délivrés, j'ai cru voir une mère donnant la main à sa fille et lui disant : *levez-vous!* ». Après Courtois, Estienne déclara que les représentants provisoires de Bruxelles avaient perdu la confiance du peuple; un autre, que la salle de leurs séances était un antre de Trophonius où l'on apprenait l'art de nager entre deux eaux, de ménager à la fois la France et l'Autriche. « Ou ils sont patriotes, s'écria Charles de Mons, ou ils ne le sont pas, dans le premier cas ils doivent obéir au décret; dans le second, déguerpir! » La Société décida qu'elle se rendrait en masse devant les représentants de Bruxelles aux cris *Le décret du 15 ou la mort!* La manifestation eut lieu le 19 janvier 1793. Baret prit la parole au nom de la députation « extrêmement nombreuse » du club. Il somma les représentants de retirer leur protestation et d'exécuter le décret du 15 décembre. Effrayée par les clameurs et les menaces de la foule, l'assemblée déclara qu'elle retirait sa protestation qui fut biffée des registres, et trois semaines ne s'étaient pas écoulées que Baret et Feigneaux venaient, au nom des jacobins de Bruxelles, annoncer à la Convention la rétractation des représentants. « Il y a moins de différence, disait Baret, entre Paris et Bruxelles qu'entre Marseille et Paris. Français,

---

[1] *Annales patriotiques*, 26 janv. 1793 « comparaison ingénieuse ».

le nombre apparent de vos partisans dans la Belgique
est petit; bientôt pourtant vous la verrez enthousiaste
de la liberté[1] ! »

Mais déjà de tous côtés les clubs avaient acclamé l'acte
du 15 décembre et demandé la réunion. Le 27 décembre,
une députation de la Société populaire de Mons remer-
ciait la Convention de son décret et lui dénonçait l'aristocratique assemblée du Hainaut : « La Société applique
l'antidote au poison en désavouant l'arrêté impie et
monstrueux de l'assemblée du Hainaut ; persistez dans
la loi bienfaisante du 15 décembre, rempart inexpugnable
des droits du peuple[2] ». Le 4 janvier, deux députés du
club de Tournai félicitaient la Convention de supprimer
par le décret toute caste nobiliaire et sacerdotale. Le
8 janvier, deux envoyés du club de Bruges la priaient de
créer un 84e département dit des *plaines du Nord*, dont
Bruges serait le chef-lieu, et quelques jours plus tard,
ils inséraient au *Moniteur* une violente diatribe contre
les députés de la Westflandre, et un panégyrique du
décret qui « les mettait dans tous leurs droits, les élevait
à la hauteur d'un peuple libre, les délivrait de l'oppression des privilégiés et les tirait des ténèbres du fanatisme[3] ». Le 22 janvier, un des administrateurs de Mons,
Delneufcourt, paraissait à la barre et se disait député
par les habitants du Hainaut pour demander leur réunion à la France : « nous avons pensé, disait-il, que les

---

[1] Borgnet, II, 150-155 ; Levae, 233-235, *Mon.*, 1er et 8 févr. 1793.

[2] *La Société de Mons à la Convention.* « Mais, disait Dumouriez
dans son premier mémoire au Comité, elle est composée d'un petit
nombre d'individus et ne peut exprimer le vœu du peuple ; l'assemblée provinciale du Hainaut est la représentation légale du pays
entier. »

[3] *Mon.*, 28 déc. 1792, 7 et 10 janv., 2 févr. 1793 ; *Adresse des
citoyens de Bruges amis de la liberté et de l'égalité* (A. N. C. 245).

Belges isolés n'étaient pas une masse de forces suffisante pour résister aux tyrans et que les petites républiques sont souvent subjuguées par quelques intrigants ; agréez notre incorporation, déclarez que nous
formons un 85° département sous· la dénomination de
Nord-Est, dont la ville de Mons sera le chef-lieu [1]. » Une
semaine après, les administrateurs provisoires de Mons
venaient, à leur tour, rendre hommage à la Convention
et applaudir au décret : « Détruisez tout ce qui peut
mettre entre nous la moindre barrière. Nos intérêts sont
communs, nos richesses doivent se confondre. Suppri-
mez les douanes, et que la fraternité réunisse à jamais
les deux peuples [2] ! » Enfin, le 30 janvier, la Convention
apprenait que Liège avait voté son annexion à la France.

Le premier vœu de réunion était parti de ce pays de
Franchimont où se trouvaient, selon le mot de Le Brun,
les plus chauds patriotes liégeois [3]. « Ce que la France a
été pour le reste de l'Europe, disait Merlin de Douai, le
pays de Liège l'a été pour la Belgique, et le pays de
Franchimont pour celui de Liège. » Le 23 décembre, les
habitants de Spa, de Theux et des communes voisines
déclaraient que leur vœu était de « former une réunion
indissoluble à la République française », et ils invitaient
le pays de Liège et tous les cantons de la rive gauche du
Rhin à suivre·leur exemple. Liège répondit aussitôt à
cet appel. Dès 1791, Fabry écrivait qu'il ne rentrerait
pans sa patrie que pour l'unir à la France et que tousles
vrais patriotes voulaient être Français, en dépit des
Français eux-mêmes; *plus d'Empire,* ajoutait-il, *plus de*

[1] *Mon.,* 26 janv. 1793 ; Borgnet, II, 209-210.
[2] 29 janv. 1793 (*Mon.* du 30).
[3] Le Brun à Dumouriez, 28 nov. 1792 (A. E.).

Wetzlar, plus de prêtres! Sans doute Liège aurait pu
s'unir aux Pays-Bas et former avec eux une république.
Mais les Liégeois savaient que la Belgique ne voudrait
jamais leur sacrifier sa religion et son clergé : « Ils
étaient faits pour être libres et républicains, disaient les
Annales patriotiques, et les Bruxellois, séduits par leur
prêtraille, pour être esclaves et conduits par un maître [1]. » Or, que pouvaient-ils, livrés à eux-mêmes, et,
selon l'expression de Dumouriez, en avant de tout, sans
places fortes, en un pays ouvert à l'invasion [2] ? La
France seule pouvait défendre leur liberté contre le
prince-évêque et l'empire germanique. Ils se donnèrent
à la France, de même qu'avaient fait les Savoisiens, et
« tranchèrent le nœud gordien comme au pied du mont
Cenis [3] ». On n'avait de salut, affirmaient Bassenge et
Fabry, que dans les bras de la France; elle est « le seul
port qui nous présente un abri sûr contre les tempêtes »,
et ils priaient leurs compatriotes de s'associer « à une
famille immense présidée par la raison, la liberté et les
lumières ». Le 20 janvier, 9,660 citoyens, sur 9,700, votèrent la réunion de Liège à la République française ; sur
61 sections, 49 furent unanimes. Un mois plus tard, on
connaissait le vote de 378 communes du pays : toutes, y
compris 3 gros bourgs et les 7 villes de Liège, Huy,
Verviers, Ciney, Visé, Dinant et Waremme, avaient demandé la réunion, de leur plein gré, sans que les Fran
çais eussent exercé la moindre pression. Mais 80,000
citoyens s'étaient abstenus de voter [4].

[1] *Annales patriotiques*, 12 janv. 1793.
[2] Dumouriez, *Mém.*, III, 218, et Nény, II, 66-67 « le pays de Liège
n'est point en état de faire respecter sa neutralité ».
[3] Mot de Vianey, secrétaire de l'état-major, *Chron. de Paris*,
20 janv. 1793.
Hénaux, II, 676.

VII. Le décret du 15 décembre était encore lettre morte en Belgique, et on ne l'afficha que le 18 janvier sur les murs de Bruxelles. Non seulement Dumouriez le combattait de toutes ses forces, mais Proli proposait d'en suspendre l'exécution [1]. Bentabole déclarait que la conquête d'un peuple « encrassé de préjugés » n'offrait aucun avantage [2], et Tallien, qu'aller en Brabant, c'était faire le Don Quichotte [3]. Brissot commençait à croire que la réunion de la Belgique serait dangereuse, peut-être impraticable, et il mandait à Dumouriez qu'il fallait hâter la convocation d'une assemblée belge [4]. Des députés assuraient à Malou-Riga que le décret n'était que provisoire, et Malou ne craignait pas d'en montrer les désavantages. Le décret, disait-il à tous ceux qu'il rencontrait, interrompt le cours de la justice ; il enlève toute ressource aux administrateurs qui se trouvent hors d'état de solder et d'armer les régiments ; il irrite le peuple déjà prévenu contre la France par les discours des émigrés ; il ruine la confiance, et vous trouverez dans nos provinces tous les coffres fermés, tout le numéraire caché. Vous croyez, ajoutait Malou, vendre nos biens ecclésiastiques ; il n'y aura pas d'acquéreurs tant que le succès de la campagne ne sera pas assuré. Vous voulez la réunion qui, sans doute, offre à notre commerce et à notre industrie de vastes débouchés ; il fallait la préparer avec un peu de patience, et non la brusquer [5].

On craignait d'ailleurs une guerre avec la Grande-Bretagne. Talleyrand avait envoyé récemment un mé-

1 Proli à Le Brun, 5 janv. 1793 (A. E.).

2 Séance du 12 déc. 1792 (journ. des Jacobins).

3 Séance du 10 janv. 1793 (*Mon.* du 11).

4 Nauroy, *Le Curieux*, II, 71.

5 *Lettre aux représentants provis. de la Flandre*, p. 2, et *Mém. pour les députés des deux Flandres*, p. 7-14.

moire remarquable qui prouvait que la France serait forte en rejetant toute idée d'annexion et en donnant son appui aux faibles « sans autre retour que d'avoir près d'elle des amis et des hommes libres [1] ». Le Comité de défense générale calculait anxieusement tous les dangers qu'entraînait le décret. Le Comité diplomatique accueillait protestations et adhésions sans faire son rapport général. Le Conseil exécutif s'efforçait de gagner du temps et, s'il nommait les commissaires nationaux, il rédigeait, corrigeait, remaniait lentement et à loisir leurs instructions [2].

Mais Cambon qui venait d'obtenir une nouvelle émission d'assignats, et les commissaires de la Convention, Danton, Delacroix, Camus, Gossuin, exigeaient la prompte exécution du décret. Cambon somma le Conseil exécutif, dans la séance du 8 janvier, de présenter sur le champ et par écrit la liste des commissaires nationaux qui devaient aller en Belgique ; puis, quatre jours après, de rendre compte des motifs qui retardaient le départ de ces agents. « Le décret, disait-il, a été la vraie pierre de touche que désirait la Convention ; il a forcé les aristocrates à se prononcer. Mais on a envoyé ce décret seul, sans commissaires. On a donné aux partis le temps de se liguer contre son exécution, et, pourtant, c'est ici le cas de veiller sur les biens que Dieu nous a conservés pour sauver notre liberté ; c'est là la terre de Chanaan, la terre promise où tous les peuples trouveront la manne céleste [3] ! »

Le 26 janvier, Danton faisait décréter que les légions belges et liégeoises appartiendraient désormais à l'armée

---

[1] Mémoire du 25 nov. 1792 (A. E.).
[2] Rec. Aulard, I, 415, 444, 453 ; 2e rapport des commissaires, VIII.
[3] Séances des 8 et 12 janv. 1793 (*Mon.* des 10 et 14).

francaise, et seraient soldées de la même manière que
les troupes de la République [1].

La réunion des troupes précédait celle du pays. Le
31 janvier, lorsqu'on sut le vote de Liège, Danton demanda l'incorporation de la Belgique. Il assurait que
l'homme du peuple et le cultivateur la désiraient. « De la
réunion, disait-il, dépend le sort de la République dans
la Belgique. C'est parce que les patriotes pusillanimes
doutaient de cette réunion que votre décret du 15 décembre a éprouvé des oppositions. Mais prononcez-la, et
vous ferez exécuter les lois francaises, et les aristocrates,
nobles et prêtres, purgeront la terre de la liberté. Cette
purgation opérée, nous aurons des hommes, des armes
de plus. La réunion décrétée, vous trouverez dans les
Belges des républicains dignes de vous qui feront
mordre la poussière aux despotes ! » La Convention
ne décréta pas la réunion ; elle ne voulait pas avoir l'air
de conquérir les peuples ; elle se piquait de les consulter,
d'obtenir leur consentement, et de n'annexer que ceux
qui se donnaient spontanément et de bon gré. Elle décida
donc que le décret du 15 décembre serait immédiate-
ment exécuté ; que les généraux prendraient toutes les
mesures nécessaires pour la tenue des assemblées·pri-
maires ; que les commissaires de la Convention tranche-
raient provisoirement toutes les questions qui s'élève
raient sur la forme et les opérations de ces assemblées ;
que les populations émettraient leur vœu sur la forme
de gouvernement qu'elles voulaient adopter [2].

---

[1] 26 janv. 1793 (*Mon.* du 29). Un décret du 7 mars suivant conserva
leurs grades aux citoyens employés dans les troupes de la Belgique
ou du pays de Liège, mais leur nomination devait être antérieure au
décret du 26 janvier.

[2] Séance du 31 janvier 1793.

De nouveau l'anarchie avait en Belgique force de loi.
Mais, depuis l'entrée des Français, n'existait-elle pas
réellement dans le pays? Plus d'institutions politiques,
plus d'États, plus de tribunaux supérieurs et subalternes, plus de magistrats des villes; tout, suivant l'expression d'un contemporain, avait été balayé en un instant,
renversé en un clin d'œil comme par un torrent dévasta-
teur[1]. Dumouriez avait voulu « organiser la république
belge et ses différentes branches d'administration »,
mais il était occupé, comme il disait, à poursuivre l'ennemi et traversait les Pays-Bas avec rapidité[2]. Les
commissaires de la Convention ne faisaient encore
qu'inspecter les armées. L'agence française ne recevait
de Le Brun que des instructions très vagues et, selon le
mot de Deshacquets, s'agitait dans le néant. Tous les
pouvoirs, ajoutait l'ancien secrétaire d'ambassade, « se
heurtent, marchent au hasard, portent partout le désordre et la confusion ». Noël, passant à Bruxelles au milieu
de décembre, remarquait une « mésintelligence pro-
noncée » entre tous les représentants de l'autorité française, « les uns voulant des moyens de rigueur, les
autres des moyens de douceur et de conciliation » : il
fallait, écrivait-il, « une seule tête » pour mener tout;
il fallait un ministre plénipotentiaire, et ce ministre
était tout trouvé; ce serait Maret[3]

Le Brun tint compte de l'avis, et fit nommer Maret
commissaire-général du pouvoir exécutif dans les Pays-
Bas. Maret refusa; comme Dumouriez, il voulait la
liberté, et non la conquête de la Belgique; comme Du-

---

1 Raoux, *Mém. sur le projet de réunion*, 6.
2 Dumouriez à Le Brun, 22 nov. (A. E.) et *Corresp.*, 273.
3 Deshacquets à Le Brun, 28 nov. 1792 et 17 janv. 1793 (A. E.)
Noël à Dumouriez, Londres, 21 déc. 1792 (A. N. F⁷ 4598.

mouriez, il voulait des « ménagements » et « un silence
absolu sur les matières de religion ». Et, après les décrets du 15 décembre et du 31 janvier, quelle autorité
aurait eue Maret dans un pays que les généraux, les représentants, les commissaires nationaux accablaient de
leur triple pouvoir [1] ?

Telle fut, en effet, la situation de la Belgique après le
décret du 31 janvier. Les généraux et commandants
militaires avaient l'initiative de toutes les mesures : ils
déterminaient le temps, le lieu, le mode des assemblées
primaires, proclamaient la suppression de l'impôt, éta-
blissaient le séquestre. Quelques-uns, comme Berneron
et Duval, désapprouvaient le décret. Duval conseillait de
faire de la Belgique une république libre qui serait le
« rempart » de la France, et il jurait de « s'opposer de
toutes ses forces aux injustices », parce qu'il ne séparait
pas la liberté de la vertu. Mais beaucoup d'autres
usèrent sans égard ni ménagement des pouvoirs que leur
conférait le décret. Déjà Miranda avait sommé Anvers
de lui prêter 300,000 livres en numéraire et, sur le refus
des administrateurs, il envoyait quatre des plus notables à la citadelle. Harville fit la leçon aux représentants de Namur, ces *êtres nuls*, disait-il, « qui sont loin
de notre hauteur et des idées républicaines » ; il leur
reprochait d'être « confusément, précipitamment, irré-
gulièrement élus » et leur vantait la générosité française
qui « se servait, pour rompre à jamais leur joug, de
l'épée d'Alexandre ». D'Averton déclarait aux représentants de Malines qu'il méprisait profondément des
hommes « assez avilis pour désirer un ignominieux
esclavage au milieu des Français libres et républicains,

---

[1] Ernouf, *Maret*, 136-139 et 64.

et entourés par eux de toute la masse des lumières du
XVIIIe siècle ». Goguet faisait faire l'exercice dans les
églises de Bruxelles, tant pour préserver le soldat des
intempéries de l'air que pour « détruire peu à peu le
fanatisme[1] ».

Au dessus des généraux étaient les commissaires de la
Convention « espèce de dictateurs ambulants, disait
Chaussard, investis d'une puissance illimitée, faisant
marcher devant eux une terreur religieuse. forts d'une
réputation de talent et d'éloquence[2] ». Ils devaient,
d'après le décret, fraterniser avec le peuple et, selon
l'expression du jour, *activer* le pouvoir révolutionnaire[3].
Ce furent Camus, Danton, Delacroix, Gossuin, Treilhard,
Merlin de Douai et Robert. Ils se partagèrent le pays : à
Danton et à Delacroix, Namur, Liège et Aix-la-Chapelle;
à Camus et a Treilhard, le Hainaut et la Flandre ; à
Gossuin et à Merlin, le Brabant[4].

Danton et Delacroix acquirent dans cette mission un
renom sinistre. Delacroix, entrant chez le vieil évêque
de Namur, lui disait brutalement par deux fois : « Monsieur, nous sommes venus pour vous donner la permission de vous marier[5]. » Il conseillait le pillage à Mia-

---

[1] Chaussard, 177 et 240 ; Duval à Beurnonville, 20 mars 1793
(A. G.) et discours du 11 mars aux représentants de Bruxelles ; Miranda à Pache, 31 déc. 1792 et 1er janv. 1793 (A. G.) ; Harville aux
commissaires, 27 déc. 1792 (A. N. AA 52) ; Borgnet, II, 172 et 184-
187 ; Gouget-Deslandres et Robert au Conseil exécutif, 18 fév. 1793
(A. G.).

[2] Chaussard, 27.

[3] L'expression *activer*, dit Beaulieu (IV, 200) est historique; je ne
sais si elle deviendra française.

[4] Rec. Aulard, I, 284, et II, 224-225. Robert ne fut nommé que le
28 février ; il était né Liégeois, disait-il, et « voulait aller embrasser
à Liège et son père et la statue de la liberté » (A. N. C. 246)

[5] Money, *The campaign*, 242-243.

czynski : « Vous êtes sur pays ennemi ; housardez et dédommagez-vous de vos pertes [1] ». Quoique député, et bien qu'il n'eût servi que plusieurs années dans la gendarmerie, il ne rougissait pas d'accepter un brevet de maréchal-de-camp [2]. C'est Danton et Delacroix que désigne un contemporain, lorsqu'il parle de ces commissaires qu'on voyait « toujours à table ou avec des filles [3] ». Merlin de Douai n'avouait-il pas que les deux représentants ne s'étaient « presque occupés que de leurs plaisirs [4] » ? Ils reprochèrent aux Liégeois de ne pas couper quelques têtes : « On ne fait pas, disaient-ils, des révolutions avec du thé ; les principes de justice et d'humanité sont bons en théorie et dans les livres des philosophes ; mais dans la pratique il faut d'autres moyens pour opérer, il faut avoir des coupe-jarrets à gage [5]. » Ils poussèrent à tous les excès cette populace de Liège que Dumouriez regarde comme la plus dangereuse de l'Europe, après celle de Paris et de Londres [6]. Sous leurs auspices et à la voix des émissaires jacobins, se fonda dans le couvent des Cordeliers un club de sans-culottes qui tint tête à la société des Amis de la liberté et de l'égalité, à la municipalité, à l'administration provisoire. Quiconque refusait d'appartenir à ce club, était traité d'aristocrate. Les Fabry, les Chestret

---

[1] *Mon.* du 23 mai 1793, séance du 21.

[2] Lettre du 25 mars à Danton (Ternaux, *Terreur*, VI, 488).

[3] Foliot à Carra, *Ann. patriot.*, 4 avril et *Patriote français*, 5 avril 1793.

[4] *Réponse* (de Merlin) *à quelques objections contre la réunion de la Belgique*, 9 vendém., an IV, p. 3.

[5] Rapporté par Fabry (Borgnet, II, 411). Cf. Dumouriez, *Mém.*, III, 219.

[6] Money (*The campaign*, 240) dit comme Dumouriez « The lower class of the people is here much more licencious than in any country in Europe ».

perdirent confiance et crédit. Liège vit les mêmes dé
sordres que Bruxelles. Les sans-culottes faisaient des
visites domiciliaires et emprisonnaient les suspects. Les
vengeances privées se donnaient carrière [1].

Les commissaires du Conseil exécutif ou *commissaires
nationaux* étaient au nombre de trente. Ils avaient
1,000 livres de frais de voyage et un traitement mensuel
de 800 livres. Ce furent pour Ostende et la Flandre litto-
rale : Gadolle et Sibuet ; le premier, Dunkerquois, actif,
intelligent, le seul des commissaires qui sût le flamand,
le second, rédacteur de l'*Ami des lois* [2] ;

Pour Gand et la Flandre orientale : Alexandre Courtois
et Darnaudery que la Commune avait envoyé au mois de
septembre 1792 dans les départements du midi [3] ;

---

[1] Borgnet, II, 245 ; Dumouriez, *Mém.*, III, 216-219 et 290-291 ;
Mon. du 8 mars 1793 (arrêté de la commune pour prévenir les atten
tats contre la liberté individuelle des citoyens).

[2] Cf. sur Pierre Gadolle la lettre des commissaires de la Convention
(Rec. Aulard, II, 181). Il publia en novembre 1794 des réflexions sur
l'annexion de la Belgique (*La fortune publique assurée par l'amal-
game de la Belgique avec la France, idées très à l'ordre du jour*) qui
furent traduites en allemand par la *Minerva* (1795, I, p. 468-486)
et dans le recueil de Boehmer une *Réponse à cette question : est-il de
l'intérêt de la République française de reculer ses limites jusqu'aux
bords du Rhin ?* qui obtint le second prix (An IV, 1er cahier, p. 51-59 ;
il se qualifie alors « distillateur à Paris »), Billaud-Varennes le fit
« happer » à Dunkerque au mois d'août 1793 et Gadolle resta onze
mois eu prison ; il exposa ses griefs contre le proconsul dans la brochure : *Tu en as menti, Billaud, tu dis dans ton affiche que jamais tu
n'as commis ou provoqué un seul acte tyrannique ; voici le mal irrépa-
rable que tu m'as fait.* — Georges Sibuet devint accusateur militaire
de l'armée des Alpes et se battit en duel (avril 1793) avec Benjamin
Constant.

[3] Cf. sur Alex. Courtois, p. 216. Il devint accusateur militaire près
le tribunal du 2e arrondissement de l'armée de la Moselle. Est-ce le
Alexandre Nicolas Courtois, âgé de 33 ans, né à Longuyon, ex-administrateur du département de la Moselle, juge suppléant au tribunal
du district de Longuyon qui fut guillotiné le 7 mai 1794 ? Ou, plus

Pour Ypres, Menin et la Flandre occidentale, Harou-
Romain et Mandrillon [1] ;

Pour Mons et le Hainaut, François Mouchet et Legier [2] ;

Pour Namur et le Namurois : Scipion Bexon et Philippe Rigaut [3] ;

Pour Bruxelles et le Brabant wallon : Publicola Chaussard, Gouget-Deslandres et Robert. Chaussard avait, en
1792, publié un livre emphatique et vide *De l'Allemagne
et de la maison d'Autriche ;* il conviait les Germains, au
nom d'une nation qui « ne forma longtemps avec eux
qu'une vaste famille », à « s'associer au bonheur » de
la France, à se donner une constitution libre et à « s'asseoir au banquet de l'égalité » [4] ;

probablement, le Courtois, homme de loi, qui était, en 1795, président
du tribunal criminel du département de Sambre et Meuse ?

[1] Cf. sur Harou-Romain, *Retr. de Brunswick,* 60-63, et sur Mandrillon, *id.,* 201.

[2] Mouchet, entrepreneur de bâtiments, est l'officier municipal qui,
au 20 juin, laissait entrer la foule aux Tuileries, en disant que le droit
de pétition est sacré. Legier, commissaire de la section des Postes, en
juillet 1792, devint agent national, puis commissaire du pouvoir exécutif dans le département des Forêts, membre du Conseil des Cinq
Cents, membre du Tribunat.

[3] Rigaut, âgé de 36 ans et né à Montpellier, ex-administrateur de
l'habillement, équipement et campement des troupes, fut guillotiné le
9 décembre 1793 pour « avoir prévariqué, et de complicité avec Pinard,
Bouchet, Poujol, Dessales et Bourillon, opéré des malversations,
fraudes et dilapidations dans les fournitures » (A. N. W. 301).

[4] Chaussard était né à Paris en 1766. Il devint secrétaire de la
Commune en 1793 et orateur des Théophilanthropes. On le trouve
sous la Restauration professeur au collège de Nîmes. Il mourut à
Paris le 9 janvier 1823. — Maurice Gouget-Deslandres, né à Dijon en
1755, avocat au parlement de Bourgogne et substitut du procureur-
général, puis juge au tribunal de cassation (1792-1797), était membre
du club des Jacobins et avait rédigé avec His le *Républicain universel.*
Il a fait imprimer de nombreux mémoires (Aulard, *Les Jacobins,* I,
205, et Garat, *Mém.,* 301). — Robert, Edme-Pierre-François, né en
1750 à Paris, devint accusateur public de l'armée de Perpignan.

Pour Anvers : Tronquet Saint-Michel et Dupré [1] ;

Pour Diest et la Campine : Lanelle et un ami de Danton, Paris, ce greffier du tribunal révolutionnaire qui s'appela Fabricius pour ne plus porter le nom de l'assassin de Le Peletier Saint-Fargeau [2] ;

Pour Dinant et le pays entre Sambre-et-Meuse, Huy, Thuin, Couvin : Tisseron père et Bosque [3] ;

Pour Liège et la Hesbaye : Cochelet et Chépy [4] ;

Pour Verviers, Theux, Spa et Franchimont : Etienne Hebert et Gabriel Vaugeois, ce dernier, vicaire-général de l'évêque de Blois et plus tard accusateur public du département de Sambre-et-Meuse ;

Pour Malmédy et Stavelot : Le Hodey et Dufour [5] ;

Pour Herve et le Limbourg : Rolland et Isnardi [6] ;

---

[1] Dupré avait remplacé Collin, président de la section de la Butte des Moulins, rappelé le 4 février.

[2] Cf. sur Lanelle Rec. Aulard, III, 89.

[3] Bosque mourut à Dinant dans l'exercice de ses fonctions, et le Conseil exécutif fit remettre à sa veuve un mois de son traitement (Rec. Aulard, II, 360).

[4] Adrien-Pierre-Barthélemy Cochelet, ancien membre du tribunal de Charleville et député à la Constituante ; — Pierre Chépy, né à Paris en 1770, membre du club des Jacobins, commissaire de la section du Louvre en juillet 1792, président du tribunal de la Force aux massacres de septembre, secrétaire de légation à Liège, puis à Lisbonne, agent politique près de l'armée des Alpes (août et sept. 1793), incarcéré jusqu'au 9 thermidor, vice-consul à Rhodes sous le Directoire, commissaire des relations commerciales à Jersey et à Guernesey, commissaire général de police à Brest de 1803 à 1814 (De Martel, *Les historiens fantaisistes*, II, 259).

[5] Le Hodey de Saultchevreuil (qui remplaça le 21 janvier Tisseron fils) avait rédigé le *Logographe ;* Dufour était un ancien commissaire de la Commune, arrêté à Lisieux avec Momoro, pour avoir prêché les doctrines de la loi agraire.

[6] Rolland, ancien député de la Moselle à la Législative, commissaire du pouvoir exécutif dans les départements du Nord, avait, au mois de novembre 1792, activé le départ des volontaires réunis à Saint-Quentin, à Compiègne et à Guise ; Isnardi, Pierre-François, était

Pour Ruremonde : Liébaut et Bonnemant [1] ;

Pour Tournai et le Tournésis : Desforges-Beaumé et Thiébault père et fils [2].

Ces commissaires recurent des instructions spéciales. Ils avaient la « direction principale » et la « surveillance tutélaire » des administrations provisoires, et, comme délégués de la République, « tout le pouvoir nécessaire pour garantir la sûreté des armées et rendre leur assistance efficace » ; ils devaient opérer la circulation des assignats et leur échange au pair contre espèces ; ils rechercheraient tous les biens que les décrets mettaient sous la sauvegarde de la République et qui étaient « sa conquête ou au moins le gage des indemnités qu'elle avait droit de réclamer » ; ils feraient toutes les réquisitions nécessaires aux généraux et chefs militaires « occupés de tant d'autres soins » [3].

La plupart n'étaient pas, comme l'a dit Dumouriez et comme on l'a depuis répété, des scélérats qui ne venaient en Belgique que pour piller et massacrer. C'étaient

strasbourgeois, jacobin et adjoint au maire de Strasbourg depuis le 10 août 1792.

[1] Antoine Liébaut, homme de loi et candidat au ministère de la justice (20 mars 1793) ; Guillaume Bonnemant, avocat et député d'Arles aux États-Généraux.

[2] Desforges-Beaumé (qui remplaça Loubert) fut employé à Lille, comme agent secret, du 5 avril au 2 août 1793 ; Mme de Genlis, qui le vit à Tournai, assure qu'il avait été prêtre ; « j'eus, dit-elle, l'humiliation de lui plaire à tel point qu'il me baisait les mains à toutes les minutes ». Dieudonné Thiébault était ce Thiébault, membre de l'Académie des sciences de Berlin, qui composa des *Souvenirs de vingt ans sur Frédéric II*. Il avait pour commissaire-adjoint son fils Paul Thiébault, le futur général, alors capitaine au 1er régiment de Tournai, et qui devint, après Neerwinden, aide-de-camp de Valence et capitaine aux hussards de Chamborant. (*Matériaux pour la biographie du lieutenant-général Thiébault*, 1846, p. 3-11.)

[3] Rec. Aulard, I, 416-437 et *Mon.*, 16 janvier 1793.

plutôt des « têtes exaltées » que des « êtres féroces et
sans éducation » [1]. Quelques-uns méritaient l'estime, et
Mme de Genlis dit avec raison de Thiébault père qu'il
était « véritablement humain et respectable [2] ». Mais
hommes de loi ou littérateurs, éblouis, avoue Le Brun,
par l'étendue de leurs pouvoirs [3], gonflés de leur sou-
daine importance, ils ne commirent que des sottises.
Ils passaient l'armée en revue et s'apitoyaient avec em-
phase sur son dénûment. Ils lançaient des proclamations
ridicules. Ils se faisaient rendre les honneurs militaires
et ne marchaient qu'accompagnés de gardes et d'ordon
nances. Bexon et Rigaut sommaient la municipalité de
Namur de leur donner un « beau et splendide dîner »,
comme celui qu'elle avait offert aux généraux Valence et
Harville [4]. Harou-Romain et Mandrillon dénonçaient au
peuple d'Ypres et de Courtrai les nobles et les prêtres
comme des *vampires* semblables aux monstres du Nil
qui « ne contrefont des voix humaines que pour attirer
les malheureux et les dévorer » [5]. Collin, dansant au
bal de Bruges, venait dire à Dumouriez avec un grand
sérieux qu'il se proposait de mettre Nieuport et Ostende
en état de défense et d'y monter des batteries [6]. Liébaut
demandait un corps de 1,200 hommes à Miranda et
ordonnait gravement à Dumouriez de renforcer l'avant-
garde de La Marlière; sinon, il exigerait et obtiendrait

---

[1] Dumouriez à Beurnonville, 4 mars 1793 (A. G.), et *Mém.*, III,
278, et IV, 58.

[2] *Précis de la conduite de Mme de Genlis depuis la Révolution.* Ham-
bourg, 1796, p. 66.

[3] Le Brun à Dumouriez, 15 mars 1793 (A. E.).

[4] Borgnet. II, 233.

[5] *Proclam.* de Harou-Romain et Mandrillon.

[6] Dumouriez, *Mém.*, IV, 58-59, et Le Brun à Dumouriez, 20 février 1793 (A. E.) « nous vous avons vengé de Collin ».

vengeance [1]! Cochelet jouait au général; il allait reconnaître Maestricht, interrogeait les paysans qui sortaient
de la place, et, bien que la guerre ne fût pas encore
déclarée, il arrachait sur le glacis un écriteau qui portait
les mots « territoire de leurs Hautes Puissances ». Il
délivrait des ordonnances en numéraire sur la caisse du
payeur pour des sommes considérables, sans motif ur-
gent. « Indiscret, futile, vain, écrivait Miranda, il veut
subdéléguer son emploi et ses facultés à Jolivet et demain
peut-être sur cinquante autres secrétaires; au lieu de
dix commissaires, nous en aurons dix mille ! » Les commissaires de la Convention le suspendirent et Le Brun
le rappela ; Cochelet, disait le ministre, n'avait pas le
droit de déléguer ses pouvoirs à Jolivet et Jolivet déro-
geait à son caractère de chargé d'affaires en acceptant
des fonctions subalternes [2].

Plusieurs Français d'esprit perspicace et impartial
virent à l'œuvre ces commissaires nationaux et assurent
qu'ils « n'avaient pas la connaissance requise du génie
et des mœurs de la Belgique », que leur conduite était
« altière » et « impolitique », qu' « au lieu de ménager
d'abord les préjugés des Belges, ils prétendaient les
renverser du premier choc » et « se livraient à des actes
condamnables ». Courtois lui-même, venant à résipis-
cence, confessait plus tard que ses collègues parlaient
dans les clubs de Belgique comme au faubourg Saint-
Antoine et qu'ils avaient frappé fort, sans frapper
juste [3].

[1] Liébaut à Dumouriez et à Le Brun (A. E.); Dumouriez répondit
que la lettre semblait venir de Charenton.

[2] Cochelet au ministre, 2 février 1793 (A. G.); Miranda à Dumouriez, 12 févr. (A. N. F[7] 4598); Le Brun à Dumouriez, 20 févr. (A. E);
2e rapport des commissaires, 215-220.

[3] Milon à Beurnonville, 10 mars 1793 (A. G.); Mon., 13 et 28 mars;

Les plus mauvais furent Chaussard et Chépy que les administrateurs provisoires de Bruxelles nommaient des *proconsuls*, des « Aquilins et des Verrés couverts d'un masque populaire ». Chaussard disait qu'il fallait employer à Bruxelles tous les moyens qu'on employait à Paris, et « faire planer la terreur sur la tète des dissidents » ; Chépy, que le Brabant n'était qu'une *taste ménagerie* et qu'on devait y couper à propos 20 ou 30 têtes : « chose indispensable en Révolution » [1]

Il faut citer avec ces deux hommes un ancien commissaire de la Commune, Chartrey, devenu commissaire des guerres et chargé, en cette qualité, de saisir les biens des émigrés français et belges. Dès le 9 janvier, Chartrey enlevait les fonds déposés à la caisse des consignations judiciaires et, comme le tribunal de la commune invoquait les lois du pays, « je suis ici en France », répondait Chartrey. Il s'adjoignit un ébéniste bruxellois du nom de Saghman. Ce Saghman était notoirement atteint de démence ; il se croyait ministre ; il voulait porter un habit d'écarlate doublé d'hermine ; il achetait cinq chevaux et trois cabriolets ; il projetait de divorcer pour épouser une Gantoise qu'il n'avait jamais vue, de transformer son atelier en salon de danse, et, dans le dessein de donner une fête aux sans-culottes, il commandait trois mille pots d'étain et un tonneau en bois d'acajou. Mais il assistait aux ventes des meubles des émigrés et faisait constamment hausser les prix ; Chartrey le nomma commissaire-adjoint [2].

Camus, discours du 22 mars (*Mon.* du 24) ; *Le Batave*, 23 avril ; *Rév. de Paris*, n° 194, p. 20 : « ils n'étaient pas tous des hommes prudents et propres à nous concilier les esprits. »

[1] Chaussard, 7-6 ; Adresse du 22 mars ; *Mon.* du 16 et 18 mars.

[2] Adresse du 22 mars 1793, et Levae, 220.

Pires que Chartrey, pires que Chaussard et Chépy
furent, comme toujours, les subalternes, commis, clubistes, soldats, que les commissaires nationaux s'asso
ciaient en grand nombre à titre d'adjoints ou de simples
auxiliaires. C'étaient non-seulement des Français, mais
des Belges, et, comme dit Beaulieu, les prolétaires, les
intrigants, les têtes ardentes du pays [1], tous ceux qui,
selon le mot de Chaussard, avaient le prurit du pillage [2].
Ces agents de bas étage, étrangers et nationaux, commirent les brutalités et les abus de pouvoirs qui ré-
voltèrent les populations, les « malversations » que ré-
prouvaient les conventionnels [3], les « extorsions » et les
« brigandages » que rappelle Louvet [4], les « vexations
injustes », les « persécutions criantes », les « rapines
inouïes » que dénoncèrent les journaux du temps [5]. Dumouriez rapporte qu'ils volèrent la moitié des mobiliers
qu'ils mettaient sous scellé ; Belliard, qu'ils osèrent
requérir pour faire de la charpie, du fil de dentelle qui
ne parut jamais dans les hôpitaux ; Camus, qu'ils voulaient « agir de leur tête sans aucun pouvoir » et ne res-
pectèrent pas les droits de l'homme [6]

VIII. Les commissaires nationaux se montrèrent en
Belgique vers la fin de janvier. L'exécution du décret
commença sur le champ. Partout les impositions furent
abolies. Les représentants de Namur voulaient les maintenir ; Harville déclara qu'il prêterait main forte à qui-

---

[1] Beaulieu, IV, 201.
[2] Chaussard, 349.
[3] Rec. Aulard, II, 443.
[4] Louvet, *Mém.*, éd. Aulard, I, 69.
[5] *Le Batave*, 29 mars et 2 avril 1793.
[6] Dumouriez, *Mém.*, III, 297 ; Belliard, *Mém.*, I, 100 ; Camus,
disc. du 22 mars (*Mon.* du 24).

conque les refuserait. L'assemblée de Tournai s'efforçait
de garder le droit de barrière : O'Moran menaça de faire
abattre toutes les barrières par un escadron de cavalerie. Les représentants de Louvain décidaient que les
impôts seraient perçus comme auparavant; Chépy annula leur décision. Les administrateurs de Bruxelles demandaient un peu d'argent pour réparer le canal de la
ville ; les commissaires répondirent qu'on devait auparavant accepter les assignats au pair. Mais eux-mêmes refusaient le papier-monnaie que les Belges leur offraient,
et lorsqu'ils mettaient à l'encan les meubles et les effets
des émigrés, exigeaient du numéraire à l'instant même
de l'achat [1].

Partout les propriétés du fisc, des établissements publics, des communautés ecclésiastiques et laïques furent
« mises sous la sauvegarde de la République ». Mais,
contrairement à l'article 5 du décret, les commissaires
nationaux s'attribuèrent la surveillance du séquestre.
Ils disposèrent de toutes les caisses et défendirent aux
receveurs de se dessaisir de la moindre somme sans leur
autorisation. Ils firent vendre les biens de tous les
émigrés français et de tous les Belges expatriés. Les représentants provisoires de Bruxelles protestèrent encore.
Devait-on saisir les meubles et immeubles des émigrés
français au préjudice de leurs créanciers belges? Devait-
on mettre la main sur les biens des militaires belges qui
servaient sous le drapeau de l'Autriche ou des fonctionnaires qui n'avaient fui que parce qu'ils redoutaient la
persécution? Ne fallait-il pas auparavant les sommer,
les uns et les autres, de rentrer en Belgique? Les com-

---

[1] Borgnet, II, 172, 181, 183 ; 2ᵉ rapport des commissaires, 171 ;
Relation de ce qui s'est passé à Louvain, p. 8 et 15 ; adresse bruxelloise du 22 mars 1793 (A. E.).

missaires répondirent qu'ils ne reconnaissaient pas les
dettes des émigrés et qu'ils regardaient comme « satellites volontaires du despotisme » tous les Belges qui
avaient quitté le pays à l'approche des armées françaises [1]

Le décret ordonnait l'élection d'administrations nouvelles. Mais la suppression des impôts et la saisie des
caisses publiques frappaient d'inutilité les administra
tions des provinces. On pouvait donc en tolérer quel
ques-unes, et les commissaires de la Convention lais-
sèrent subsister celles de Malines et de la Westflandre
ainsi que l'assemblée des représentants provisoires de
Bruxelles qui s'était rendue indispensable [2]. Mais ils cas-
sèrent, sans la remplacer, l'assemblée de l'Ostflandre.
L'assemblée provisoire du Hainaut, ayant protesté de
nouveau et avec force contre le décret, fut dissoute par
le général Ferrand, et le pouvoir administratif de la
province confié aux 30 administrateurs de Mons et à
quelques notables du plat pays [3]. Il en fut de même à
Tournai. Deux fois les assemblées primaires refusèrent
de prêter le serment à la liberté et l'égalité ; deux fois
les commissaires nationaux les annulèrent ; ils étaient,
disaient-ils, « effrayés de l'énorme majorité des opposants », et de guerre lasse, ils choisirent eux-mêmes
les administrateurs provisoires [4]. Enfin, l'administration

---

[1] Les représ. provis. de Bruxelles à la Convention, 28 févr. 1793
(A. E.).

[2] Chaussard (70-72) voulait pour « frapper les factions et les at-
terrer par l'épouvante », casser l'administration de Bruxelles et la
remplacer par une commission provisoire ; mais cet acte « offrait des
difficultés graves ».

[3] Borgnet, II, 174-179 et 197.

[4] Mémoire de Desforges-Beaumé et des deux Thiébault (A. N.
D. II, 4-5) ; Borgnet, II, 179-182.

provisoire d'Anvers allait être cassée le 10 mars et rem-
placée par une commission de dix membres ; un coup
d'autorité de Dumouriez la sauva [1].

Seuls, le Tournésis et le Namurois reçurent l'administration générale prescrite par le décret. Les électeurs du
Tournésis choisirent douze administrateurs provisoires,
un procureur-syndic, un commissaire national et cinq
juges. Mais l'antagonisme des deux villes de Namur et
de Charleroi marqua de nouveau les élections du Namurois. Très imprudemment, Namur déclara d'abord qu'elle
conservait ses représentants provisoires et n'en voulait
pas d'autres ; puis, se ravisant, elle nomma ses députés.
Il était trop tard. Charleroi et les autres communes de
la province avaient passé outre, et leurs députés s'étaient
constitués en « assemblée représentative provisoire du
Namurois ». Cette assemblée siégeait à Charleroi ; elle
adhéra solennellement au décret du 15 décembre, nomma
procureur-syndic le commissaire national Bexon, et confia la gestion des affaires de la province à 36 administrateurs dévoués au système français [2].

Les commissaires de la Convention agirent pareillement envers les administrations locales. Les unes
restèrent en fonctions : les autres furent cassées, entre
autres, celles d'Alost, de Bruges, de Louvain et d'Ypres.
Ce fut Chépy qui déclara les représentants de Louvain
déchus de toute autorité [3]. Mais des scènes singulières
se passèrent à Gembloux. Le commissaire Cobus, avocat
et membre de l'administration provisoire de Bruxelles,
était venu présider aux élections. Le lieutenant-colonel
Everard et un détachement de 150 hommes l'accompa-

[1] Chaussard, 143 et 147.
[2] Borgnet, II, 172-174.
[3] *Relation de ce qui s'est passé à Louvain*, 19.

gnaient. Il assembla les habitants à l'église et les requit d'abord de prêter le serment de liberté et d'égalité.
Par trois fois, les habitants refusèrent en déclarant
qu'ils voulaient garder la constitution brabançonne.
Cobus, furieux, envoya les notables à la grand' garde et
assembla de nouveau la population. Les soldats, le fusil
chargé, remplissaient l'église. Ils arrêtèrent un des principaux opposants, et les amis de l'ancienne constitution
se retirèrent et gardèrent le silence. Cobus fit alors
avancer les partisans du système français, au nombre de
vingt, et, à leur tête, Linoy, autrefois avocat à Bruxelles.
Ce Linoy prêta le serment et fut nommé maire. Les
autres formèrent la municipalité nouvelle qui fut ins-
tallée solennellement par Cobus et conduite dans les
rues de Gembloux entre une haie de baïonnettes [1].

Mais la grande affaire, c'était la réunion. Les commissaires de la Convention adressèrent au peuple belge une
proclamation remplie de citations d'Isaïe et de rémi-
niscences bibliques. Ils assuraient que tout rappelait en
France les premiers siècles du catholicisme et qu'on ne
pouvait méconnaître la main du Tout Puissant dans les
succès prodigieux de la République. Les Belges restèrent
sourds à ces exhortations. Comment auraient-ils voulu
s'associer à l'anarchie française ? Ne voyaient-ils pas,
ainsi que s'exprime le *Moniteur*, le délabrement de l'armée, les dissentiments entre le ministre et les généraux,
l'affreuse dilapidation de toutes les ressources, tant de
forfaits impunis, et les factieux usurpant l'empire au
sein même de la Convention [2] ? Croyez-vous, mandait
Proli, que « le scandale des scènes » de l'assemblée, que

---

[1] *Relation de ce qui s'est passé à Gembloux depuis le 5 février 1793,*
p. 3-8.

[2] *Mon.,* 6 janv. et 1er février 1793.

« l'esprit de parti », que « l'imbécillité patriotique ou le patriotisme imbécile de Pache », que « la manie agiotense de Clavière et de son cher compatriote Bidermann », que « l'humeur tracassière et vétilleuse de Roland », que « tous ces prestiges du jour aient ébloui les Belges[1] »? Un pamphlétaire mettait en scène Jean de Nivelles et Mannekenpisse, le chevalier et le sans-culotte; « voyez, s'écrie Jean de Nivelles, l'état de déchirement dans lequel se trouve la France; quel est le peuple de la terre qui peut lui porter envie[2]? »

Il fallait donc emporter les votes d'assaut et par violence. « On ne francise pas en un matin, disait Volney, avec des cocardes et des bonnets rouges; mais on commence par l'habit, et le temps fait le reste[3] ». Le 3 février, neuf commissaires nationaux s'assemblèrent à Bruxelles. Chacun devait déclarer par *oui* ou par *non* s'il croyait que la Belgique devait être réunie à la France. Thiébault fils réserva son vote. Tous les autres demandèrent l'agrégation de la Belgique à la République française. Elle devait être obtenue, opina Chaussard, « par tous les moyens, même par le despotisme de la raison; que m'importe le vœu d'un peuple enfant ou imbécile? » Chépy et Gouget-Deslandres furent du même avis : il fallait, suivant eux, opérer la réunion, non seulement « par les touchantes insinuations de la philanthropie, mais par tous les moyens de tactique révolutionnaire ». Chépy ajoutait que « si les Belges opposaient encore le système désespérant de la force d'inertie, le droit de conquête devenait juste[4] ».

[1] Proli à Le Brun, 5 janv. 1793 (A. E.).
[2] Levae, 198; cf. De Pradt, 62.
[3] *Mon.*, 9 mars 1793. (Moyen simple de consolider les incorporations.)
[4] Chaussard, 78-95.

Les assemblées primaires ne furent pas convoquées le même jour, et les grandes villes ne votèrent que successivement, Mons, le 11 février, Gand le 22, Bruxelles, le 25. Tous les agents étaient d'accord sur ce point : il fallait « faire soutenir les élections par la force armée[1] », « déployer tout l'appareil de la force nationale[2] », couvrir de troupes les Pays-Bas et « intimider les malveillants qui méditeraient les grands crimes de Francfort[3] ». Les commissaires de la Convention demandèrent même au ministre de la guerre 20 a 25 bataillons et 2 escadrons ; « autrement, disaient-ils, le sang coulerait dans les assemblées primaires ». Mais ces renforts ne seraient pas arrivés à temps. Les meilleurs bataillons de Tournai, d'Ath, de Mons, remplacés par les garnisons des places du Nord, vinrent dans le Brabant « contenir les malintentionnés », et cette petite armée se promena de ville en ville, de sorte qu'au jour du vote, Bruxelles, Louvain, Diest, Tirlemont et leurs dépendances « furent tour à tour gardées par des forces imposantes[4] ».

Le vote de Mons eut lieu dans l'église Sainte-Waudru où le général Ferrand et les deux commissaires Mouchet et Legier avaient convoqué les citoyens. Les jacobins et *réunionistes*, groupés près de la tribune, au nombre de 150, étaient dix fois moins nombreux que les partisans des États. « Voilà, dit Ferrand en ouvrant la séance, le plus beau jour de ma vie, celui où la réunion de deux peuples libres va se faire ». Les réunionistes l'in-

[1] Un agent à Ysabeau, 25 janv. 1793 (A. E.).

[2] Chaussard, 86.

[3] Gouget-Deslandres et Robert au Conseil exécutif, 18 févr. 1793 (A. G.).

Rec. Aulard, II, 152, 159-160 ; 2ᵉ rapport, 246-251 ; les commissaires au Comité de défense générale et à Beurnonville, 17 et 18 février 1793 (A. G.).

terrompent aussitôt. « *Oui! la réunion, la réunion !* Mais d'autres cris se font entendre : « *Non, point de réunion ! Nous voulons notre Constitution!* » Aussitôt les jacobins qui s'étaient munis de sabres et de poignards, se jettent sur leurs adversaires et les mettent en fuite. Mais, au sortir de l'église, dans le pré Sainte-Waudru, les opposants tombent au milieu des chasseurs belges qui les ramènent ou les poursuivent à coups de fusil tirés à poudre. Les réunionistes demeuraient maîtres de l'église et du vote. En vain on rappela qu'il fallait voter par sections. « Diviser pour régner, s'écria Legier, est la maxime du despote ! » Le bureau fut nommé au chant de la *Marseillaise* et le serment, prêté à l'unanimité. Le président pria les citoyens qui désiraient la réunion, de passer à droite dans le haut de l'église, et les autres, à gauche, dans le bas. « A l'instant, dit le procès-verbal, toute l'assemblée se précipite sur la droite, et aucun citoyen ne se présente sur la gauche [1] ».

A Gand, les votants, clubistes pour la plupart, se réunirent dans l'église de Saint-Bavon, sous la présidence de l'avocat Meyer [2]. Le commissaire Alexandre Courtois fit un discours sur la liberté universelle et l'excellence de la constitution française. Meyer répondit en louant

---

[1] *Procès-verbal de l'assemblée du 11 février 1793 ; Courrier des départements*, 22 févr. (lettre de Mons) ; Raoux, *Mémoire sur le projet de réunion de la Belgique à la France*, 15 sept. 1793, p. 9-10 ; Borgnet, II, 220-223 ; Monnier, *le Hainaut*, 12 déc. 1886 (citation des *Mémoires* de Descamps). Raoux a été témoin de la scène ; mais les adversaires des jacobins éprouvèrent plus de peur que de mal ; « Raoux, disent les députés de Jemappes dans la *Réponse au mémoire de Raoux* (p. 7), tu es un calomniateur si tu ne publies pas les noms et le nombre des morts et des blessés ».

[2] « L'avocat Meyer, écrivait le commandant Ferrand (16 janvier A. G.) président du club et des administrateurs provisoires de cette ville, le fléau des aristocrates, est mon digne coopérateur. »

« l'éloquence persuasive » de Courtois et « la douceur de ses mœurs ». Puis l'assemblée entière, se retirant à gauche, vota l'union départementaire en criant *Vive la France !* Lavalette, venu de Bruxelles tout exprès avec le jacobin Lafaye, déclara qu'il avait vu « se manifester le vœu le plus pompeux et le plus général. » On avait résolu qu'un registre resterait ouvert pendant 24 heures, pour recevoir les signatures des citoyens qui voudraient protester ; personne ne se présenta [1]

Le vote de Bruxelles eut lieu à Sainte-Gudule, mais l'assistance ne se composait que des clubistes, des sans-culottes et des employés des administrations. N'était-ce pas une dérision de convoquer les habitants de Bruxelles et de la banlieue en un seul endroit, et dans un local d'aussi petite étendue que Sainte-Gudule ? On se rappelait d'ailleurs le vote annulé du 29 décembre ; on savait ce qui s'était passé dans l'assemblée de Mons ; on avait vu des sans-culottes, armés de piques, de sabres et de fusils, arriver de Gand et du Hainaut. Lavalette représentait le général Moreton. Il engagea les électeurs à faire librement et avec courage le premier acte de leur souveraineté. Après lui Gonchon vanta les avantages de la réunion [2]. On élut le président et les secrétaires par acclamation [3]; on prêta le serment « avec les transports les plus vifs », et le président ayant demandé quel gouvernement le peuple choisissait, l'aristocratie avec les

---

[1] *Procès-verbal* de l'élection, 22 févr. (A. N. C 250) ; Borgnet, II, 223-224 ; Rec. Aulard, II, 182-185.

[2] Gonchon avait été nommé, avec Fourcade et Desjardins, *missionnaire d'instruction publique* ; cf. sur lui Garat, *Mém.*, 249.

[3] Verlooy, président ; Lorenzo, D'Aubremez, Claeyssens, Baret, secrétaires. Verlooy venait de publier contre l'ancien régime une excellente brochure en flamand « *La foi, la liberté, la propriété sont-elles en danger ?* » (Levae, 308-314.)

anciens États et l'Autriche ou la démocratie, le gouvernement simplement libre ou la réunion départementaire, toute l'assemblée s'écria, en agitant le mouchoir et le bonnet rouge, qu'elle voulait le gouvernement démocratique et la réunion. Au sortir de la séance, les sansculottes, chantant la *Marseillaise,* se répandirent dans la ville et mirent en pièces un grand nombre de « reliques aristocratiques. » Ils abattirent une vieille statue de Janus, parce qu'un d'eux, quelque peu clerc, cria que Janus avait été roi du Latium. « Ils ne voient, écrivait-on au *Moniteur,* dans une statue qu'un bloc de pierre, dans un tableau qu'une toile barbouillée, et ce jour qui devait être un jour de fête, sera pour les amateurs des arts un jour de deuil [1] ».

Il y avait à Namur deux assemblées : l'administration provinciale et la municipalité de la ville. L'administration, jacobine de cœur et d'âme, vota la réunion dès sa première séance, sur la proposition de son procureur-syndic, le commissaire national Bexon. Mais la municipalité semblait décidée à refuser son assentiment. Bexon et son collègue Rigaut mirent tout en œuvre pour l'intimider. Ils ordonnèrent aux habitants de s'inscrire sur le registre des *amis du peuple* : signer, c'était prêter le serment à la liberté et à l'égalité, renoncer à ses privilèges, adhérer aux décrets du 15 décembre et du 31 janvier, voter la réunion. La proclamation des commissaires était pleine de menaces : « Notre patience se lasse ; sous peu la vengeance éclatera ; il faut exterminer les enne-

[1] Ternaux, *Terreur*, VI, 467-470 (procès-verbal) ; *Mon.,* 9 mars 1793 ; Moreu, *Réflexions sommaires au Comité de salut public sur le rapport de Merlin de Douai*, p. 11-12 ; Adresse du 22 mars (A. E.), et Metman à Le Brun, 26 févr. « La réunion a été votée par une assemblée assez nombreuse, composée des habitants de la ville et de militaires français et belges » ; Rec. Aulard, II, 207.

mis de l'intérieur ! » Mais les signatures n'abondaient
pas. La compagnie des sans-culottes, naguère organisée
par Estienne, terrorisa la ville, envahissant les maisons,
arrêtant les particuliers, et, sous prétexte de détruire les
insignes de la féodalité, se livrant à des désordres de
toute sorte. Une dernière proclamation des commissaires
annonça que les abstentionnistes seraient « notés comme
traîtres à la patrie et sévèrement punis ». La municipalité n'hésita plus ; elle vota la réunion. La compagnie
des sans-culottes vint la féliciter. « Ils ont demandé le
baiser de fraternité, lit-on dans le procès-verbal ; la municipalité a frémi quand elle a pensé à donner l'accolade
à des brigands de cette espèce. » Le 2 mars, les commissaires déclarèrent que le registre serait fermé dans la
journée, et ils appelèrent les citoyens à la cathédrale
« pour sanctionner comme souverains le vœu que chacun
d'eux avait émis individuellement » Rigaut fit un discours et conclut : « que ceux qui sont d'avis de se réunir
à la France, lèvent leurs chapeaux. » Tous les chapeaux
furent levés. « Le souverain a exprimé son vœu, reprit
Rigaut, embrassons-nous et crions : *Vive la République
française ! Vivent les Namurois !* » Deux Français, deux
adjoints des commissaires nationaux, Adaut et Saunier,
portèrent à Paris le procès-verbal de la réunion, et la
municipalité namuroise dut leur donner 30 louis pour
frais de voyage[1]

Tel fut le vote des villes : convocation du peuple dans
une église entourée ou remplie de soldats, discours du
commissaire français, applaudissements des clubistes,
vote immédiat et acclamatoire qui « a l'avantage de faire
connaître les individus »[2], registre de protestation où

---

[1] Borgnet, II, 230-235.
[2] Chaussard, 437.

personne n'ose s'inscrire. Mais dans les villages et certaines petites villes où le même déploiement de troupes ne pouvait avoir lieu, se produisirent de vives résistances. A Enghien, Legier dut, pour sauver sa vie, signer un procès-verbal qui constatait que les votants avaient à l'unanimité rejeté la réunion [1]. Grammont n'émit son vœu que lorsque Alexandre Courtois eut fait venir un détachement ; encore eut-il peine à « contenir les malveillants [2] ».

« La réunion, disait un orateur aux Jacobins de Paris, n'a été votée que par les sans-culottes, et eux seuls ont décrété les diverses incorporations [3] ». Saurait-on expliquer autrement le vote unanime de Diest, de Diest où, selon les mots de Chaussard, dominait le parti statiste, de Diest où la populace était fanatique et la municipalité inerte, où les enfants jetaient des pierres aux patriotes [4] ? Saurait-on expliquer autrement lo vote unanime d'Ostende ? Le 3 mars, l'assemblée de cette ville, présidée par le citoyen Amandry [5], accédait à la réunion,

---

[1] Raoux, *Mém. sur le projet de réunion*, 11 ; Rec. Aulard, II, 179.

[2] Le Brun à Beurnonville, 8 mars 1793 (A. G.).

[3] Séance du 18 mars 1793. Cf. la *Pétition de Jean-Henri de Villette au Corps législatif*, 26 brum. an V, p. 3-4. « On convoqua des espèces d'assemblées primaires ; il ne s'y est trouvé que cette classe d'individus qui, dans tous les temps, se vend aux factions, soutenue par un grand nombre de militaires, le sabre à la main. Quelques citoyens s'avisèrent de s'expliquer trop franchement ...on les assaillit à coups de poing, de sabre, même de fusil, et plusieurs furent grièvement blessés ; il suffit, pour se convaincre de la vérité de ces faits, de s'en rapporter à tous les écrits du temps. Il ne resta donc dans les églises que les sans-culottes. Il n'y eut qu'eux qui votèrent la réunion, non par acclamation, mais dans tout le désordre du tumulte et de la rumeur. Encore ce procédé ne fut pratiqué que dans très peu de communes, tout le reste de la Belgique n'avait pris aucune part à cette prétendue réunion... *La réunion n'a pas eu une voix sur mille.* »

[4] Chaussard, 98.

[5] Jean-Pierre Amandry, adjoint de Gadolle, avait, comme l'atteste

et quinze jours auparavant, le général de Flers écrivait que les habitants avaient quitté la cocarde tricolore et crié *vive l'Empereur*. Comment une ville où « le parti impérial aristocratique fomente et lève la tête » peut-elle se déjuger en deux semaines[1] ?

Ceux mêmes qui votaient la réunion, ne la votaient pas sans réserve. On se donnait à la France, mais on n'acceptait ses assignats qu'à contre-cœur, et presque partout on demandait qu'ils n'eussent pas un effet rétroactif. Deux administrations seulement, celle de Dinant et celle de Charleroi, ordonnèrent de recevoir le papier-monnaie de France au pair avec le numéraire. Mais Chaussard avait beau vanter les assignats à l'administration du pays de Liège : « C'est un papier-terre, disait-il, un papier qui représente des arpents qui circulent ; le système de ce papier-terre est lié au système de la liberté, et l'assignat doit faire le tour du globe avec la cocarde tricolore. » Liège ne votait la réunion que sous conditions : « Les assignats ne seraient pas forcés pour le remboursement des dettes particulières contractées entre les Liégeois et la rédimation des rentes constituées avant l'époque de la réunion. » Delacroix déclara ces réserves *injurieuses*, et Chaussard s'écria qu'elles portaient atteinte au système monétaire de la France et jetaient le discrédit sur son papier ; les accepter ne convenait ni à son intérêt ni à sa dignité. Un instant les commissaires voulurent convoquer de nouveau les sections et leur demander un vœu de réunion *pur et simple*. Ils prièrent

Walckiers (25 oct. 1792, A. E), servi sous Vander Mersch et s'était bien comporté comme lieutenant d'infanterie.

[1] Flers à Beurnonville, 14 févr. 1793 (A. G.) ; Rec. Aulard, II, 151 ; Ternaux, *Terreur*, VI, 470-472 ; Amandry écrit lui-même à la Convention que la ville « fourmille de royalistes » (4 mars, A. N. C. 250)

même le président de la Convention de ne pas lire publiquement les procès-verbaux et de retirer la parole
aux députés de Liège. « Si ce vœu conditionnel, disaient-
ils, venait à être connu des pays qui nous restent à
réunir, ils ne manqueraient pas de s'expliquer conditionnellement [1]. » Mais Gand suivit l'exemple de Liège,
et l'assemblée de l'église Saint-Bavon demanda que « le
papier monnayé n'eût pas d'effet rétroactif, comme les
Liégeois l'avaient désiré [2] ». Un citoyen fit une motion
pareille à l'assemblée de Bruges. Les députés de Tournai
sollicitèrent de la Convention des « apaisements sur le
mode d'introduction des assignats ». L'assemblée des représentants provisoires de Bruxelles donna la même
mission à Chapel et à Rosières : ils devaient demander
une loi qui ordonnerait de payer en numéraire toutes les
dettes contractées avant la réunion [3]

C'est ainsi qu'à la fin du mois de février 1793, les
Pays-Bas, maltraités, poussés à bout, annexés en dépit
d'eux-mêmes, devenaient un foyer de haine contre la
France. Le sol se minait sous les pas de cette armée que
le peuple avait saluée avec transport et nommée la libé
ratrice des nations. Les *Carmagnoles*, naguère accueillis
comme des frères, ne semblaient plus aux Belges que
des étrangers et des oppresseurs. « Les Français, a dit un
contemporain, étaient attendus et désirés avec une sorte
d'impatience ; ils n'étaient pas sitôt arrivés dans un en-

---

[1] Chaussard, 114-115 et 439 ; Borgnet, II, 217-219 ; les commissaires à Dubois-Crancé, 25 févr. (A. N. A. F. II, 147, et Rec. Aulard, II, 206). Voilà pourquoi la Convention ne prononça la réunion de
tout le pays de Liège que plus tard, le 8 mai 1793.

[2] Procès-verbal de l'assemblée.

[3] Borgnet, II, 228-229 ; Levae, 329-330 ; *Mon.*, 4 mars 1793.

droit qu'on en était las ; la joie était convertie en tris
tesse et les acclamations en un morne silence [1]. » Sau
veur Chénier regardait les Belges comme « nos plus
ardents ennemis » et n'attendait d'eux que des trahi-
sons [2]. Déjà les *figues* ou partisans de l'Autriche se pré-
paraient à prendre la cocarde noire. Une proclamation de
la cour de Vienne, sollicitée par des membres des États,
promettait aux habitants des dix provinces une amnistie complète, le rétablissement de leur constitution
dans toute sa pureté telle qu'elle était sous l'empereur
Charles VI, et comme gouverneur-général, l'archiduc
Charles qui saurait gagner leur amour [3]. « Le lion
belgique insulté, criait un pamphlétaire aux Francais,
ne dormira pas toujours; une fuite honteuse, une
déroute sanglante seront le prix de votre impolitique
inouïe [4] ! »

[1] Raoux, *Mém.*, 6.
[2] Sauveur Chénier à la Convention, 7.
[3] Manifeste du 19 février (A. E.); *Mon.*, 1er, 2, 21 févr. 1793.
[4] *Commentaire impartial à la lettre pastorale de Marassé*, Levae,
166.

FIN

TABLE

CHAPITRE Ier

LES PAYS-BAS AUTRICHIENS.

CHAPITRE II

L'INVASION FRANÇAISE.

TABLE   255

CHAPITRE VI

LA RÉUNION.

5366-96. — CORBEIL. Imp'   rie ÉD. CRÉTÉ.

CPSIA information can be obtained
at www.ICGtesting.com
Printed in the USA
BVHW04s0842110418
513084BV00014B/228/P